LIÇÕES SOBRE A DOUTRINA FILOSÓFICA DA RELIGIÃO

Dados Internacionais de Catalogação na Publicação (CIP)
(Câmara Brasileira do Livro, SP, Brasil)

Kant, Immanuel, 1724-1804
Lições sobre a doutrina filosófica da religião / Immanuel Kant ; tradução de Bruno Cunha. - Petrópolis, RJ : Vozes ; Bragança Paulista, SP : Editora Universitária São Francisco, 2019. - (Coleção Pensamento Humano)

Título original: Vorlesungen über die philosophische Religionslehre
ISBN 978-85-326-6085-5

1. Religião - Filosofia 2. Teologia natural
I. Título. II. Série.

19-24539   CDD-193

Índices para catálogo sistemático:
1. Kant : Obras filosóficas   193

Cibele Maria Dias - Bibliotecária - CRB-8/9427

Immanuel Kant

LIÇÕES SOBRE A DOUTRINA FILOSÓFICA DA RELIGIÃO

Tradução de Bruno Cunha

EDITORA VOZES

Petrópolis

EDITORA UNIVERSITÁRIA
SÃO FRANCISCO

Bragança Paulista

Título do original em alemão: *Vorlesungen über die philosophische Religionslehre*

© desta tradução:
2019, Editora Vozes Ltda.
Rua Frei Luís, 100
25689-900 Petrópolis, RJ
www.vozes.com.br
Brasil

Editora Universitária São Francisco – Edusf
Avenida São Francisco de Assis, 218
Jardim São José
12916-900 Bragança Paulista, SP
www.saofrancisco.edu.br/edusf
edusf@saofrancisco.edu.br
Brasil

Todos os direitos reservados. Nenhuma parte desta obra poderá ser reproduzida ou transmitida por qualquer forma e/ou quaisquer meios (eletrônico ou mecânico, incluindo fotocópia e gravação) ou arquivada em qualquer sistema ou banco de dados sem permissão escrita da editora.

CONSELHO EDITORIAL

Diretor
Gilberto Gonçalves Garcia

Editores
Aline dos Santos Carneiro
Edrian Josué Pasini
Marilac Loraine Oleniki
Welder Lancieri Marchini

Conselheiros
Francisco Morás
Ludovico Garmus
Teobaldo Heidemann
Volney J. Berkenbrock

Secretário executivo
João Batista Kreuch

Editoração: Elaine Mayworm
Diagramação: Mania de criar
Revisão gráfica: Alessandra Karl
Capa: Editora Vozes

ISBN 978-85-326-6085-5

Editado conforme o novo acordo ortográfico.

Este livro foi composto e impresso pela Editora Vozes Ltda.

SUMÁRIO

Lições sobre a doutrina filosófica da religião – Estudo introdutório, 7
Introdução à doutrina filosófica da religião, 53
Primeira parte - A teologia transcendental, 81
    Primeira seção - A ontoteologia, 83
    Segunda seção - A cosmoteologia, 129
    Terceira seção - A fisicoteologia, 149
Segunda parte - A teologia moral, 161
    Primeira seção - Dos atributos morais de Deus, 163
    Segunda seção - Da natureza e certeza da crença moral, 177
    Terceira seção - De Deus segundo a sua causalidade, 189
        1 De Deus como causa do mundo, 189
        2 De Deus como autor do mundo, 191
        3 De Deus como o soberano do mundo, 216
    Quarta seção - Da revelação, 221

Apêndice – História da teologia natural segundo a *historia doctrinae de uno vero Deo*, 227

LIÇÕES SOBRE A DOUTRINA FILOSÓFICA DA RELIGIÃO
Estudo introdutório[1]

1 A história e o significado das Lições sobre a doutrina filosófica da religião

1.1 As Lições de Pölitz

No prefácio à primeira edição das até então inéditas *Lições sobre a doutrina filosófica da religião*, em 1817, seu editor anônimo revela, em certo tom pessimista, o motivo pelo qual dispendera seus esforços na preparação e na divulgação, para o grande público, do conteúdo dos cursos kantianos de teologia natural. As motivações que o levaram a essa empresa encontravam-se, sobretudo, no fato de que naquele contexto no qual se começava a negligenciar o estudo e esquecer os méritos do pensamento kantiano, a filosofia que havia antes emergido no "florescente período de 1785-1800" parecia estar sendo sobrepujada por "um triste misticismo", graças ao qual fora direcionada uma demasiada frivolidade a toda filosofia (1830, p. iv). Segundo as suas devotadas palavras, torna-se urgente dessa forma não apenas renovar a memória do herói daquela filosofia mais jovem, mas também fazer ouvir de novo a sua voz séria que, mesmo trinta anos antes, já entoava em tom quase profético, em relação aos tempos subsequentes, sobre os perigos do misticismo e do panteísmo na filosofia (1830, p. iv-v).

Além de ter como propósito resguardar o caráter crítico de toda filosofia, a publicação dessas *Lições* ainda visa, como nos rela-

---

[1]. Por Bruno Cunha, Professor da Universidade Federal de São João del Rei, Departamento de Filosofias e Métodos (Dfime). Contato: brunocunha@ufsj.edu.br

ta o editor, completar o desígnio sistemático que já havia sido vislumbrado antes pelo próprio filósofo quando, com o propósito de integrar sua obra crítica e de esclarecer melhor alguns aspectos de sua filosofia[2], ele próprio editou e publicou as suas *Lições de antropologia*, em 1798, confiando posteriormente a continuidade desse trabalho a alguns de seus antigos alunos e amigos. Nesse sentido, as lições objetivam certamente completar um destino sistemático póstumo[3]. Considerando que Kant nunca escreveu uma teologia natural, a doutrina filosófica da religião, antes dispersa em seus demais escritos críticos, aparece portanto como aquilo que faltava no ciclo de seu sistema de filosofia prática, inaugurado pelas doutrinas filosóficas do direito e da virtude[4]. Dessa forma, em uma tentativa de posicionar essas *Lições* dentro do todo, o editor advoga, ao propor a comparação entre a *Doutrina filosófica da religião*, escrita durante o reinado de Frederico II, e a *Religião nos limites da simples razão*, redigida sob as condições de censura do ministério de Wöllner, a favor da ideia de que há, muito mais na primeira do que na segunda, uma conformidade de opiniões com o *espírito sistemático* da filosofia kantiana[5] (1830, p. viii).

Se, devido à grande agitação do mundo filosófico, o editor não fez mais do que exaltar timidamente o homem que reconfigurou a direção do pensamento alemão no prefácio da primeira edição,

---

2. Lehmann (AK XXIV.2: 957) relata-nos que, levando em conta as péssimas condições de alguns cadernos que circulavam pela universidade, bem como a solicitação de vários estudantes, "Kant por si mesmo achou correto permitir que fossem usadas publicamente as cópias de suas lições e [...] ele cuidou do fornecimento dessas cópias". Cf. tb. as cartas a Marcus Herz de 28 de agosto e de 15 de dezembro de 1778 (AK X: 241; 245-246).
3. De acordo com Esposito (1988, p. 14), "a publicação das lições acadêmicas de Kant objetiva completar de maneira fundamental – postumamente, um desígnio sistemático diretamente esboçado, mesmo que não realizado, do próprio Kant".
4. Certamente, o propósito em vista do sistema não passou despercebido aos seus leitores da época, como se atesta em uma das resenhas que se seguiram à obra: "Esta obra reúne numa palestra acadêmica tudo aquilo sobre a doutrina filosófica da religião que, nas três obras críticas de Kant (*Crítica da razão pura, Crítica da razão prática* e *Crítica da faculdade de julgar*), foi expresso apenas isoladamente sobre os objetos pertencentes a ela, completando desse modo o ciclo do sistema de filosofia prática" (1830, p. xii).
5. O fato é que, sob uma perspectiva mais profunda, a doutrina filosófica da religião nos alude, ademais, na medida em que se articula a partir do ideal da razão pura, à exigência não apenas de se completar o sistema da filosofia prática, mas à necessidade de uma verificação decisiva do sistema crítico por inteiro através do problema teológico religioso por ela exposto (Esposito, 1988, p. 14-15).

a boa recepção dessas *Lições* – a mais agradável prova de que as contribuições da filosofia de Kant eram ainda respeitadas e reconhecidas – junto à exortação dos vários recenseadores agora o convidavam a se apresentar ao público. Com o reconhecimento do livro tanto em nível documental quanto em nível crítico-interpretativo, foi natural a aparição de uma segunda edição em 1830, agora com a identidade de seu editor: Karl Heinrich Ludwig Pölitz, professor da Universidade de Leipzig e antigo aluno de Kant. Alguns anos antes, em 1821, Pölitz também havia editado anonimamente as *Lições de metafísica*. Ao que parece, Pölitz se propôs a levar adiante o trabalho editorial antes iniciado por Gottlob Benjamim Jäsche, responsável pelas *Lições de lógica*, em 1800, e Friedrich Teodor Rink, o editor das *Lições sobre geografia física* e das *Lições sobre a pedagogia*, publicadas respectivamente em 1802 e 1803. Cabe destacar que essas *Lições* aí mencionadas foram, de algum modo, publicadas sob a supervisão de Kant e com base nos cadernos que ele mesmo fornecera. Depois de sua morte, contudo, a empresa editorial parece ter sido abandonada, provavelmente devido à desconfiança frente à fidedignidade das fontes, decorrente da ausência de uma verificação direta dos cadernos por parte do professor[6]. A despeito disso, Pölitz defende o eminente valor interno das *Lições sobre a doutrina filosófica da religião* (1830, p. xi). Aparentemente, estas *Lições* se sobrepõem, segundo ele, à fragmentária *Pedagogia* de Rink e à irregular *Lógica* de Jäsche por apresentarem uma maior semelhança com o tom e o caráter exibido na *Antropologia* (1830, p. vi). Pölitz enfatiza ainda, em sua defesa editorial, que o manuscrito mesmo que serviu de base para as tais *Lições*, adquirido junto à compra da biblioteca do falecido Rink (1830, p. v, x), estava, por assim dizer, "concluído",

---

6. Sabemos que Jäsche e Rink trabalharam com a cooperação e a aprovação de Kant, a despeito de seus problemas de saúde, e parece que ambos tinham a intenção de levar adiante a empresa editorial com a publicação de outras lições. Não obstante, quase simultaneamente à publicação das *Lições de geografia física* de Rink, apareceu, sem a autorização de Kant, uma outra edição dessas mesmas *Lições* sob os cuidados de um editor de Mainz, Gottfried Völlmer. A resposta polêmica de Rink a Völlmer pode ser claramente identificada nos prefácios das *Lições de geografia* e das *Lições de pedagogia*. Também encontramos uma importante referência a isso em uma carta de Rink a Kant de 13 de julho de 1802 (AK XII: 343-344). O fato é que, depois da polêmica com Völlmer, Rink decide abandonar o trabalho editorial: "Depois dos ataques baixos que o livreiro Völlmer tem se permitido em relação à minha edição da Geografia Física kantiana, a publicação de tais manuscritos não podem mais ser para mim um negócio prazeroso" (AK IX: 440).

não precisando de nada mais do que algumas pequenas revisões em relação à pontuação e em vista daqueles descuidos que, tratando-se de "uma transcrição literal de uma palestra acadêmica", acabam por ser inevitáveis (1830, p. v). Dessa forma, com o intuito de preservar fidedignamente a atividade do professor de Königsberg, nenhuma modificação substancial foi acrescentada ao texto. Graças a isso torna-se possível perceber, em vantagem ao estilo áspero dos escritos publicados, como era "clara e compreensível, calorosa e penetrante, organizada e coerente"[7] a exposição oral do professor, por meio da qual os cursos tornaram-se, segundo o relato de Hamann, altamente populares. E embora, como fora apontado por um resenhista (1830, p. xv), o texto contenha algumas inconsistências, isso não nos permite, ao fim e ao cabo, romper com o valor científico e a influência dessas *Lições*, que devem ser consideradas, segundo Pölitz, como um "todo concluído em si" exposto por Kant em uma época de maturidade pessoal e de fama literária (1830, p. xv-xvi). Esta referência à "maturidade" e à "fama" não é feita sem razão, pois, ainda que o manuscrito não esteja datado, Pölitz supõe, a partir de algumas evidências externas não reveladas, que esses cursos foram ministrados nos primeiros anos da década de 1780.

1.2 O problema da autenticidade e a história dos manuscritos de Volckmann e Danzig

A argumentação de Pölitz nos prefácios, contudo, está longe de dispersar por completo as dúvidas relacionadas à "autenticidade" e à "datação" que naturalmente se impõem em um trabalho editorial póstumo dessa natureza. No que diz respeito aos critérios de autenticidade, é necessário levar em conta a existência de outros cadernos alternativos com um conteúdo muito próximo ao de Pölitz, também referentes aos cursos kantianos de teologia racional. Em 1937, Kurt Beyer empreendeu uma análise comparativa desses cadernos alternativos[8], intitulados *Natürliche Theologie Volckmann nach Baum-*

---

7. Um dos resenhistas faz questão de recomendar a obra a todos que queiram conhecer as "reformas" de Kant à doutrina da religião "em uma exposição popular e despida das artificiosas expressões" de sua filosofia (1830, p. xiii).

8. Como trabalho de doutorado, Kurt Beyer editou e publicou em 1937 as *Lições sobre a doutrina da religião* de Pölitz com as variantes dos dois outros cadernos.

bach[9] e *Danziger Rationaltheologie nach Baumbach*[10], em relação à edição de Pölitz. O primeiro desses cadernos, com fecho de 13 de novembro de 1783, possui 98 páginas e pertenceu ao estudante de teologia Johannes G. Volckmann, matriculado na Universidade de Königsberg em 13 de agosto de 1782. O segundo é um caderno anônimo de 92 páginas com data de 19 de julho de 1784, encontrado na *Stadtbibliothek* de Danzig[11]. Ambos, alocados posteriormente na Biblioteca da Universidade de Halle, já haviam sido examinados, antes de Beyer, por Emil Arnoldt, Erich Adickes, Paul Menzer[12], e, de uma forma mais detalhada, por Joseph Schmitz no período anterior à primeira guerra mundial Schmitz foi responsável por iniciar um trabalho de tratamento e comparação dos manuscritos, fornecendo uma descrição detalhada deles (Lehmann, XXXVIII.2.2: 1361). Embora o importante trabalho de comparação iniciado por Schmitz[13] tenha sido interrompido pela guerra[14], ele foi levado adiante por Beyer, sob a orientação esporádica de Adickes e Arnoldt.

Ao analisar os textos, Beyer acha improvável que o manuscrito de Pölitz seja realmente, como este afirmara antes, uma *Kollegna-*

---

9. Inscrito na capa: *Collegium naturale Theologicum/Dom. Excellent. Profess. H. Kant/calamo exceptum/a Studioso Theologiae/Johanne Guilielmo Volckmann/ Koenigsberg den 13ten November/1783.*

10. Inscrito na capa: *Rational-Theologie/von Prof. Herrn Prof. Immanuel Kant/ den 19 jul. 1784.*

11. Segundo Günther (1909, p. 214), é provável que este caderno tenha pertencido ao estudante C. Mrongovius, matriculado em Königsberg em 21 de março de 1782. A Mrongovius atribui-se um total de sete manuscritos tomados dos cursos de antropologia, metafísica, teologia, física, lógica, e dois do de filosofia moral. Segundo Günther, os manuscritos de Mrongovius foram transferidos para a cidade de Danzig em 1864.

12. De acordo com Lehmann (XXVIII.2.2: 1.361), "Adickes, que utilizou as *Lições sobre a doutrina da religião* e as citou muitas vezes no volume XVIII, informa que ambos os cadernos [...] foram naquele tempo tratados por ele". Como podemos notar, os manuscritos são brevemente discutidos em suas notas às *Reflexões* 6.206 e 6.215 (AK XVIII: 489; 503-504). Ainda segundo Lehmann, "[m]ais tarde, P. Menzer permitiu que vários estudantes trabalhassem com os cadernos. Nessa oportunidade eles foram roubados da Biblioteca de Gota e não foram até o momento recolocados. Mas os estudantes de Menzer tiraram cópias dos cadernos, que encontram-se atualmente com ele em Halle". Entre esses estudantes estavam Baumbach e Beyer.

13. Cabe lembrar, contudo, que antes disso Rudolf Baumbach, um dos alunos de Menzer, já havia tirado cópia dos originais enquanto escrevia sua tese de doutorado, dispondo-as comparativamente em colunas junto com a primeira edição de Pölitz. É certo que Beyer recorreu ao importante auxílio desses trabalhos preliminares [Vorarbeiten] em sua pesquisa.

14. Schmitz morreu em 1916, na França, devido à guerra.

chschrift, ou seja, uma "transcrição literal [wörtlichen Nachscreiben] de uma palestra acadêmica" (1830, p. v). Como ele observa, dentre os três manuscritos, o de Pölitz é o mais bem editado. Ele é mais polido do que os outros, apresentando desenvolvimento discursivo mais orgânico, articulação sistemática de parágrafos e trazendo ainda a reprodução quase literal de algumas passagens da *Crítica da razão pura*[15]. Quando se leva em conta a tentativa de alguém em copiar diretamente uma preleção em sala de aula, dificilmente se pode imaginar que isso possa ser feito de maneira tão sistemática e correta, sem omissões ou deficiências mais marcantes. Dessa forma, pode-se supor que, antes de ser adquirido por Pölitz, o texto deve ter sido revisado[16] por alguém, talvez por Rink ou muito antes por outro, com base em um manuscrito original.

Como Beyer observa, os manuscritos de Pölitz e o de Volckmann apresentam muitas similaridades, o que lhe permite supor que ambos se reportam a uma mesma fonte. Ele observa que os dois manuscritos são diferentes em termos de conteúdo em sua primeira parte, mas não de estilo. Em sequência, contudo, ambos entram em um acordo quase que completo[17]. O manuscrito de Volckmann também não parece ser uma *Nachschrift* porque, considerando sua forma de redação e a presença de passagens relacionadas à primeira *Crítica*, parece se tratar mais de uma reelaboração posterior a partir de duas fontes, a saber, uma delas, a mesma fonte de Pölitz, e, a outra, a fonte da qual saiu *Danziger*. Nada impede ainda, como sugere Beyer, que Volckmann ainda possa ter acrescentado ao seu manuscrito algo tomado diretamente da sala de aula[18]. Por outro

---

15. Segundo Adickes em suas *Untersuchungen zu Kants physischer Geographie* (1911, p. 41), era improvável que Kant ditasse literalmente passagens da *Crítica* em seus cursos. Cf. tb. Beyer (1937, p. 216, 217).

16. O texto de Pölitz apresenta retoques, erros e interpolações. Como nos relata Lehmann (XXVIII.2.2: 1.362), Adickes (*Untersuchungen*, 1911, p. 41) apresenta uma visão global sobre o fato das *Lições de religião* de Pölitz terem incorporado pedaços da *Crítica da razão pura*, "em parte de forma completamente literal, até mesmo com os mesmos parênteses, em parte mais ou menos modificadas, reduzidas e estendidas".

17. As duas versões entram em simetria pouco depois do início da seção dedicada à *Ontoteologia*. O escrito de Volckmann, no entanto, não apresenta o apêndice baseado em Meiner.

18. Uma vez que, segundo Arnoldt, Kant não poderia ter começado o curso em 13 de novembro, mas no mais tardar em 26 de outubro, Beyer acredita que Volckmann frequentou o curso até 13 de novembro e a partir daí começou a copiar o caderno de

lado, considerando sua forma peculiar de redação e a ausência de citações, percebe-se que o caderno de Danzig é um manuscrito mais sucinto se comparado aos outros, caracterizando-se por apresentar, de uma forma mais fragmentária, ora algumas passagens de Pölitz, ora passagens de Volckmann. Pode-se supor, partindo disso, que *Danziger* é um manuscrito mais próximo do original, consistindo ou em uma genuína *Nachschrift* ou, mais possivelmente, em uma cópia [*Abschrift*] rápida e fiel de um manuscrito original (Beyer, 1937, p. 231). Em suma, em sua minuciosa análise, Beyer (1937, p. 228) chega à conclusão de que o manuscrito de Pölitz é o mais polido, o de Volckmann o mais completo e o de Danzig o mais próximo à sala de aula[19].

A despeito das discrepâncias que possam haver entre os três manuscritos[20], é a similaridade entre eles que advoga consistentemente a favor da *autenticidade* da edição de Pölitz, cujo conteúdo parece ser resultado de uma revisão cuidadosa a partir da qual se articulou de maneira organizada toda a argumentação do curso e se acrescentou passagens referentes à *Crítica da razão pura*. Ao mesmo tempo, os escritos publicados também advogam a favor da autenticidade de Pölitz. A despeito de algumas poucas diferenças que podem talvez ser justificadas como sendo consequência da adaptação didática de certos temas para sala de aula, o que se observa é que as doutrinas concordam bastante entre si, sugerindo que as *Lições* são autenticamente kantianas e autenticamente críticas (Wood, 1978b, p. 13). Por último, como critério de verificação de autenticidade, vale ainda lembrar a sugestão prévia de Arnoldt, corroborada por outros autores como Menzer e Schmucker, de confrontar passagens específicas

---

outro (Lehmann, XXVIII.2.2: 1.363). Há duas possibilidades: ou Volckmann escreveu primeiramente as suas notas e depois passou a copiar o caderno de outro ou ele copiou dois conjuntos de notas diferentes (a mesma fonte de Pölitz e Danzig). Em qualquer caso, no entanto, para explicar a disparidade entre as duas partes do texto, Beyer (1937, p. 214-220) supõe que Volckmann teria inserido textos tomados diretamente da sala de aula. Segundo Lehmann (XXVIII.2.2: 1.363), essa suposição pouco óbvia de Beyer é fundada em "um raciocínio perspicaz", embora isso tudo não seja verificável.

19. A comparação detalhada de Beyer dos três textos empreende até mesmo uma contagem silábica, anotando Volckmann com 107.000, Pölitz com 97.000 e *Danziger* com 70.000 sílabas.

20. Por exemplo, às vezes, encontra-se uma concordância de Pölitz e Volckman contra *Danziger* e, às vezes, uma concordância de Pölitz e *Danziger* contra Volckmann (Beyer, 1937, p. 216-223).

dos manuscritos dos cursos com as reflexões redigidas por Kant às margens de seus compêndios de referência. A concordância exata entre certas passagens dessas *Lições* e algumas *Reflexões* reunidas por Adickes[21] – que são, a saber, nada menos do que os comentários manuscritos de Kant à *Metaphysica* de Alexander Baumgarten (em particular, ao capítulo sobre Teologia Racional) e à *Vorbereitung zur naturlichen Theologie* de Johann Eberhard – reafirmam o caráter autêntico desses textos. Pode-se dizer, dessa forma, que ao mesmo tempo em que as *Reflexões*, enquanto anotações do próprio filósofo, confirmam a autenticidade dos manuscritos estudantis, em um caminho contrário os mesmos manuscritos servem como uma referência interpretativa coerente para as dispersas e fragmentárias *Reflexões*.

1.3 A descoberta de novos manuscritos

Como correspondentes próximos aos cadernos anteriores, ainda é importante mencionar a existência de outros dois manuscritos descobertos mais recentemente. O primeiro deles foi reencontrado em 1981, por Dieter Henrich, no *Stadtarchiv* da cidade de Bad Homburg. Trata-se de um manuscrito de 135 páginas, com inscrição *Vorlesung über die Vernunft – Theologie*, assinado por Johann Ludwig Magath[22], um estudante cuja matrícula está registrada em 16 de abril de 1782. Essa *Vorlesung* é um manuscrito completo que encerra uma relação próxima com o de Pölitz e os outros dois cadernos, bem como com a parte final, dedicada à teologia racional, das *Lições de metafísica*. Embora o fecho nos remeta a 1785, é mais provável que esta data não se refira ao momento em que os cursos foram ministrados; nesse caso, deve remeter àqueles do semestre de inverno de 1785-1786, mas apenas à época de sua redação[23]. Essa suposição pode encontrar al-

---

21. Trata-se das *Reflexões* reunidas no volume XVIII de *Kants gesammelte Schriften*. As reflexões 6.016 a 6.205 se referem à *Metaphysica* de Baumgarten (*Theologia Naturalis*), e as reflexões 6.206 a 6.310 à *Vorbereitung* de Eberhard.
22. Inscrição na capa: *Vorlesungen/über/die Vernunft-Theologie/von/M. Immanuel Kant,/Professor der Logik und Metaphysik/in Königsberg/Grosz Klitten/geschrieben von J.L. Magath, 1785.*
23. Lehmann mostra uma posição confusa em relação a essas *Lições*. Primeiro ele afirma "que a lição, que ele [Magath] ouviu, como está indicado na folha do título, foi a ministrada por Kant em 1785 como *Theologia Naturalis über Baumgarten* no semestre de 1785-1786" (AK XXIX: 1.098). Mas o que se vê na inscrição de capa do manuscrito é tão somente "copiado" [geschrieben]. Duas páginas à frente, Lehmann vai afirmar, contudo, que "O *Collegium Naturale Theologicum* de 1783, que Kant

guma justificativa no fato de que seria bastante improvável, tendo em vista o aspecto completo dessas *Lições*, de que elas pudessem se referir ao curso de 1785-1786 antes mesmo de seu encerramento[24]. Por isso, parece mais provável que Magath tenha frequentado os cursos de inverno de 1783-1784, aos quais se referem os demais cadernos, concluindo sua cópia mais tarde em 1785. Pode-se afirmar que as poucas variações encontradas nos manuscritos de Pölitz e Magath, bem como sua provável remissão ao curso do semestre de inverno de 1783-1784, é uma evidência adicional a favor da autenticidade de Pölitz[25].

Finalmente, ainda resta mencionar um último caderno, descoberto, mais recentemente, de maneira indireta e pouco convencional. É curioso notar que não há uma *Nachschrift* ou *Abschrift* dele e tampouco informações mais precisas sobre título ou ano. O que se sabe de sua existência vem de um livro publicado em 1788[26] por Johann Franz Coing, um professor de Marburgo, que afirma ter, naquela época, estado em posse de um dos manuscritos[27]. Coing cita, em seu livro, algumas passagens[28] das lições kantianas

---

ministrou no lugar de um de filosofia moral, poderia ser a mesma lição que Magath copiou em 1785" (AK XXIX: 1.100).

24. Segundo Esposito, tratar-se-ia de uma lição antes do seu término e, além disso, em "bella copia" (1988, p. 29).

25. Apesar de Lehmann ter levantado a suposição de que este manuscrito teria "um valor especial" por se referir aos cursos de 1785-1786, ao fim, ele acaba por editar o texto apenas como uma variante de Pölitz, o que parece ser mais condizente com a ideia de que o manuscrito se remete aos cursos anteriores, mantendo uma relação próxima com Pölitz.

26. O livro intitulado *Die vornehmsten Wahrheiten der natürlichen Religion vorgetragen und gegen die neueren Einwürfe* foi publicado anonimamente. No entanto, segundo Kreimendahl, muitas indicações mostram que ele é indubitavelmente de autoria de Johann F. Coing. Primeiro, Kreimendahl cita o § 226 da *Metafísica* de Coing publicada em 1765, como uma indicação relevante que se relaciona ao livro de 1788. Também cita o testemunho de M.C. Curtius, que em sua *Memoria* de 1792 faz referências a esse livro. Para Kreimendahl, parece que, "ao menos em Marburgo, onde Coing lecionou, não era nenhum segredo de quem provinha essas *Vornehmsten Wahrheiten*. [...] Coing nunca contestou ser o autor desse livro. Por isso, não é de se surpreender que na folha de título do exemplar da biblioteca de Marburgo o nome do autor tenha sido acrescentado por alguém daquela época" (1988, p. 319-320).

27. Mais detalhadamente, Coing revela ter folheado o manuscrito de uma *Rational Theologie* "cerca de meio ano atrás" trazido por "um senhor vindo de Königsberg". Com isso, segundo ele, "pode-se compreender melhor e de forma resumida o que até agora, nos tempos modernos, Herr Kant tem nutrido em pensamento em relação às provas da existência de Deus" (1788, p.73 apud Kreimendahl, 1988, p. 320).

28. Coing vai citar duas passagens do manuscrito respectivamente nas p. 74-76 e 83-85 de seu livro. Para fins comparativos, Kreimendahl disponibilizada os fragmentos do livro de Coing em seu artigo (1988, p. 323-326).

que, segundo Kreimendahl, parecem proximamente relacionadas à *Danziger*, o que o leva a supor que ambos possuem uma raiz em comum[29] (1988, 326-327). Kreimendhal sublinha ainda que Coing se refere ao manuscrito como *Rational Theologie*, algo que parece se remeter mais uma vez ao caderno de Danzig. Ao mesmo tempo, ele destaca que as passagens comparadas possuem tamanhos similares e variantes que tornam possível enquadrar os manuscritos em um grupo comum distinto do grupo do qual pertencem os outros três. Além disso, ambos não apresentam número de seções. Se é verdade o fato de que esse manuscrito foi levado a Marburgo por um estudante transferido de Königsberg, pode-se se supor, segundo Kreimendahl[30], que, de acordo com os registros acadêmicos de matrícula, as possibilidades se restringem a apenas duas, ou seja, a dois estudantes transferidos de Königsberg e matriculados em Marburgo em 9 de outubro de 1787: Carolus Wannowski e Johannes Guilielmus Schrammig[31]. O primeiro deles foi um estudante de teologia matriculado em Königsberg em 6 de outubro de 1784, enquanto o segundo matriculou-se lá em 18 de outubro de 1783[32]. Ao que parece, somos remetidos também, nesse caso, a uma fonte comum oriunda dos cursos de inverno de 1783-1784.

---

29. Kreihmendahl (1988, p. 326) comenta: "[p]arece que temos diante de nós no manuscrito dessa *Rationaltheologie* uma variante da *Danziger Rationaltheologie* e que o curso ao qual remonta em última análise esse manuscrito foi consequentemente o do semestre de inverno de 1783-1784. A impressão do próximo parentesco de C (*Coing*) e D (*Danziger*), que ajusta-se nas leituras paralelas de C 74-76 com D 1.290-1.292 e C 83-85 com D 1.297-1.301, pode ser fundamentada por meio de uma série de indícios".

30. Segundo Kreimendahl (1988, p. 322), "levanta-se naturalmente a pergunta sobre quem poderia ter sido aquele que foi mencionado por Coing como 'o senhor vindo de Königsberg que cerca de meio ano atrás' deu-lhe o manuscrito para folhear. Parece uma suposição bem óbvia que se tratava, em relação a esse senhor, de um aluno, que tinha estudado antes em Königsberg e agora fora transferido para Marburgo. Então, de acordo com o serviço de informação de Königsberg e a matrícula de Marburgo, o círculo de candidatos se reduz a duas pessoas".

31. No trabalho documental de George Erler, *Die Matrikel der Albertus – Universität zu Königsberg*, Schrammig está registrado como Johann Wilhelm Schramm. Mas, como Kreimendahl destaca, trata-se sem dúvida da mesma pessoa.

32. Kreimendahl (1988, p. 322) relata que não há qualquer informação sobre a sua área de estudo.

1.4 A inclusão das Lições na Akademie Ausgabe

A investigação criticofilológica[33] foi de grande importância para que esses textos pudessem ser editados e reunidos, depois de decisões alternativas a respeito de sua edição, no tomo XXVIII da edição crítica da Academia de Berlim [*Kants gesammente Schriften*] em 1972. A despeito de suas reservas[34] em relação à edição pioneira de Pölitz, cujo manuscrito original é desconhecido, Lehmann dispôs, em primeiro lugar, entre as páginas 989-1.126, justamente o texto *Philosopische Religionlehre nach Pölitz*. Em sequência, entre as páginas 1.127-1.226, encontram-se a *Natürliche Theologie Volckmann nach Baumbach*, e, da página 1.227 a 1.319, a *Danziger Rationaltheologie nach Baumbach*. Cabe mencionar ainda a presença de um quarto texto intitulado *Fragment einer späteren Rationaltheologie*. Trata-se, na verdade, de uma introdução alternativa disposta ao fim do caderno de Danzig, que provavelmente se refere a uma fonte diversa dos outros textos, talvez decorrente de um curso mais tardio ministrado em 1785-1786 ou 1787. Para Adickes[35] (p. XVIII: 504), esta *Vorerinnerung* não pode se reportar ao curso de inverno de 1783-1784 porque, em termos de conteúdo, ela diverge substancial-

---

33. A continuação da história editorial das *Lições* depois da morte de Kant foi marcada sobretudo pela desconfiança. Durante o século XIX, os editores, como Rosenkranz e Hartenstein, foram respectivamente céticos em relação aos méritos e à autenticidade dos manuscritos. Apenas mais à frente, no final do século XIX e início do século XX, o interesse foi novamente retomado pelo trabalho criterioso de acadêmicos como W. Dilthey, B. Erdmann, E. Arnoldt, M. Heinze, P. Menzer, dentre outros. Embora Dilthey tenha vislumbrado um projeto geral da edição da Academia com a inclusão das *Lições*, atribuindo-lhes importância documental para a compreensão do desenvolvimento do pensamento de Kant, o empreendimento foi interrompido em 1920 devido às exageradas exigências de Adickes, e retomado apenas nos anos de 1970 sob os cuidados de G. Lehmann, que assumiu decisões editoriais controversas na edição dos textos. Antes, seguindo os propósitos de Dilthey, as *Lições* preparadas ou autorizadas por Kant foram incluídas em 1917 e 1923 na *Akademie Ausgabe*. No entanto, devido ao confronto dos manuscritos, as demais *Lições* não foram imediatamente incluídas. Apenas por volta de 1762-1763 se começou a superar a desconfiança e, com efeito, o processo de editoração das demais *Lições*.

34. Lehmann é cético em relação à originalidade do manuscrito de Pölitz e não se mostra disposto a considerá-lo como a edição de referência. Ele acredita que esse texto é, na verdade, a síntese resultante dos outros textos. Em suas palavras, "[...] é errada a suposição de uma *Naschschrift* (uma transcrição no curso). Pode-se tratar apenas de uma *Abschrift*, resultante a partir da existência [...] dos dois cadernos paralelos (AK XXIX.2.2, p. 1.361).

35. Adickes identificou algo correspondente a essa *Vorinnerung* nas *Reflexões* 6.215- 6.223 (AK XVIII, p. 504-513). Ambas as reflexões são enquadradas por Adickes em ψ^3, ou seja, no período situado entre 1785 e 1788.

mente da introdução apresentada nos outros cadernos. Esse texto já havia sido anexado antes por Beyer como suplemento à edição de Pölitz, mas Lehmann opta por editá-lo separadamente, alegando não se tratar de um simples anexo e nem de algo menos importante como os prefácios de Pölitz (Lehmann, XXVIII: 1.364) incluídos apenas como textos adicionais na compilação (XXVIII: 1.511-1.518). A *Vernunft-theologie* de Magath, por sua vez, foi acrescentada apenas posteriormente, no volume XXIX da *Akademie Ausgabe*, entre as páginas 1.053-1.077, como um suplemento às *Lições de teologia racional* e *Metafísica*, embora só de maneira parcial. Ou seja, o texto não foi publicado integralmente, mas como uma variante de Pölitz contendo apenas as passagens não correspondentes.

1.5 Os critérios de datação dos manuscritos

A outra importante questão que se depreende do procedimento de análise e intercruzamento crítico dos textos é aquela relacionada à datação. Os prefácios de Pölitz já haviam delimitado, sem contudo fazer uma justificação prévia, o início do decênio de 1780 como o período no qual os cursos foram ministrados. A pergunta que se coloca é: De onde podemos, de fato, extrair evidências mais sólidas que permitam delimitar mais acuradamente o período ao qual se reporta as *Lições sobre a doutrina filosófica da religião* de Pölitz? Para tanto, podemos recorrer a algumas evidências diretas e indiretas. Como Arnoldt nos informa (1909, p. 337), segundo os arquivos do *Etatsministerium*, Kant ministrou, embora estes não tenham sido devidamente anunciados, cursos de teologia natural ou da doutrina filosófica da religião tanto no semestre de verão de 1774 quanto nos semestres de inverno de 1783-1784 e 1785-1786, respectivamente no lugar dos cursos de ética e de enciclopédia filosófica. Kant ainda lecionou pela última vez, no lugar da enciclopédia filosófica, o curso de teologia no semestre de verão de 1787. Oficialmente, contudo, de acordo com o registro da Universidade de Königsberg, apenas a "Natürliche Theologie über Baumgarten" de 1785-1786 foi anunciada. Dessa forma, como constatação geral, pode-se dizer que Kant ministrou cursos de teologia natural por quatro vezes em sua carreira acadêmica em um período de treze anos. Contudo, para tentar determinar mais especificamente, dentro desse lapso de tempo, o período dessas *Lições*, alguns critérios mais pontuais devem ser aplicados. Em primeiro lugar, assume-se como *terminus post quem*[36] a publicação das obras de referência a partir das quais os cursos foram preparados. Enquanto a *Metaphysica* de Baumgarten foi publicada em 1739, a *Preparação para a teologia natural* de Eberhard só apareceu em 1781. A *História da doutrina do Deus Verdadeiro* de Meiners, comentada no apêndice à edição de Pölitz, apareceu em 1780. Levando em conta as indicações internas, é especialmente importante a referência aos *Diálogos concernentes à religião natural*, de David Hume, que foram publicados postumamente em 1779 e traduzidos para o alemão apenas em 1781, embora seja provável que Kant tenha tomado conhecimento deles já em 1780 por meio de uma tradução não publicada de Hamman. E ainda, por último, há de se considerar, como Beyer sublinha, a referência à *Viagem às Índias Orientais e à China realizada por ordem do Rei entre os anos de 1774-1781*[37], do naturalista francês Pierre Sonnerat, publicada em 1783.

Excluída dessa forma a possibilidade de que essas *Lições* possam se referir ao curso de verão de 1774, as datas dos cadernos alternativos também nos fornecem um recorte temporal que podem ser assumidos como *terminus ante quem*[38]. A primeira data é apresentada em Volckmann, 13 de novembro de 1783, data que dificilmente se refere ao início do curso, mas que tampouco pode-se reportar ao seu término. É válido lembrar aqui, frente a esse problema, a suposição de Beyer de que Volckmann teria frequentado pessoalmente os cursos até a data informada e depois começado a copiar outro caderno, a partir do qual a sua e a edição de Pölitz entram em um consenso. Em *Danziger*, somos remetidos a duas datas, ambas inscritas na capa e na página final do caderno respectivamente: 19 de julho e 19 de agosto de 1784. De acordo com Beyer, tratar-se-ia precisamente do tempo empregado para terminar uma cópia simples de uma *Nachschrift*. O manuscrito de Magath nos remete,

---

36. Literalmente, "limite a partir do qual". Trata-se da data mais inicial em que um evento possa ter ocorrido.
37. Segundo Lehmann (XXVIII.2.2: 1.363), a *Sonnerats Reise nach Ostindien und China auf Befehl des Königs unternommen vom Jahre 1774-1781* "não é mencionada no texto (escrito). A indicação sobre ela pertence talvez às informações de Schmitz processadas por Beyer".
38. Traduz-se por "limite antes do qual". Ou seja, refere-se à data-limite final em um horizonte de eventos.

por sua vez, ao ano de 1785, mas, como já foi exposto antes, considerando sua forma de redação, ele dificilmente poderia se referir a um curso ainda em andamento. E, por último, encontramos a data-limite de 1788, à qual se reporta a menção de Coing às *Lições* de Kant. Embora exista a possibilidade de que os estudantes transferidos tenham assistido os cursos de 1785-1786 e até mesmo o de 1787, levando em conta a compatibilidade da data de matrícula na nova universidade e o término do curso kantiano em 1787[39], no geral, as similaridades encontradas entre os fragmentos de Coing e o manuscrito de Danzig, que certamente se remetem a uma mesma fonte, advogam a favor do fato de que o manuscrito, pertencente a um dos dois estudantes transferidos, remonte ao curso do semestre de inverno de 1763-1764. É bastante sugestiva, nesse sentido, a data de matrícula de um dos estudantes, Johannes Guilielmus Schrammig[40], em 18 de outubro de 1783, levando em conta o fato de que, quando este ingressara na universidade, certamente havia acabado de começar os cursos de teologia natural do semestre de inverno de 1783-1784[41]. Dessa forma, tendo em conta a data-limite de 1785, visto que o manuscrito de Coing parece se relacionar proximamente a um cronologicamente anterior, há motivos para se acreditar que o curso de teologia racional ao qual se refere todos os manuscritos seja, de fato, aquele curso extremamente popular do qual fala Hamann a Herder, em uma correspondência datada exatamente de outubro de 1783.

Ainda como um meio auxiliar para a confirmação dessas datas, vale citar o conteúdo interno específico das *Lições* que parecem se conectar, tanto em letra quanto em espírito, aos grandes temas apresentados na *Crítica da razão pura* de 1781 e nos *Prolegômenos* de 1783. Nos cadernos completos já é possível identificar, por exemplo,

---

39. No semestre de verão, os cursos começavam no fim de abril ou início de maio e terminavam em meados de setembro (Kühn, 2004, p. 108).

40. Para Kreimendahl (1988, p. 323), "[q]uem dos dois foi o portador dos manuscritos, é difícil de identificar. A favor de Wanowski fala o fato de que podemos sugerir nele um interesse no objeto da *Lição* enquanto um estudante de teologia. Em Schrammig, estamos no escuro em relação a isso. Contra Wanowski poderíamos falar que ele ainda não estava matriculado na época na qual foi ministrado o curso [*Kolleg*] de Kant".

41. Como Arnoldt (1909, p. 240) observa, o início das aulas em um semestre de inverno poderia variar entre 15 e 26 de outubro.

a apresentação de conceitos, tais como os do ideal transcendental, do conhecimento como síntese *a priori* e da ilusão dialética, a separação entre mundo sensível e inteligível, entre fenômeno e númeno, a idealidade do espaço e do tempo, a distinção entre razão e entendimento, o estabelecimento dos limites da razão, a divisão sistemática da teologia transcendental, a crítica às provas da existência de Deus, a distinção entre o reino da natureza e o reino dos fins e, também, as principais características do teísmo moral, entre outros, aspectos que, levando em conta o desenvolvimento da filosofia teórica de Kant, não poderiam estar de tudo desenvolvidos no ano de 1774[42]. Ao mesmo tempo, ao voltarmos nossos olhos à filosofia prática de Kant, notamos, por outro lado, que certas noções ainda não estão plenamente desenvolvidas. Embora já seja possível encontrar nas *Lições* algumas indicações proximamente relacionadas às obras morais da maturidade[43], o discurso kantiano nessas *Lições* parece se ajustar mais à filosofia moral apresentada no *Cânon da razão pura* do que àquela exposta posteriormente na *Fundamentação da metafísica dos costumes* e na *Crítica da razão prática*. Dessa forma, em termos de conteúdo, se, por um lado, as referências à primeira *Crítica* podem ser assumidas como o *terminus post quem*, ou seja, como uma data-limite a partir da qual se pode hipoteticamente delimitar um ponto de partida, por outro lado, a imaturidade terminológica das concepções kantianas em filosofia moral podem ser assumidas aqui justamente como *terminus antes quem*. Isto é, tendo em vista a imaturidade de certas noções, pressupõe-se que os manuscritos dificilmente poderiam se referir aos cursos posteriores à publicação da *Fundamentação*[44], e estabelece-se como hipótese consequentemente uma data-limite final. Uma evidência a favor disso talvez possa ser encontrada particularmente na própria concepção do imperativo categórico, que terminologicamente parece muito mais próxima às formulações apresentadas nas *Lições de ética* de meados de 1770,

---

42. Embora alguns aspectos da filosofia prática de Kant já estivessem desenvolvidos desde meados de 1760, é pouco provável que os principais elementos de sua filosofia transcendental já estivessem disponíveis em meados de 1770. Cf. Schmucker, J. (1961), Henrich, D. (1963) e Cunha, B. (2017).
43. Podemos citar, por exemplo, algumas indicações sobre a perspectiva metafísica sobre a liberdade que seria desenvolvida na terceira seção da *Fundamentação*.
44. Waterman (1899, p. 301-310, 415-416).

do que das formulações maduras de 1785[45]. Levando em conta que a *Fundamentação* foi concluída entre agosto e setembro de 1784[46], é possível notar nela, portanto, se comparada às *Lições*, uma evidente evolução terminológica no que diz respeito à filosofia prática. Estes e outros motivos são evidências consistentes para se afirmar, com bastante probabilidade, que os manuscritos se referem, como sugeriu Pölitz inicialmente, aos cursos do semestre de inverno de 1783-1784.

1.6 As traduções da Doutrina da religião para outros idiomas

Publicadas originalmente em 1817, as *Lições sobre a doutrina filosófica da religião* ganharam curiosamente sua primeira versão traduzida ainda no século XIX, em 1854, pelas mãos de um dos estudantes de Kant, Christoph C. Mrongovius[47], responsável por preparar a edição polonesa intitulada *Rozprawa filozoficzna o religii i moralności* [*Tratado filosófico sobre religião e moral*], incluindo um conjunto de notas sobre filosofia moral. Contudo, demorou algum tempo até que a segunda tradução em língua estrangeira pudesse aparecer. As *Lições* só ganharam uma segunda versão traduzida mais de 100 anos depois, em 1978, sob os cuidados de Allen Wood e Gertrude Clarke. Intitulada *Lectures on Philosophical Theology*, a tradução em língua inglesa foi baseada na segunda edição de Pölitz. Em 1988, tendo também como referência a edição de Pölitz, foi a vez de aparecer, sob a responsabilidade de Constantino Esposito, a primeira edição em língua latina, traduzida para o italiano como *Lezioni di Filosofia della Religione*. Pouco tempo depois, como resultado de um trabalho de doutorado, foi preparada em 1993, sob supervisão de William Fink, a versão francesa intitulada *Leçons sur la Théorie Philosophique de la Religion*. Ainda nos anos de 1990

---

45. Contudo, como Wood (1996, p. 338) afirma, há também algumas indicações que apontam que os manuscritos poderiam ser posteriores à publicação da *Fundamentação* de 1785, referindo-se portanto ao curso de 1785-1786, como, por exemplo, o conceito de reino dos fins e algumas observações sobre o problema do mal que se remetem ao opúsculo de 1786, o *Começo conjetural da história humana*.

46. De acordo com Hamann em uma carta a Scheffner de setembro de 1784 (1965, p. 222), "Kant me enviou o manuscrito de sua *Fundamentação da metafísica dos costumes*". Cf. tb. AK X: 318.

47. Günther (1909, p. 214) deixa-nos entender que o manuscrito traduzido por Mrongovius corresponde justamente ao manuscrito encontrado tempos mais tarde na biblioteca de Danzig.

cabe lembrar que, com o propósito de compor um dos volumes da Cambridge, *Edition of the Works of Immanuel Kant*, dedicado à religião e à teologia racional, as *Lições* ganharam pelas mãos de Allen Wood, em 1996, uma versão revisada em língua inglesa, agora mais literalmente apresentada como *Lectures on the Philosophical Doctrine of Religion*. Em 2000, apareceu a última entre as versões mais recentes, publicada em espanhol, sob os cuidados de Alejandro del Rio e Enrique Romerales, com o título *Lecciones sobre la Filosofía de la Religíon*.

1.7 Informações sobre a tradução das *Lições sobre a doutrina filosófica da religião* **para a língua portuguesa**

A esse breve histórico podemos acrescentar agora a primeira edição das *Lições sobre a doutrina filosófica da religião* em língua portuguesa. O texto de referência utilizado para essa tradução foi o de 1830, ou seja, o da segunda edição de Pölitz. Por esse motivo, foram incluídas no corpo do texto referências às páginas dessa edição. Não obstante, considerando a inclusão de Pölitz no volume 28 de *Kants Gesammelte Schriften*, optou-se também, com o propósito de uma melhor adequação aos padrões da *Kantsforschung*, por incluir no texto a referência às páginas da edição da Academia de Berlim. As notas de rodapé foram utilizadas de quatro formas diferentes. Em primeiro lugar, elas serviram como um artifício para destacar e discutir termos relativos à tradução. Em segunda instância, elas foram usadas para explicitar o debate de Kant com os compêndios de Baumgarten e Eberhard. Com esse propósito, algumas passagens desses compêndios foram traduzidas em paralelo com os comentários kantianos. Em terceiro, as notas foram preenchidas, para fins comparativos, com passagens dos textos publicados, sobretudo, com passagens da *Crítica da razão pura*. E, por último, elas foram empregadas como comentários interpretativos. No que diz respeito à tradução mesma, buscou-se a literalidade. Para resguardar não só o pensamento do autor, mas também as características de sua atividade docente, ou seja, o genuíno teor de seus ensinamentos em sala de aula, as adaptações foram introduzidas apenas nos casos estritos exigidos pela língua portuguesa. Para maior adequação e refinamento, o texto foi cotejado com as edições francesa e espanhola e com a segunda edição inglesa. Notar-se-á que, em alguns momentos, as opções dos tradutores são expostas e, às vezes, até mesmo discutidas em notas de rodapé. As *Lições sobre a doutrina filosófica da religião*, assim como as recém-publicadas *Lições de ética* (2018), são uma importante fonte para a interpretação dos escritos publicados de Kant bem como para a compreensão genealógica de seu pensamento. Dessa forma, esperamos que, mesmo diante de todas as limitações e possíveis desacertos que possam haver, esta edição possa contribuir, em alguma medida, para ampliar o horizonte dos estudos kantianos em língua portuguesa.

2 A teologia racional de Kant nas Lições

2.1 *A discussão com os compêndios escolásticos*

A referência aos compêndios escolásticos nos cursos acadêmicos era uma exigência oficial aos professores universitários, que, muito embora fossem compelidos a seguir os manuais, eram ao mesmo tempo livres para escolhê-los e, ademais, instigados a corrigi-los e a melhorá-los[48]. Dessa forma, se por um lado Kant estava, de algum modo, preso a essa exigência acadêmica, por outro lado, todo o material escolástico a partir do qual seus cursos foram preparados também lhes serviram positivamente como uma importante referência para o desenvolvimento de suas próprias concepções filosóficas. Como Kant vai admitir tempos à frente, "muitos anos antes de iniciar uma nova carreira como escritor [...], em minhas lições [...] eu não só comentava o autor que tinha escolhido como fio condutor, mas eu o peneirava [gesichtet] e ponderava, procurando ampliá-lo e reduzi-lo a princípios aparentemente melhores para mim". Dessa forma, "minhas lições foram em parte cultivadas [gewachsen] e em parte aprimoradas, mas sempre em vista de um possível sistema futuro" (AK XIII: 538-539). Essas palavras se coadunam perfeitamente com o espírito dos ensinamentos kantianos em seus cursos de teologia racional. Kant posiciona-se criticamente diante dos dois manuais de referência de modo a apresentar, por meio de uma revisão dos conceitos escolásticos, os inovadores resultados de sua recém-fundada filosofia crítico-trans-

---

48. Sobre isso, consultar Erick Edickes (AK XIV, p. xxi). • Cunha e Feldhaus ("Estudo introdutório" em *Lições de ética*, 2018).

cendental. Dessa forma, Kant vai expor as muitas questões da teologia escolástica, concernentes à natureza e aos atributos de Deus, à relação de Deus com o mundo, à causalidade divina, à criação e à providência, revisando-as, de forma interessante, sob o ponto de vista de sua própria filosofia. Dos já citados manuais de referência, Kant demonstrava, segundo Pölitz (1830, p. iii), sua preferência pela *Metaphysica* de Baumgarten em detrimento à *Vorbereitung zur natürlichen Theologie* de Eberhard. É perceptível que o compêndio de seu futuro oponente foi usado apenas como meio auxiliar, uma vez que, de acordo com Lehmann (AK XXVIII.2.2: 1.360), ele não apresentava a mesma extensão e concisão do primeiro. Kant o utiliza de forma limitada, restringindo seus comentários a ele ao tema da ontoteologia, ao mesmo tempo em que parece lhe dispensar um tratamento ainda mais crítico. Mas se é verdade que Kant o julgou inferior, então por que o utilizou? Beyer (1837, p. 235) supõe que não foi o caso de Kant tê-lo introduzido apenas por razões experimentais. É mais provável que ele o tenha usado para mostrar aos ouvintes e ao mundo científico, em suas lições, quão pouco ele ainda estava associado à escola wolffiana[49]. Por outro lado, não é novidade que Kant admirou publicamente Baumgarten, enquanto pensador metafísico (AK I: 408), e se, no contexto de seu pensamento crítico, essa admiração em alguma medida foi se esvanecendo, Kant continuou certamente a valorizar seu manual escolástico, com o qual lecionou até idos dos anos de 1790, sobretudo devido à sua utilidade, ou seja, porque fornecia um fio condutor bem estruturado para as suas lições, dando ocasião além disso para seus apontamentos críticos.

2.2 Introdução: O conceito de perfeição suprema e o ideal da razão pura

Kant introduz a doutrina filosófica da religião discutindo a ideia de uma perfeição suprema, de acordo com a qual a razão estabelece um critério para fazer determinações. Trata-se de uma necessidade da razão para poder determinar, mediante um critério último, em qual extensão o conceito de uma coisa qualquer se aproxima ou se afasta de um máximo. Em outras palavras, trata-se de uma escala

---

[49]. Uma opinião que, para Lehmann, não parece procedente (XXVIII.2.2: 1.360, n. 99).

de referência para medir os diferentes graus das coisas, sem a qual nenhuma unidade sistemática da razão é concebível. Compreendida enquanto um critério de aproximação, Kant nos alerta, contudo, que a ideia não é algo factível em nossa realidade empírica: "[u]m conceito deste tipo, que é necessário como medida do menor e do maior grau nesse e naquele caso, subtraído de sua realidade, é uma ideia" (AK XXVIII: 993). Assim Kant compreende aqui, em consonância com sua posição na *Crítica da razão pura*, que "as ideias contêm uma certa integridade que nenhum conhecimento empírico possível atinge e a razão só tem aí em vista uma unidade sistemática de que tenta aproximar a unidade empírica possível, sem nunca a alcançar por completo" (A 568, B 596).

Em estrita consideração à noção de perfeição suprema, Kant acredita serem necessários fundamentalmente três aspectos a uma ideia. Em primeiro lugar, a completude do sujeito em relação a todos os seus predicados. Isto é dizer, no caso do conceito de Deus, que todas as perfeições ou realidades devam lhe convir de fato como predicados. Em segundo lugar, a completude em relação à derivação, que liga-se diretamente ao fato do Ser supremo não ser derivado de nada, embora seja a fonte de onde tudo mais deriva. Por último, a completude da comunidade, que é o suporte sistemático pelo qual é possível pensar a conexão de todo o existente. Deus é pensado aqui como Aquele que conecta o todo da realidade em uma unidade sistemática. Essas características levam Kant a conceber o conceito da perfeição suprema, representado no conceito de Deus não apenas como uma ideia, mas sobretudo como um ideal. Mas cabe perguntar aqui em que se distingue a ideia de um ideal? Uma ideia é qualquer conceito que é produzido *a priori* pela razão sem corresponder a algo dado na experiência. Kant enquadra aí, por exemplo, a ideia de uma substância simples, de uma causa incausada e, nas *Lições* em particular, até mesmo a ideia da educação representada pelo *Emílio* de Rousseau. O ideal, por sua vez, é "uma ideia in indivíduo" ou, em outras palavras, "um indivíduo determinável ou absolutamente determinado apenas por sua ideia" (A 568, B 596). Dessa forma, na medida em que Deus, como a soma de toda realidade ou o *ens realissimum*, é o único ser ou indivíduo determinado completamente desse modo, ou seja, por sua própria ideia, consequentemente ele é o único ideal possível da razão pura, porque somente nesse caso o conceito universal de algo, a saber, o conceito de Deus, pode ser determinado completamente por si mesmo (Wood, 1978, p. 56).

Estabelecido como ideal da razão, a ideia do Ser supremo deve ainda ser concebida em referência aos três tipos possíveis de perfeição. Em primeiro lugar, a perfeição transcendental que pressupõe, no conceito de Deus, a exclusão de toda deficiência na medida em que Deus é o único Ser concebível enquanto tal. Em segundo lugar, a perfeição natural que pressupõe nele a inclusão de todas as realidades, uma vez que Deus é o único conceito ao qual convém todas as perfeições ou realidades. E, por último, a perfeição prática, na qual Deus é compreendido como sumo bem, ou seja, como aquele ao qual convém não só as perfeições naturalmente pensáveis, mas também aquelas convenientes a um sujeito dotado de qualidades morais, quais sejam, sabedoria e moralidade.

Postas essas considerações, Kant passa à exposição de seu conceito de teologia. Eberhard compreende a teologia natural, em sua *Vorbereitung*, como "a ciência das regras para a formação do conhecimento mais perfeito de Deus no entendimento humano e para sua comunicação". Portanto, segundo ele, "ela vai conter uma parte *teórica*, na qual será exposta a formação [Entstehung] do conhecimento de Deus e as regras de sua perfeição e uma prática, que conterá as regras da comunicação desse conhecimento" (1781, p. 1). Já para Baumgarten, em sua *Metaphysica*, a teologia natural é "a ciência de Deus na medida em que pode ser conhecida sem a fé" (§ 801). Ela, portanto, deve considerar "(1) o conceito de Deus e (2) suas operações (§ 802). Em uma aparente concordância com os escolásticos, Kant define a teologia, por sua vez, como o "sistema de nosso conhecimento do Ser supremo" (AK XXVIII: 995). Não obstante, aqui há um ponto de separação culminante entre Kant e os wolffianos, uma vez que a única teologia possível à razão humana é, segundo o pensador de Königsberg, aquela na qual o conhecimento negativo se sobrepõe ao positivo. Isto é, a teologia pressupõe uma limitação dos conhecimentos positivos, esperando maior ganho no conhecimento negativo. Ainda que bastante deficiente, já que não é possível alcançar nela um conhecimento mais abrangente e discernimento de Deus, Kant acredita que esse tipo de teologia, denominada *theologia ectypa*, pode se constituir como um sistema, uma vez que pode ser pensada pela razão em completude e de acordo com uma unidade. Dessa forma, o propósito especulativo da teologia não deve ser o de conhecer fatualmente os atributos e a natureza de Deus, mas, antes, o de estabelecer, por meio do conceito de Deus, "um máximo [Höchsten] para medir, de acordo com isso, o menos elevado e determiná-lo", pois, para que nosso conhecimento seja possível, o máximo sempre tem de ser determinado. Para estabelecer a bondade do homem, por exemplo, precisamos tomar como medida a bondade suprema. É essa medida que torna possível determinar, nesse caso, os graus intermediários da moralidade. O conceito de Deus, dessa forma, não é tão estendido quanto definido, servindo-nos sobretudo como um meio para representar, de forma determinada, o que se encontra entre o máximo e o nada.

Posicionando-se ainda contra a teologia positiva dos escolásticos, Kant pergunta-se, por conseguinte, sobre o mínimo de teologia necessário para a religião. Em outras palavras, Kant quer delimitar estritamente o conceito de teologia de modo a determinar o mínimo de conhecimento teológico necessário para incitar nossa fé em Deus e nossa conduta de acordo com a religião. Para tanto, a condição fundamental de uma teologia é que ela apresente um conceito de Deus suficiente à religião natural. Para isso, basta que tal conceito não seja contraditório, isto é, que sua possibilidade possa ser discernida através das leis do entendimento. Como antes entre os gregos e os romanos, isso foi o mínimo necessário no conhecimento de Deus para que os homens fossem movidos à religião. O mínimo de teologia exposto na mera possibilidade do conceito de Deus tem a função particular de resguardar a teologia de erros e contradições, protegendo-a dos ataques de seus inimigos, uma vez que não é possível ao ateu demonstrar, mediante o entendimento, a sua impossibilidade e negá-la (AK XXVIII: 998-999). Dessa forma, como salienta Kant, visto que o interesse da razão na teologia é muito mais prático do que teórico (AK XXVIII: 996), ao nos resguardarmos de tais erros asseguramos, sobretudo, o caminho para a moralidade. A dignidade do conhecimento teológico não se encontra, portanto, no propósito especulativo de se ligar ao objeto supremo, visto que este ultrapassa em muito a nossa capacidade de compreensão, mas no fato dele ser fundamental à religião natural, sobre a qual se sustenta todos os princípios morais (AK XXVIII: 997).

Após introduzir as considerações iniciais sobre a matéria, Kant apresenta uma divisão estrutural da teologia natural que, segundo ele, mostra-se totalmente de acordo com as regras da lógica. A teologia natural pode ser dividida, desse modo, em duas, a saber: *theologia rationalis* e *empirica*. Posto que Deus não pode ser objeto dos sentidos, a *theologia empirica* só pode ser identificada com a teologia da revelação. A teologia racional, por sua vez, pode se dividir em outras duas, ou seja, em teologia *especulativa* ou *moral*. No que diz respeito à teologia especulativa, ela pode ser *transcendental*, quando sua origem está no entendimento puro e na razão, ou pode ser *natural*, quando seu ponto de partida se encontra no mundo em geral ou na natureza das coisas em particular. Diferente de seu ponto de vista na *Crítica da razão pura*, Kant vai enquadrar, nesse ponto, dentro da teologia natural, além da fisicoteologia, também a cosmoteologia. Enquanto a última tem como pressuposto a natureza de um mundo em geral, a primeira vai partir da existência particular desse mundo para inferir a existência de Deus. Em suma, a divisão da teologia racional pode ser exposta, de acordo com a classificação kantiana, da seguinte maneira, a saber: a) em teologia transcendental, como aquela que pensa Deus mediante conceitos transcendentais; b) em teologia natural, como aquela que pensa Deus por conceitos físicos; e c) em teologia moral, como aquela que pensa Deus a partir de conceitos morais. Segundo essa divisão, o *ens originarium* pode ser pensado, com efeito: a) como um *ens summum*, ou seja, como o fundamento transcendental de possibilidade de todas as coisas; b) como *summa inteligentia*, ou seja, como um ser vivo responsável pela produção do mundo por meio de entendimento e vontade, portanto, como Autor do mundo; e, enfim, c) como *summum bonum*, ou seja, não apenas como inteligência suprema, mas como supremo governante de um sistema de todos os fins. Deus é representado, desse modo, de acordo com essa classificação, respectivamente: a) como Causa do mundo; b) como Autor do mundo; e c) como Governante do mundo. A teologia concebida nesses termos vai se constituir então como: 1) ontoteologia; 2) cosmoteologia – fisicoteologia; e 3) teísmo moral.

2.3 A ontoteologia

Antes de se ocupar propriamente com a ontoteologia, Kant retoma a classificação inicial exposta na introdução em torno da ideia de perfeição suprema para apresentar os únicos três conceitos constitutivos de Deus possíveis. De uma maneira geral, Deus pode ser concebido como: a) o *Ser originário* [*ens originarium*], do qual tudo deriva; b) o *Ser supremo* [*ens summum*], ao qual atribuímos toda a realidade e, portanto, concebemos também como *ens realissimus*; e c) o *Ser de todos os seres* [*ens entium*], enquanto o fundamento supremo da comunidade de todas as coisas. A ontoteologia, na medida em que trata somente com conceitos puros, baseia-se na noção de um Ser supremo como *ens realissimum*. Mas como é possível à razão pura pensar um *Ser supremo como coisa*? Como substrato ontológico, uma coisa sempre pressupõe algo de positivo pelo qual ela existe. Um ser negativo em todos os sentidos (*ens omni modo negativum*) ou o mero não ser não é uma coisa. Considerando que para ser uma coisa é necessário ter alguma realidade, a razão pode conceber algo que existe de duas maneiras, a saber, ou como um *ens realissimum* ou como um ser parcialmente real e parcialmente negativo. O conceito de *ens realissimum* pressupõe algo no qual se inclui toda a realidade. Em consonância com sua explicação na *Crítica da razão pura*, em Deus a coisa está completamente determinada por meio de seu conceito em vista de todos os predicados opostos possíveis (A 571-572, B 599-600). É perceptível que se trata justamente do ideal transcendental, o único de acordo com o qual uma coisa está determinada completamente através de seu conceito. Em contrapartida, uma coisa parcialmente real, parcialmente negativa, na medida em que sempre carrega alguma deficiência, comporta algo negativo e, consequentemente, não é completamente determinada. Por exemplo, no conceito de um homem mais perfeito, não está determinado se ele é jovem ou velho, grande ou pequeno. Bem compreendidas, essas negações são, na verdade, limitações da realidade, uma vez que, para surgirem, precisam se basear em uma realidade positiva. Como pensar a escuridão sem a noção de luz ou a pobreza sem a noção de bem-estar? Disso se depreende que se todos "os conceitos negativos são derivados sempre de uma realidade pressuposta, com efeito, cada coisa, em sua determinação completa como *ens partim reale, partim negativum*, pressupõe um *ens realissimum*. Portanto, pode-se dizer, de acordo com a doutrina do ideal transcendental aqui pressuposta, que "o conceito de um *ens realissimum* contém, ao mesmo tempo, o fundamento de todos os demais conceitos. Consequentemente, ele é a medida fundamental segundo a qual devo pensar e mesmo julgar todas as coisas" (AK XXVIII: 1.014).

Kant aceita a afirmação dos teólogos escolásticos de que ao pensar os vários aspectos da realidade sem limitações pensamos o próprio Deus. Isto é, ao pensar as realidades particulares sem limitações, chegamos aos atributos divinos, tais como a onisciência, a onipotência, a eternidade. Ao posicionar apenas um desses atributos ilimitados, acabamos por representar completamente Deus na medida em que pressupomos, ao mesmo tempo, um único Ser ao qual convém todos os demais atributos. Deus é, portanto, reafirmado aqui como "uma ideia necessária de nosso entendimento". Com isso Kant também reitera um dos pressupostos defendidos em 1763, em *O único argumento possível para uma demonstração da existência de Deus*, de que Deus é o substrato de toda possibilidade. Mas se isso se constitui lá como o ponto de partida para o fundamento da prova [Beweisgrund], aqui Kant não é indiferente ao problema intransponível da passagem do possível ao real. "Ora, levanta-se a questão se essa nossa ideia possui também realidade objetiva, isto é, se existe realmente um ser ao qual a nossa ideia de Deus corresponde" (AK XXVIII: 1.015). Em contrapartida à perspectiva escolástica, coloca-se a resposta crítico-transcendental: a realidade objetiva do conceito exige mais do que a mera não contradição lógica, porque, para tanto, é necessário não apenas um juízo analítico, mas um juízo sintético (A 597, B 625). Ou seja, na ausência de uma faculdade *a priori* para conceder realidade ao objeto, só a experiência poderia me mostrar que os efeitos das realidades divinas não entrariam em contradição uns com os outros. Mas visto que o conceito de Deus extrapola o âmbito de toda experiência possível, consequentemente não é possível afirmar ou negar a sua existência.

Se a ideia de Deus como o máximo de todas as realidades precisa ser pressuposta para nosso conhecimento do limitado, é pertinente a pergunta: Como chegamos a essa ideia do máximo? Concordando em um primeiro momento com Eberhard, Kant considera a noção de um infinito matemático um critério insuficiente para isso [1017], pois tal coisa nunca é capaz de determinar uma grandeza absoluta, mas tão somente uma grandeza relativa à unidade de medida. Ou seja, se assumo a milha como medida para pensar o infinito, ao assumir, por outro lado, o diâmetro da Terra como medida, acabo por dar vazão ao pensamento contraditório de que a grandeza do infinito seria maior no último. Ao fim e ao cabo, a noção do infinito matemático, na medida em que não me dá nada de determinado, expressa tão somente a proporção de nossa incapacidade para estabelecer por números o conceito de tal grandeza. Mais adequado ao problema seria certamente o conceito de infinito metafísico, no qual se assume em Deus, sem precisar de uma unidade matemática de medida ou de um conceito homogêneo, todas as perfeições no mais alto grau. Não obstante, contra Eberhard – que acredita que as duas noções de infinito são necessárias ao conceito de Deus – Kant também dispensa o conceito de infinito metafísico, alegando ser suficiente para o conceito de Deus a noção transcendental de "tudo de realidade" [*omnitudo realitatis*], pela qual podemos representar adequadamente, a partir do conceito de onisuficiência, tudo o que é real em Deus (AK XXVIII: 1.019).

Ao assumir Deus como *omnitudo realitatis* torna-se necessário, contudo, determinar com efeito mais precisamente os seus predicados. Quais são esses predicados e qual o procedimento adequado para estabelecê-los satisfatoriamente em Deus? Toda precaução é pouca aqui para que não seja introduzido, no conceito de Deus, algo contraditório à sua realidade suprema. Aquelas realidades dadas "exclusivamente pela razão pura" (AK XXVIII: 1.020) ou, mais precisamente, aquelas realidades aprioristicas vinculadas à categoria de modalidade e chamadas predicados ontológicos, podem ser imediatamente predicadas de Deus. São elas: a possibilidade, a existência, a necessidade (B 106). Em relação à noção de substância, podem ser predicados ainda os atributos de unidade, simplicidade, infinitude, duração, presença e outros. Os predicados ontológicos isolados, no entanto, são insuficientes para estabelecer um conceito integral de Deus. Assumidos *in abstracto*, eles são no máximo convenientes para um conceito meramente deísta de Deus enquanto coisa, embora insuficientes para um conceito teísta de acordo com o qual Deus é concebido como um ser dotado de inteligência e vontade (AK XXVIII: 1.001, 1.020). É preciso, dessa forma, atribuir a Deus, junto aos conceitos ontológicos, conceitos psicológicos extraídos da experiência, embora tais devam ser retirados exclusivamente da experiência mais fundamental de todas, a saber, a realidade de nossa alma (AK XXVIII: 1.020, 1.021). Como Kant assevera, ao predicar conceitos psicológicos de Deus exige-se, contudo, muita cautela para não se cair erroneamente no antropomorfismo. Para lidar com tais predicados, portanto, é importante observar dois tipos de regras.

A primeira delas ocupa-se com (1) a *escolha dos predicados mesmos*. Considerando que os conceitos empíricos carregam muitas limitações, Kant admite, em clara referência a Eberhard (1781, p. 26-27, § 19), a necessidade de proceder *via negationes*, separando cuidadosamente todo o sensível das representações das realidades empíricas e atribuindo a Deus, ao fim do processo, apenas a realidade pura remanescente (AK XXVIII: 1.021). Mas nem sempre é possível separar as negações de um conceito empírico sem lhe suprimir por completo, como por exemplo acontece com o conceito de extensão. Da noção de matéria, depois de separar todo o negativo, posso reconhecer, contudo, o conceito de uma força ativa interna e externa (AK XXVIII: 1.022). Após isolar essa realidade pura, preciso proceder *via eminetiae* e, portanto, pensar não apenas uma força, mas uma força *infinita*.

A segunda regra considera (2) *o modo de proceder para poder atribuir a Deus o real abstraído de conceitos sensíveis*. Em referência aos *Prolegômenos*, Kant sugere, como procedimento adequado para atribuir a Deus o real abstraído da experiência, o caminho da analogia. Contudo, Kant chama atenção para o fato de que a analogia não é simplesmente a similaridade imperfeita entre coisas. Trata-se, de outro modo, da similaridade perfeita de duas relações entre coisas diferentes. Nos *Prolegômenos*, Kant cita o exemplo da relação análoga existente entre o princípio de reciprocidade do direito e o princípio de ação e reação da física (AK IV: 357, § 58). Trata-se de relações análogas observadas em coisas totalmente diferentes. Isso pode ser aplicado da mesma forma ao conceito de Deus quando, considerando a relação entre fundamento e consequência, pensamos como relações análogas, por exemplo, aquela entre a felicidade de um ser humano e a bondade de outra pessoa de bem, e aquela entre a felicidade de todos os seres humanos e a bondade de Deus (AK XXVIII: 1.023).

2.3.1 A crítica ao argumento ontológico e cosmológico

O conceito de *ens realissimum*, na medida em que permite pensar de forma determinada a perfeição suprema a partir de todos os seus predicados, é o suporte do argumento ontológico da existência de Deus (AK XXVIII: 1.004). É interessante notar que o argumento se articula de acordo com os pressupostos da *Crítica da razão pura* em referência aos conceitos da categoria da modalidade, a saber, a possibilidade, a existência e a necessidade. Assim, nas *Lições*, Kant vai expor primeiramente o argumento ontológico endossado por Leibniz a partir da possibilidade da coisa mesma. Para demonstrar *a priori* a existência de Deus, o ponto de partida desse argumento é a demonstração da possibilidade do conceito mediante a não contradição lógica. Leibniz inferiu, por exemplo, que da completa ausência de contradição dos predicados no conceito de *ens realissimum* segue a sua possibilidade e, da sua possibilidade, consequentemente, a sua existência. Mas, como Kant já havia observado, aqui ocorre uma grave confusão entre a possibilidade do conceito e a possibilidade da coisa mesma ou, em outras palavras, entre a possibilidade lógica e a existência real. O princípio de contradição é apenas um princípio analítico por meio do qual se estabelece a possibilidade de um dado conceito. Para a existência real, não obstante, exige-se um princípio sintético através do qual os predicados são reunidos efetivamente em um objeto correspondente. No que diz respeito ao *ens realissimum*, a síntese não pode ser assegurada, pois não há de onde derivá-la. Ela não pode ser derivada do conhecimento do mundo, porque aqui a realidade dos objetos é sempre limitada. Dessa forma, como não é possível discernir nesse caso como todas as realidades podem estar reunidas efetivamente no objeto, não se pode inferir com efeito qualquer existência. Mas se, diante disso, é impossível, por um lado, afirmar a existência de Deus como *ens realissimum* mediante uma prova racional, por outro, é igualmente impossível negar sua existência. Em outras palavras, devido aos limites de nossa faculdade cognoscente, "é impossível provar que Deus é impossível" (AK XXVIII:

1.026). Pelo menos, respondendo ao ateísmo cético, que ilusoriamente acredita ser capaz de demonstrar a não existência de Deus, Kant afirma que a insuficiência das provas especulativas tem a vantagem de abrir espaço, não obstante, para uma crença na existência de Deus apoiada em fundamentos práticos.

Em segunda instância, Kant expõe a prova ontológica tradicional cartesiana: "Descartes argumentou que um ser que contém em si todas as realidades, justamente por isso, deve *existir necessariamente*, pois a existência é também uma realidade. Portanto, ao pensar um *ens realissimum*, tenho de pensar junto, ao mesmo tempo, a existência" (AK XXVIII: 1.005). O argumento se articula de modo a demonstrar que do conceito de *ens realissimum*, na medida em que este pressupõe todas as realidades, deve se derivar necessariamente a existência. Em outras palavras, visto que a existência é uma realidade ou um predicado necessário, é contraditório não atribuí-la ao sujeito correspondente, a saber, ao *ens realissimum*, posto que nesse caso negamos um predicado que se encontra contido analiticamente no sujeito. Para contestar esse argumento, Kant remete-se à mesma proposição apresentada em seu tratado sobre a *Existência de Deus* de 1763: a existência não é um predicado real, "isto é, um conceito de algo que poderia ser acrescentado à noção de uma coisa para torná-la ainda mais perfeita. É meramente a posição de uma coisa ou de certas determinações em si mesmas. Em sentido lógico, é tão somente a cópula de um juízo" (AK XXVIII: 1.027). Isto é, em um juízo afirmativo tal como "Deus é onipotente", a palavrinha "é" não é um predicado adicional, mas apenas a partícula que posiciona o sujeito com todos os seus predicados (AK XXVIII: 1.028). Considerando que os conceitos modais, tais como os de possibilidade, existência e necessidade, dos quais o argumento ontológico parte não representam determinações reais, a existência posiciona o objeto em relação ao conceito sem acrescentar-lhe nada. Em sua ligação, ambos, objeto e conceito, contêm exatamente a mesma coisa. Então, pensa-se o objeto como dado absolutamente por meio da expressão: ele é, não acrescenta nada ao conceito, pois, se assim fosse, não haveria uma correspondência verdadeira entre o objeto e o conceito. O fato de pensar 100 táleres como existentes não acrescenta nada em meu conceito de 100 táleres possíveis. Isso porque a predicação real, pelo qual é dada de fato a existência a um objeto, não advém de uma mera operação analítica ou lógica do intelecto, mas é dada sinteticamente, sendo determinável apenas por meio das formas da representação transcendental do Eu penso: o espaço, o tempo, as categorias. Considerando o processo de síntese *a priori*, por meio do qual se chega à predicação real, pode-se dizer, portanto, que é totalmente precipitada a conclusão sobre a qual se apoia o argumento ontológico de que a existência já se encontra no conceito de uma coisa possível (AK XXVIII: 1.028).

Por último, com o propósito de se reportar ao conceito modal de necessidade, Kant expõe antecipadamente a prova cosmológica, embora com o objetivo de explicitar sua dependência em relação à prova ontológica. A prova cosmológica tem como pressuposição a experiência de um mundo em geral a partir do qual ela infere uma existência absolutamente necessária. Denominada por Leibniz e Wolff de *a contingentia mundi*, "ela diz que, se algo existe, deve também existir um Ser absolutamente necessário" (AK XXVIII: 1.029). De fato, é inegável que a prova começa de uma experiência, embora, ao se abstrair dos objetos em particular, seja suficiente para ela a pressuposição de um mundo em geral ou apenas a ideia de um mundo. Ao chegar via inferência à existência de um Ser absolutamente necessário, ela acabar por pressupor, contudo, que tal Ser deve ser, ao mesmo tempo, um *ens realissimum*. Como Kant observa, entretanto, uma vez que a experiência "jamais pode nos ensinar o que este Ser possui como atributos" (AK XXVIII: 1.030), com efeito, nesse ponto, a razão se despede completamente da experiência para investigar "somente entre conceitos puros". Depois de alcançar o conceito de uma existência absolutamente necessária, é preciso pensar ainda qual conceito contém as condições de possibilidade de um Ser absolutamente necessário. Logo a razão precisa *pressupor*, de antemão, o conceito de um *ens realissimum* a partir do qual deriva a existência absolutamente necessária. "Toda tarefa do ideal transcendental depende ou de encontrar um conceito para a necessidade absoluta ou de encontrar a necessidade absoluta para o conceito de alguma coisa" (AK XXVIII: 1.032). Pode-se concluir disso, portanto, que, na chamada prova cosmológica, só a prova ontológica contém toda a força demonstrativa e "a suposta experiência é totalmente inútil, servindo talvez somente para nos conduzir ao conceito de necessidade absoluta, mas não para nos mostrar essa necessidade em qualquer coisa determinada" (AK XXVIII: 1.030).

Ainda em estrita dependência do conceito de *ens realissimum*, Kant enfatiza por conseguinte que a necessidade absoluta, tanto quanto os outros conceitos modais, é meramente uma existência a partir de conceitos. Por consequência, assim como o conceito de *ens realissimum*, ela não se sustenta para além do nível meramente ideal. Com o propósito de defender a necessidade absoluta no *ens realissimum*, Wolff tomou como um exemplo análogo a suposição da necessidade de um triângulo ter três ângulos. É de fato uma necessidade que um triângulo tenha três lados. O que precisa ser observado aqui é que essa suposta necessidade absoluta não é mais do que uma necessidade condicionada, em um juízo, pela relação analítica entre sujeito e predicado. Ou seja, é notável que uma contradição vai surgir em um juízo de identidade quando suprimo o predicado e conservo o sujeito. Por exemplo, quando eu penso num triângulo destituído dos três lados. No entanto, nada mais resta para se contradizer quando suprimo ao mesmo tempo ambos, sujeito e predicado (AK XXVIII: 1.031-1.032). Do mesmo modo, é evidente que no juízo Deus é onipotente, a onipotência é posta necessariamente em conexão ao sujeito. Mas se suprimo o sujeito, dizendo que Deus não existe, suprimo, sem qualquer contradição, a onipresença e todos os demais predicados. Consequentemente, dessa forma, a necessidade absoluta não é capaz de se sustentar para além de um nível meramente ideal, pois, "sem a contradição, não tenho *a priori*, mediante meros conceitos puros, quaisquer notas da impossibilidade" (AK XXVIII: 1.032). Em outras palavras, a necessidade absoluta nos juízos analíticos é apenas uma pressuposição lógica e Kant mostra aqui mais uma vez que a possibilidade lógica encontra-se em um domínio totalmente distinto daquele da possibilidade real.

2.4 A cosmoteologia

Após discutir detalhadamente os predicados ontológicos de Deus de acordo com o compêndio de Baumgarten, a segunda seção abre com o tema da cosmoteologia. Levando em conta que o argumento cosmológico já foi exposto, o interesse de Kant aqui é discutir mais detalhadamente o conceito integral de Deus tendo uma experiência como fundamento. Contudo, a experiência assumida como fundamento, nesse caso, tem de ser a mais simples que pode haver, a saber, o conhecimento de nós mesmos. Portanto, mais uma vez é preciso tratar com os predicados psicológicos. Uma das grandes vantagens da cosmoteologia é que ela nos proporciona um conceito teísta de Deus como inteligência suprema e autor de todas as coisas. Com efeito, para essa caracterização de Deus, esses predicados são imprescindíveis. Mas, devido às dificuldades já expostas, Kant nos chama a atenção mais uma vez para o perigo do antropomorfismo: "Se encontramos em nós alguma realidade que pode ser atribuída ao ser que tem toda realidade, teremos de ter muito cuidado para não predicar, ao mesmo tempo, de Deus o negativo inerente a nós em tal realidade" (AK XXVIII: 1.048).

Visto que em nossa alma se encontra uma faculdade de conhecimento, o primeiro dos predicados psicológicos que pode ser pensado em Deus, juntamente com as outras perfeições, é justamente o da inteligência. Certamente essa asserção não pode ser provada com certeza apodítica, mas é justamente este o motivo pelo qual temos muito mais direito de atribuir uma faculdade de conhecimento a Deus. Ora se os seres humanos criados possuem uma faculdade de conhecimento, por que Deus não a teria? "Pois não temos o menor conceito de como uma realidade pode produzir outras realidades que não tenham também a menor similaridade com ela" (AK XXVIII: 1.050). Mas, obviamente, se há uma faculdade de conhecimento em Deus, ela deve ser completamente diferente daquela dos seres humanos. Pergunta-se: Como deve se constituir uma faculdade de conhecimento em Deus? Em primeiro lugar, a faculdade intelectiva em Deus, segundo o parecer kantiano, deve ser não sensível. Certamente o processo epistemológico atribuído aos seres humanos na *Crítica da razão pura* – segundo o qual o conhecimento começa pela receptividade – não se aplica aqui. Representações sensíveis não podem ser atribuídas a Deus porque Ele é completamente independente do mundo. Todo conhecimento divino só pode advir de um entendimento puro. Em segundo lugar, o conhecimento divino deve ser intuitivo na medida em que Ele é capaz de conhecer tudo imediatamente pelo entendimento. E, por último, esse conhecimento deve ser completamente *a priori*. Enquanto fundamento de toda possibilidade, Deus deve conhecer *a priori* tudo que é possível, antes mesmo que exista. Dessa forma, na medida em que é um *Ens entium*, Deus conhece todas as coisas possíveis, além do tempo e do espaço, ao conhecer a si mesmo como o fundamento de toda possibilidade. Trata-se do conhecimento de todo o possível a partir de si mesmo [*theologia archetypa/exemplaris*].

Kant critica a divisão de Baumgarten do conhecimento divino em *scientia simplicis intelligentiae*, *scientia libera* e *scientia media*, a começar pela própria atribuição do nome ciência ao conhecimento divino por consistir em algo antropomórfico. Para Kant, tanto o conhecimento de todo o possível [*scientia simplicis intelligentiae*] quanto do efetivamente real [*scientia libera*] são uma e a mesma coisa na mente divina. A diferença existe apenas *em nosso modo de* representação desse conhecimento. A *scientia libera* pressupõe a escolha livre de Deus em tornar real certas coisas possíveis. Sobre isso funda-se *o* sistema de *criação*, segundo o qual Deus é o autor de todas as coisas por meio de sua vontade. Mas certamente a ciência livre também está de acordo com o sistema de emanação, segundo o qual o que existe é real através da necessidade da natureza divina. A divisão da ciência livre de Deus em *recordatio acientiam visionis e praescientia* empreendida por Baumgarten também é, segundo Kant, completamente antropomórfica, uma vez que para Deus nada é passado ou futuro. Estando fora do tempo, Deus conhece tudo de uma vez intuitivamente, inclusive nossas ações livres. Contudo, Kant assevera, em concordância com o famoso argumento escolástico, que a presciência divina não torna necessárias nossas ações futuras, destruindo consequentemente a liberdade humana. Por fim, Kant compreende que a *scientia media* ou o conhecimento daquilo que poderia acontecer em outros mundos possíveis é uma distinção totalmente inútil, uma vez que, ao conhecer todo o possível, Deus conhece também todos os mundos possíveis como um todo.

Depois de tratar da faculdade cognitiva em Deus, Kant passa a considerar, em analogia à sua tradicional distinção das faculdades humanas (AK V: 205-206), também a natureza da faculdade divina de apetição. Para começar, Kant faz referência à sua conhecida divisão tripartida da práxis moral em habilidade, prudência e sabedoria ou moralidade. Contudo, habilidade e prudência não podem ser atribuídas a Deus, uma vez que são demasiadamente humanas. É contraditório pensar em Deus, a partir das duas primeiras, fins que já não estejam de antemão em seu poder. Dessa forma, a sabedoria é a única perfeição prática que convém verdadeiramente a Deus, visto que pressupõe a capacidade de derivar todo fim a partir de um sistema de todos os fins. Além de pressupor uma completa concordância de fins, a "sabedoria divina consiste também na concordância da escolha divina consigo mesma" (AK XXVIII: 1.058). Essas considerações são importantes para Kant determinar mais adequadamente, em contraposição a Baumgarten, o que é a vontade divina, abrindo espaço para uma compreensão que se estenderá para sua própria concepção de razão prática[50]. Antes de falar propriamente da vontade de Deus, é necessário contudo discutir a faculdade do objeto do comprazimento e desprazimento em Deus. O comprazimento ou o prazer em si mesmo não pode consistir, como queriam os wolffianos, na consciência da perfeição, ou seja, na relação de minhas representações em vista de um objeto. Não se trata, em outras palavras, de uma *mera consequência* da representação de um objeto. Mas, de outro modo, o prazer consiste em um estado antecedente a partir do qual o sujeito é impelido, por meio do desejo, a tornar reais as suas representações. Isto é, do comprazimento ou do prazer nasce o desejo de tornar real o objeto representado. Mas enquanto no ser humano este prazer sempre se relaciona a um objeto externo, em Deus, devido à sua total independência de coisas exteriores, esse comprazimento só pode existir em relação à sua própria existência independente ou em relação à sua própria natureza autossuficiente (*beatitudo*). Considerando, portanto, sua independência de objetos externos, em Deus tanto o comprazimento quanto o interesse só podem ser admitidos de forma analógica (AK XXVIII: 1.065). Para pressupor então a produção de um objeto fora de si, é necessário que o entendimento divino, por meio do qual Deus expressa toda a sua natureza, determine a vontade a tornar real os objetos de sua representação. "O comprazimento de um ser consigo mesmo, como um fundamento possível da produção das coisas, determina a causalidade." E "é precisamente essa causalidade do entendimento de tornar real os objetos de sua representação que se chama vontade" (AK XXVIII: 1.061, 1.065). Contudo, é preciso chamar atenção para o fato de que, em distinção aos seres humanos,

---

50. Cf. HENRICH. *Über Kants früheste Ethik* (1963); SCHNEEWIND. *A invenção da autonomia* (2001); CUNHA. *A gênese da ética de Kant* (2017).

não há fundamentos meramente subjetivos na vontade de Deus. Kant aceita a explicação wolffiana de que, no ser humano, todo fazer e deixar de fazer sempre precisa se ligar a um móbil, ou seja, a um incentivo particular para a realização do ato. Mas esse móbil, se pensado em Deus, só pode consistir em sua autoconsciência de ser capaz de tornar real, por meio de seu entendimento, o objeto representado, a saber, nesse caso, todo o bem possível [onipotência]. Pode-se dizer que nele os móbeis subjetivos se confundem com os fundamentos objetivos (AK XXVIII: 1.066). O fato de Deus ser autossuficiente faz com que sua vontade também seja representada como completamente livre. Observamos que, por causa da dualidade da natureza humana, os homens estão submetidos em geral a muitos obstáculos psicológicos que estão absolutamente ausentes em Deus. Dessa forma, considerando a "independência completa de sua vontade tanto de coisas externas quanto de condições internas" (AK XXVIII: 1.067), pode-se afirmar que "[c]onvém a Deus, portanto, tanto a liberdade transcendental, que consiste em uma espontaneidade absoluta, quanto a liberdade prática ou a independência de sua vontade de impulsos sensíveis" (AK XXVIII: 1.068). Mas, resguardando-se de antemão da objeção voluntarista, Kant assevera que o fato da liberdade divina ser uma capacidade de agir absolutamente de acordo com a razão e em detrimento de motivos sensíveis não abre espaço para o fatalismo. Este decorre de um equívoco entre a necessidade prática, segundo a qual a escolha racional de Deus é infalível e, portanto, é absolutamente livre, e a necessidade cega da natureza, a qual antevê que determinados acontecimentos naturais não podem deixar de acontecer de certa maneira. É importante também lembrar que a vontade de Deus, a saber, a causalidade determinada pelo entendimento de modo a tornar real os objetos possíveis na natureza divina, é uma capacidade de agir segundo fins. Por isso é possível supor que "o produto de tal vontade será a maior totalidade [grösste Ganze] de todo o possível, isto é, o *summum bonum finitum*, o mundo mais perfeito" (AK XXVIII: 1.061). A ideia de que a vontade de Deus age em conformidade a fins vai abrir espaço para o argumento fisicoteológico, embora tenha de estar claro que os motivos que, no arbítrio divino, orientam a conformidade a fins são, como Kant observa, imperscrutáveis (AK XXVIII: 1.069).

2.5 A fisicoteologia: A prova fisicoteológica

A seção sobre a fisicoteologia inicia-se com uma contestação ao ceticismo de Hume. A questão a saber é se é possível inferir um autor inteligente da ordem finalística da natureza. Em seus *Diálogos*, Hume já havia levantado uma forte objeção diante do fato de que da natureza não se pode inferir uma inteligência, enquanto causa, dotada de todas as perfeições necessárias para produzir toda a harmonia e finalidade que supostamente observamos. Considerando o modo como as coisas surgem, Hume supõe que uma mera fecundidade estaria em condições de produzir uma harmonia em seus efeitos sem a necessidade de pressupor qualquer entendimento. Como ele afirma, os seres inteligentes, por exemplo, são engendrados sensivelmente por seus pais e não criados por meio de seu entendimento. Para Kant parece contraditório, no entanto, supor uma natureza eterna atuando de maneira cega como causa de toda conformidade a fins e ordem no mundo. Ora, pois "conformidade a fins nos efeitos pressupõe, por certo, sempre entendimento na causa" (AK XXVIII: 1.064). No conjunto de causas eficientes do mundo, as coisas parecem surgir decerto, como Hume sugere, por mera fecundidade, mas esse tipo de geração pressupõe meramente a característica formal da coisa, pois ao pensarmos a origem primeira de todas as causas eficientes, temos de pressupor sempre uma causa final. Embora não seja possível demonstrar isso com certeza apodítica, Kant chama atenção para o fato de que certamente é mais *persuasivo* acreditar que a conformidade a fins do mundo seja derivada de um entendimento superior do que de uma causa mecânica cega.

Como se sabe, a prova fisicoteológica a qual Hume ataca é aquela que parte da constituição do mundo presente para deduzir a existência de um autor da natureza. Essa prova distingue-se da cosmológica pelo fato de que, enquanto a primeira é abstraída a partir dos conceitos de um mundo em geral, a última abstrai do mundo *presente* os conceitos de um autor do mundo. Dessa forma, diferente da prova cosmológica que, como vimos, tem sua base na prova ontológica e, portanto, também pertence à teologia transcendental, a origem da prova fisicoteológica é completamente empírica, uma vez que o fundamento é a percepção real do mundo existente. Visto que as provas ontológica e cosmológica são bastante secas e abstratas, essa prova costuma ser bastante popular e atraente (AK XXVIII: 1.007). Contudo, assim como a prova cosmológica depende conceitualmente da teologia transcendental, a fisicoteologia também não é capaz de proporcionar, partindo da experiência, qualquer conceito determinado de Deus. Nada na experiência do mundo – nem mesmo a imensidão do universo – pode nos dar o conceito da perfeição suprema conveniente a Deus, conceito que é completamente transcendental. Este é o motivo pelo qual os antigos se equivocaram completamente em sua representação da divindade, atribuindo-lhe características completamente distintas e até mesmo contraditórias entre si. "Ora, abstrair conceitos de Deus a partir dessas percepções empiricamente fundadas não podia produzir nada mais do que sistemas contraditórios" (AK XXVIII: 1.008-1.009). A fisicoteologia procede bem até o ponto de chegar a uma *prima causa mundi*, mas acaba por se sustentar na teologia transcendental na medida em que precisa demonstrar posteriormente que a *prima causa mundi* [o *ens originarium*] deve ser também um *ens realissimum*. Kant observa que, apoiada no conceito transcendental, a fisicoteologia se encontra mais bem preparada para responder às objeções contra a perfeição suprema baseadas na aparente inconformidade de fins no mundo. Mas, considerando que o conceito transcendental é apenas matéria de especulação, em sua ausência ou corrupção, um campo extremamente amplo ainda permanece aberto tanto para justificar a existência de Deus quanto para responder às objeções da teodiceia contra a perfeição divina. Trata-se, a saber, do campo da crença moral, que é baseado em *princípios a priori* (AK XXVIII: 1.010). Isso será discutido mais detalhadamente na próxima seção.

2.6 A teologia moral: O postulado da existência de Deus e o problema da teodiceia

A seção sobre a teologia moral propõe-se a discorrer inicialmente sobre os atributos morais de Deus. É justamente a apodicticidade dos princípios morais, aos quais somos introduzidos no início desta seção, que alicerçam um conceito totalmente determinado de Deus, cujos atributos ou perfeições morais atualizam, visto a primazia do interesse prático sobre o teórico, até mesmo os atributos ou perfeições transcendentais antes discutidos. Isto é, para ordenar e conduzir os efeitos dos distintos estados de minha existência em relação à moralidade, Deus deve também ser concebido a partir de seus atributos transcendentais, a saber, a onissuficiência, a onipotência, a eternidade etc. Nesse caminho, os atributos transcendentais passam a ser pensados em relação aos atributos ou perfeições morais de Deus, quais sejam, bondade, santidade e justiça. Assim, Deus é reconhecido, de acordo com as exigências da razão prática, como legislador santo, como mantenedor benevolente do mundo e como um juiz justo. A santidade vai colocar-se em referência direta à lei moral. É "a absoluta ou ilimitada perfeição da vontade" (AK XXVIII: 1.075) ou, em outras palavras, "a boa conduta estrita ou a virtude suprema" (AK XXVIII: 1.074). Ou seja, Deus é santo porque sua vontade está em conformidade absoluta com a lei moral. Por sua vez, a bondade está em referência direta à felicidade dos homens. É "o comprazimento imediato no bem-estar de outros" (AK XXVIII: 1.076). Considerando o fato de que Deus não está submetido a nenhum fundamento subjetivo ou inclinação, Ele é o único capaz de demonstrar aos homens uma bondade ilimitada em relação à sua felicidade. A justiça deve ser compreendida, finalmente, como uma "combinação da bondade com a santidade" (AK XXVIII: 1.076). Trata-se de uma perfeição negativa que atua como uma condição limitante mediante a qual, na distribuição da felicidade, a bondade se demonstra proporcional à dignidade do sujeito moral. Em outras palavras, a justiça é precisamente "*essa limitação da bondade por meio da santidade* na repartição" (AK XXVIII: 1.074). Esse é o motivo pelo qual, considerando que a lei é santa e a justiça do tribunal inflexível e implacável, a bondade de Deus não pode nunca ser pensada como indulgente às fraquezas humanas.

Depois de apresentar as perfeições morais inferidas do conceito de Deus, Kant introduz um conjunto de objeções, "cuja força tem levado muitos homens à loucura e os feito cair em desespero". Trata-se propriamente do problema da teodiceia. "A primeira objeção é contra a *santidade* de Deus. Se Deus é santo e odeia o mal [Böse], de onde então vêm o *mal moral* [Böse]?" (AK XXVIII: 1.076) A resposta kantiana aqui se reporta a um escrito que seria publicado em 1786 com o título *Começo conjetural da história humana*. O ser humano é perfeito em suas predisposições, mas elas carecem de cultivo. Deus legou aos seres humanos a tarefa de extraírem de si mesmos as próprias perfeições. Embora Deus tenha criado o homem livre, Ele também lhe concedeu sentidos que ele tem de dominar e moderar pelo cultivo de sua razão. A história da humanidade é, portanto, a história do progresso humano ou, em outras palavras, a história da transição do estado bruto, no qual os seres humanos são dominados pelo instinto, para o estado cultivado, no qual o ser humano alcança, através do pleno uso da razão, o total desenvolvimento de suas disposições. É natural, contudo, que nesse processo o homem cometa muitos erros e dê muitos passos em falso. Pode-se dizer, consequentemente, que a origem do mal moral [Böse] encontra-se na "incompletude no desenvolvimento do germe para o bem" ou, em outras palavras, "no desenvolvimento primeiro de nossa razão em direção ao bem" (AK XXVIII: 1.078). Considerando então que o mal não tem um germe em particular, Kant parece assumir aqui o enunciado otimista de Leibniz e dos escolásticos de que o mal é *mera negação*, consistindo tão somente na *limitação do bem*. Pode-se esperar, por conseguinte, segundo a perspectiva aqui apresentada, que quando finalmente o ser humano tiver se desenvolvido completamente, o mal chegará ao fim por si mesmo.

A segunda objeção é "contra a *bondade* de Deus. Se Deus é bondoso e quer que os seres humanos sejam felizes, de onde então vem o *mal físico* [Übel] no mundo?" Aqui entramos novamente em referência ao conceito de felicidade, que pode ser pensado em dois caminhos possíveis, a saber, como a satisfação dos desejos ou como mera fruição, ou seja, como um tipo de felicidade possível em prospecto e destituída de todos os desejos. Kant vê a segunda noção como incompatível com a natureza humana, pois a felicidade deve ser compreendida sempre como algo ligado ao contentamento. Contudo, é importante estar atento ao fato de que a medida dessa felicidade não pode ser determinada *segundo um único momento* da existência humana, mas deve ser pensada *em sua inteira duração*. Sob essa perspectiva, devemos compreender o mal físico apenas como uma instituição particular para levar os seres humanos à felicidade. Kant parece aceitar, nesse ponto, o argumento de Leibniz de que o mal físico pode ser usado por Deus como um meio para propósitos mais elevados. Ora, como Kant reconhece, não somos capazes de discernir o resultado dos sofrimentos, ou seja, o propósito divino em relação a esses males. Por isso é necessário aos seres humanos se portarem resolutamente diante deles de modo a preservarem a sua virtude e, como consequência, a sua dignidade moral. Nessa hipótese, portanto, o mal físico assume a função pedagógica de despertar o desejo e a aspiração humana em vista de um estado melhor no qual o ser humano se torna cada vez mais digno. Ao mesmo tempo, tendo em vista um estado futuro, Kant acredita que aqui, nesse mundo, é natural que haja o equilíbrio dos fundamentos, ou seja, a proporção entre os males e as alegrias.

A terceira objeção é "contra a *justiça* de Deus. Se Deus é justo, de onde então vêm a *repartição desigual* do bem e do mal no mundo que, de modo algum, coloca-se em comunhão com a moralidade?" (AK XXVIII: 1.076-1.077). É interessante notar que a teodiceia se apresenta aqui na moldura do conflito que mais tarde seria reconhecido como *antinomia da razão prática* (AK V: 113-114). Ora, "não se pode negar que muitas vezes a pessoa mais justa, ao se considerar as circunstâncias externas da felicidade, parece ser um brinquedo da fatalidade" (AK XXVIII: 1.081). Em outras palavras, a antinomia da razão se enuncia assim: posto que "a moral contém as condições do comportamento dos seres racionais sob as quais eles podem ser unicamente *dignos de felicidade* [...], se não é para esperarmos nenhum estado no qual uma criatura, que [...] tornou-se dessa forma digna de felicidade, tivesse também de ser participante de tal felicidade [...], então haveria uma contradição entre o curso da natureza e a moralidade" (AK XXVIII: 1.071-1.072). É perceptível que nesse enunciado se explicita um conflito mediante o qual se infere uma inconformidade de fins entre natureza e liberdade, que em última instância vai apontar para a impossibilidade da realização do sumo bem, e para o qual a razão precisa dar uma resposta. A antinomia da razão prática, exposta aqui no conflito teleológico, mostra-se como uma ameaça ao horizonte de sentido da ação moral em relação a seres racionais que reconhecem, na autoridade incondicionada da razão, a força obrigatória de seu mandamento. A consequência em relação a isso, que será observada alguns anos à frente na *Crítica da razão prática*, é que se a razão não pode dar realidade ao supremo objeto prático, aquele que se constitui na conformidade de todos os fins, a lei moral tem de ser considerada vazia e estéril (AK V: 114). Nas palavras aqui expostas, "todos os deveres subjetivamente necessários, que, enquanto um ser racional, sou obrigado a cumprir, perdem sua realidade objetiva" (AK XXVIII: 1.072). Em outros termos, Kant explica que "toda moralidade despareceria, isto é, toda boa conduta por obedecermos à razão, se nosso verdadeiro valor tivesse de ser determinado segundo o curso das coisas e dos destinos com os quais nos deparamos" (AK XXVIII: 1.081). No fim das contas, uma vez determinada pelas consequências naturais, a moralidade não poderia ser mais do que uma regra de prudência e, o egoísmo, o móbil de nossas ações. Ao menos, como Kant observa, para todos aqueles que se mantêm persistentes diante do mandamento da razão, essa situação serve como uma oportunidade para se elevar e praticar a verdadeira virtude.

Mas como superar, de fato, o conflito da razão consigo mesma e o problema da inconformidade de fins enunciado, dessa forma, pela teodiceia? A resposta kantiana encontra-se na interseção entre teologia, moralidade e religião. Com a desconstrução das pretensões onto-teológicas da razão, metafísica e teologia não mais se intercruzarão através da ontologia, mas por meio da ética. E por esse caminho Kant encontrará uma resposta plausível ao problema teleológico da razão. Antes de tudo, no entanto, é importante destacar as considerações kantianas acerca da "doutrina dos fins" ou da "teleologia" (AK XXVIII: 1.102) no contexto de suas *Lições*.

Ao tratar do "fim da criação" (AK XXVIII: 1.099), Kant pressupõe um *duplo* sistema de todos os fins, "por meio da liberdade ou segundo a natureza das coisas". Um sistema de todos os fins por meio da liberdade é aquele de acordo com princípios morais. Ora, na medida em que todas as criaturas racionais agem de acordo com as leis morais, elas podem se reunir sob um princípio comum e constituir juntas um sistema de fins. Trata-se da perfeição moral do mundo. Por outro lado, o sistema de todos os fins segundo a natureza é aquele pensado em referência à felicidade das criaturas racionais. É a perfeição física do mundo. Ao pensar a ligação de perfeição física e moral, Kant chega ao conceito do melhor dos mundos possíveis que se identifica, como podemos observar, diretamente com o conceito do sumo bem (AK XXVIII: 1.102).

A insuficiência das provas teóricas da existência de Deus assume aqui, em vista do problema teleológico, a função de permitir ao âmbito prático fazer asserções objetivamente válidas sobre certos problemas da razão, uma vez que, em analogia aos axiomas da matemática, essas asserções são consequências das leis irrefutáveis da natureza moral e livre do homem, ou seja, decorrem da razão prática. Em outras palavras, a moralidade, uma vez fundada na natureza livre dos seres humanos, concede postulados necessários aos nossos conhecimentos práticos sem os quais cairíamos em um absurdo prático, ou seja, agiríamos contra nossa razão e nossa consciência (AK XXVIII: 1.082). Dessa forma, tendo "como fundamento a *moralidade*, o sistema completo dos nossos deveres, que é conhecido *a priori*, com certeza apodítica, por meio da razão pura" (AK XXVIII: 1.011), o teísmo moral vai se apoiar na doutrina dos postulados, assumindo uma crença inabalável na existência de Deus como um sábio governante do mundo para resolver o conflito da razão. É apoiado nisso que Kant compreende que por mais "desordenada e destituída de finalidade que a história nos pinte a conduta humana, isso não deve nos fazer deixar de acreditar, contudo, que o gênero humano está consequentemente fundado *em um plano universal* de acordo com o qual, apesar de todo o mal uso de sua liberdade, se alcançará finalmente a maior perfeição possível do mesmo" (AK XXVIII: 1.102). É a força postulatória do teísmo moral que permite a Kant afirmar, do mesmo modo, que por mais que "a experiência e a razão" nos mostrem "que no curso presente das coisas a estrita observância de todos os deveres moralmente necessários nem sempre está ligada ao bem-estar" (AK XXVIII: 1.072), "posso igualmente ter certeza de que, no melhor dos mundos, é impossível que a boa conduta possa existir sem o bem- estar" (AK XXVIII: 1.099). Portanto, para resolver o conflito de fins, a razão nos habilita a acreditar que "tem de existir um Ser que rege o mundo de acordo com a razão e com as leis morais e que tenha estabelecido, no curso das coisas futuras, um estado no qual a criatura que tenha se mantido fiel à sua natureza e digna de uma felicidade duradoura através da moralidade deva também ser realmente participante dela" (AK XXVIII: 1.072). Portanto, "[s]e Deus governa tudo, somos igualmente autorizados a admitir na natureza uma conexão teleológica" (AK XXVIII: 1.114). Esse é o único caminho encontrado pela razão no qual "o reino da natureza é colocado em uma conexão próxima com o reino dos fins!" (AK XXVIII: 1.116). Como podemos observar, o teísmo ou a teologia moral conduz, através da doutrina dos postulados, *à religião*, ao conectar consistentemente o pensamento de Deus à nossa moralidade (AK XXVIII: 1.083). Não é de se surpreender que Kant assuma aqui, em *certo* contraste com as constatações maduras da *Crítica da razão prática* e em maior consonância com o *Cânon da razão pura* (A 813, B 841), a crença na existência de Deus e de um mundo futuro como móbeis da moralidade (AK XXVIII: 1.073).

Bruno Cunha
São João del Rei, dezembro de 2018.

3 Referências

ADICKES, E. Einleitung in die Abtheilung des handschriftlichen Nachlasses. In: *Kant Gesammelte Schriften*. Vol. XIV. Berlim: DeGruyter, 1925.

_____. *Untersuchungen zu Kant's physischer Geographie*. Tübingen: J.C.B. Mohr, 1911.

ARNOLDT, E. Möglichst vollständiges Verzeichnis aller von Kant gehaltenen oder auch nur angekündigten Vorlesungen nebst darauf bezüglichen Notizen und Bemerkungen. In: *Gesammelte Schriften*. Vol. V. Berlim: B. Cassirer, 1909, p. 173-344.

BEYER, K. *Kants Vorlesungen über die philosophische Religionslehre*. Halle: Akademischer Verlag, 1937.

CUNHA, B. Kant e a defesa da causa de Deus: Algumas considerações acerca do opúsculo kantiano sobre a teodiceia. In: *Ética e filosofia política*, v. 1, n. 21, 2018, p. 5-21.

_____. *A gênese da ética de Kant*: O desenvolvimento moral pré-crítico em sua relação com a teodiceia. São Paulo: LiberArs, 2017.

CUNHA, B. & FELDHAUS, C. Estudo introdutório. In: KANT, I. *Lições de ética*. São Paulo: Unesp, 2018, p. 7-79 [Trad. B. Cunha e C. Feldhaus].

DEL RIO, A. & ROMERALES, H. Introducción. In: KANT, I. *Lecciones sobre la filosofía de la religion*. Madri: Ediciones Akal, 2000, p. 9-51.

ESPOSITO, C. Introduzione. In: KANT, I. *Lezioni di filosofia della religione*. Napoli: Bibliopolis, 1988, p. 11-98 [Trad. C. Esposito].

FINK, W. & NICOLAS, G. Structure et mouvement des leçons sur la théorie philosophique de la religion. In: *Leçons sur la théorie philosopique de la religion*. França: Le Livre de Poche, 1993, p. 224-317 [Trad. W. Fink].

ERLER, G. *Die Matrikel der Albertus* – Universität zu Königsberg. I. Pr. 3. Bde. Leipzig, 1910-1917.

GÜNTHER, O. *Katalog der Handschriften der Danziger Stadtbibliothek*. Teil 3. Danzig: Kommissions-Verlag der L. Saunierschen Buch- und Kunsthandlung, 1909.

HAMANN, J.G. *Briefwechsel*. Bd. 5. Frankfurt: Arthur Henkel, 1965.

HENRICH, D. Über Kants früheste Ethik. In: *Kant-Studien*, vol. 54, 1963, p. 404-431.

_____. *Der ontologische Gottesbeweis*. Sein Problem und seine Geschichte in der Neuzeit. Tübingen: Mohr, 1960.

KANT, I. *Gesammelte Schriften.*Vol. I-XXIX. Berlin: Reimer (DeGruyter), 1910-1983 [editado por Akademie der Wissenschaften].

KREIMENDAHL, L. Kants Kolleg über Rationaltheologie. Fragmente einer bislang unbekannten Vorlesungsnachschrift. In: *Kant-Studien*, 79, 1988, p. 318-328.

KÜHN, M. *Kant*: A Biography. Cambridge: Cambridge University Press, 2002.

LAMACCHIA, A. *La filosofia della religione in Kant*. Manduria: Lacaita, 1969.

LEHMANN, G. Eileitung (*Kleinere Vorlesungen und Ergänzungen*). In: *Kants Gesammelte Schriften*. Vol. XXIX. Berlin: DeGruyter, 1983, p. 1.098-1.100.

_____. Einleitung (*Vorlesungen über Moralphilosophie*). In: *Kants Gesammelte Schriften*. Vol. XXVII. Berlim: DeGruyter, 1972a, p. 1.037-1.068.

_____. Einleitung (*Vorlesungen über Rationaltheologie*). In: *Kants Gesammelte Schriften*. Vol. XXVIII. Berlim: DeGruyter, 1972b, p. 1.338-1.372.

_____. Einleitung (*Vorlesungen über Logik*). In: *Kants Gesammelte Schriften*. Vol. XXIX. Berlim: DeGruyter: 1966a, p. 955-988.

_____. Bericht über die Edition von Kants Vorlesungen. In: *Kant-Studie*, n. 56, 1966b, p. 545-554.

NARAGON, S. *Kant in Classroom* – Kant's Lectures: The student notes (on-line). Manchester: Universidade de Manchester, 2006. Disponível em http://users.manchester.edu/FacStaff/SSNaragon/Kant/Home/index.htm

PÖLITZ, K.H. Vorrede zur ersten und zweiten Auflage. In: KANT, I. *Vorlesungen über die philosophische Religionslehre*. Leipzig: Verlag der Taubert'schen Buchhandlung, 1830, p. iii-xviii.

SCHMUCKER, J. *Kants vorkritische Kritik der Gottesbeweise*: Ein Schlüssel zur Interpretation des theologischen Hauptstücks der transzendentalen Dialetik der Kritik der reinen Vernunft. Wiesbaden: Steiner, 1983.

_____. *Die Ursprünge der Ethik Kants in seinen vorkritischen Schriften und Reflektionen*. Meisenheim: A. Hain, 1961.

SCHNEEWIND, J.B. *A invenção da autonomia*. São Leopoldo: Unisinos, 2001.

WATERMAN, W.B. Introduction. In: KANT, I. *Religion and Rational Theology*. Cambridge: Cambridge University Press, 1996, p. 337-338.

_____. Kant's Lectures on the Philosophical Theory of Religion. In: *Kant Studien*, 3, 1899, p. 301-310, 415-416.

WOOD, A. *Kant's Rational Theology*. Ithaca: Cornell University Press, 1978a.

_____. Introduction. In: KANT, I. *Lectures on Philosophical Theology*. Ithaca: Cornell University Press, 1978b, p. 9-18 [Trad. A. Wood e G. Clark].

INTRODUÇÃO À DOUTRINA FILOSÓFICA DA RELIGIÃO

A razão humana necessita de uma ideia da perfeição suprema, que lhe sirva como critério de acordo com o qual possa fazer determinações[1]. Na filantropia, por exemplo, pensa-se a ideia da amizade suprema com o propósito de poder determinar em qual extensão este ou aquele grau de amizade se aproxima da ideia suprema ou se afasta dela. Podemos ser prestativos a alguém por amizade [Freund-

---

1. Na *Crítica da razão pura*, Kant compreende que as ideias são diferentes das categorias porque não estão relacionadas, como a última, à possibilidade da experiência, mas ultrapassam as fronteiras da experiência por conter o incondicionado, ou seja, a totalidade das condições de um condicionado dado. Segundo Kant, "[a]s *ideias* [...] estão mais afastadas da realidade objetiva do que as *categorias*, pois não se encontra nenhum fenômeno em que possam ser representadas *in concreto*. Não obstante, contêm uma certa integridade que nenhum conhecimento empírico possível atinge e a razão só tem aí em vista uma unidade sistemática de que tenta aproximar a unidade empírica possível, sem nunca a alcançar por completo" (A 568, B 596). Embora alocados proximamente, há uma distinção fundamental entre ideia e ideal, porque o último está "ainda mais afastado da realidade objetiva do que a ideia". O *ideal* "é o que entendo pela ideia não somente *in concreto*, mas *in* indivíduo, isto é, como coisa singular determinável ou absolutamente determinada apenas pela ideia" (A 568, B 596). Dessa forma, "[p]or exemplo, a virtude, e com ela a prudência humana, em toda a sua pureza, são ideias. Mas o sages (do estoico) é um ideal, isto é, um homem que só no pensamento existe, mas que coincide inteiramente com a ideia da sageza. Assim como a ideia dá a *regra*, assim o ideal, nesse caso, serve de *protótipo* para a determinação completa da cópia e não temos outra medida das nossas ações que não seja o comportamento desse homem divino em nós, com o qual nos comparamos, nos julgamos e assim nos aperfeiçoamos, embora nunca o possamos alcançar" (A 569, B 597). Em relação a isso, nos é bem esclarecedor o § 9 da *Dissertação inaugural* de 1770: "O máximo de perfeição é em nosso tempo denominado ideal, para Platão, ideia (como a sua ideia de república), e é princípio de tudo o que está contido sob a noção geral de alguma perfeição, na medida em que se estima que seus graus menores não podem ser determinados senão por limitação do máximo", pois "em qualquer gênero daquilo cuja quantidade é variável, o máximo é a medida comum e princípio do conhecer". Dessa forma, pode-se falar "de perfeição em sentido prático ou em sentido teórico. No primeiro sentido ela é o Ser supremo, Deus; no segundo, a Perfeição Moral" (AA, II: 396). Para referência às obras de Kant utilizaremos, quando se tratar da *Crítica da razão pura*, da paginação original da primeira e segunda edição A/B e, quando se tratar das demais obras, a paginação das obras completas publicadas pela Academia de Berlim com o volume (em algarismo romano) e a página. Os textos referentes à *Crítica da razão pura* foram retirados da tradução de Manuela Pinto dos Santos e Alexandre Fradique Morujão (Lisboa: Calouste Gulbenkian, 2008).

schaftsdienst], levando em consideração, no entanto, nosso próprio bem-estar. Mas, sem levar em conta nossa própria vantagem, podemos igualmente sacrificar tudo pelo amigo. No último caso nos aproximamos da ideia da amizade mais perfeita. Um conceito desse tipo, que é necessário como medida do menor e do maior grau nesse e naquele caso, subtraído de sua realidade, é uma ideia. Ora, não seria tal ideia uma mera ficção [Hirngespinnt], como, por exemplo, a república de Platão? De modo algum. Ao contrário, estabeleço este ou aquele caso de acordo com a minha ideia. Dessa forma, um soberano pode, por exemplo, organizar seu Estado de acordo com [2] a ideia da república mais perfeita com o propósito de, dessa forma, aproximá-lo da perfeição[2]. Para uma ideia, três aspectos são necessários:

1) A completude na determinação do sujeito em relação a todos os seus predicados (por exemplo, no conceito de Deus são encontradas todas as realidades).

2) A completude na derivação da existência das coisas (por exemplo, o conceito do Ser supremo que não pode ser derivado de nenhum outro, mas do qual tudo o mais é derivado).

3) A completude da comunidade ou a determinação permanente da comunidade e a conexão do todo.

O mundo depende de um Ser supremo. As coisas do mundo, ao contrário, dependem mutuamente umas das outras. Assumidos conjuntamente, eles constituem um todo completo. O entendimento sem-

---

2. Um estudo sobre a influência platônica no desenvolvimento da perspectiva metafísica de Kant pode ser encontrado em: HEIMSOETH. *Plato in Kants Werdegang, Studien zur Kants philosopischer Entwicklung*. Hildesheim: Georg Olms, 1967. Cf. tb. KÜHN. The Moral Dimension of Kant's Inaugural Dissertation: A New Perspective on the "Great Light" of 1769? In: *Proceedings of the Eighth International Kant Congress*. Milwaukee: Marquette University Press, 1995.
Para Kühn, a influência platônica manifesta-se, primariamente, na *Dissertação* de 1770. O projeto de purificação da metafísica que exige que conceitos estejam livres de qualquer mistura com a sensibilidade é, segundo Kühn, essencialmente platônico. Ao afirmar que "o máximo é a medida comum e princípio do conhecer", Kant identifica, em sua discussão ontoepistemológica da *Dissertação*, esse conceito de máximo com a ideia platônica. O ideal deve proporcionar ao entendimento puro; portanto, tanto o princípio da medida de tudo que é real e possível em relação ao ente – a saber, a perfeição numênica – quanto a medida para o valor moral das ações – a saber, o princípio concernente à liberdade. Na *Crítica da razão pura*, o interesse prático do ideal da razão é especialmente destacado, pois embora tais ideais "não possuam força criadora como os de Platão, têm no entanto força *prática* (como princípios reguladores) e sobre eles se funda a possibilidade de perfeição de certas *ações*" (A 569, B 597).

pre tenta constituir uma unidade em todas as coisas e ir em direção ao máximo. Então imaginamos, por exemplo, o paraíso como o grau supremo da moralidade combinado ao grau supremo da beatitude, e o inferno como o grau supremo da maldade combinado [994] com o maior grau de miséria. Retratamos a maldade, quando a pensamos em seu mais alto grau, como uma inclinação imediata que, sem quaisquer arrependimentos e tentações, tem agrado no mal [Bösen] e o leva adiante, desconsiderando todo lucro e vantagem, *simplesmente porque é mal.* Formamos essa ideia com o propósito de determinar, em conformidade a ela, o grau intermediário da maldade.

Em que se distingue a ideia da razão do ideal da imaginação[3] [Einbildungskraft]? A ideia é uma regra universal *in abstracto*, enquanto o ideal um caso particular que coloco sob tal regra. Então, por exemplo, o *Emílio* de Rousseau[4] e a educação que deve ser dispensada a ele é uma verdadeira ideia da razão. Mas não é possível dizer nada de determinado[5] em relação ao ideal. Pode-se atribuir a uma pessoa todos as excelentes qualidades de como ela deve se comportar como governante, pai, amigo, sem esgotar nisso tudo aquilo que se relaciona a como ela tem de se comportar nesse e naquele caso. Um exemplo disso é a *Cyropaedia*[6] de Xenofonte. A razão dessa exigên-

---

3. Como Kant assevera na primeira *Crítica*, totalmente diferente da ideia e do ideal da razão, "que deverá sempre assentar em conceitos determinados e servir de regra e de modelo quer para a ação, quer para o juízo de apreciação", é "o caso das criações da imaginação, que ninguém pode explicar nem acerca delas formular um conceito inteligível, que são como que *monogramas,* traços isolados, que nenhuma suposta regra determina e que, mais do que uma imagem determinada, constituem antes um desenho flutuante no meio de experiências diversas, como o que os pintores e fisionomistas dizem ter em mente, e devem ser uma silhueta incomunicável das suas produções ou até dos seus juízos" (A 570, B 598). A definição de Kant de "um ideal da imaginação" não parece concordar aqui.
4. Para os impactos de Rousseau e seu modelo de educação nas concepções filosóficas de Kant, cf. SCHMUCKER. *Die Ursprünge der Ethik Kants in seinen vorkritischen Schriften und Reflektionen.* Meisenheim: A. Hain, 1961. CUNHA. *A gênese da ética de Kant.* São Paulo: LiberArs, 2017.
5. Se, por um lado, Kant não considera os ideais como quiméricos pelo fato deles concederem "uma norma imprescindível à razão, a qual necessita do conceito do que é inteiramente perfeito em sua espécie para por ele avaliar e medir o grau e os defeitos do que é imperfeito", por outro lado, como ele mesmo admite, "é inviável querer realizar o ideal num exemplo, ou seja, no fenômeno, como de certa maneira o sages num romance" (A 569-570, B 597-598).
6. Trata-se de um romance histórico-político redigido por Xenofonte (430-355 a.C.), discípulo de Sócrates, que relata a educação de Ciro, o grande, o rei da Pérsia, como líder e governante ideal. O primeiro livro dedica-se a relatar a educação de Ciro. Do segundo ao sétimo livro, é tratada a vida de Ciro como vassalo. O oitavo livro ocupa-se

cia de completude encontra-se no fato de que não podemos alcançar, de outro modo, nenhum conceito de perfeição. Este é o caso, por exemplo, da perfeição moral. A virtude do homem é sempre incompleta. Entretanto, precisamos ter uma medida para ver quanto essa incompletude se distancia do grau supremo da virtude. Acontece a mesma coisa com o vício. Excluímos, em sua ideia, tudo o que possa limitar o grau do vício. No caso da moral, é necessário representar as leis em sua perfeição moral e pureza. Algo totalmente diferente se passa quando se deseja realizar tal ideia. E mesmo que isso não seja completamente possível, é contudo de grande utilidade. O próprio Rousseau, em seu *Emílio*[7], admite [4] que, para educar de tal forma um indivíduo particular, seria exigido uma vida inteira ou a melhor parte dela. Isto nos conduz à ideia do Ser supremo. Representamos:

1) Um ser que *exclui toda deficiência* (se, por exemplo, imaginamos que uma pessoa é, ao mesmo tempo, erudita e virtuosa, isto já é, decerto, um alto grau de perfeição, mas no fim das contas ainda restam muitas deficiências).

2) Um ser que *contém em si todas as realidades*. Apenas por meio disso o conceito é determinado precisamente. Este conceito pode também ser pensado, ao mesmo tempo, como a natureza mais perfeita na qual tudo que lhe pertence [995] está em mútua combinação (p. ex., entendimento e vontade livre).

3) Um ser que pode ser considerado *como o sumo bem*, ao qual convém sabedoria e moralidade. O primeiro é denominado perfeição transcendental, o segundo perfeição física e o terceiro perfeição prática.

***

---

da forma de governar e da visão de Ciro sobre a política. Com seu exemplo, Kant deseja ilustrar a concepção segundo a qual "a ideia em um *individuum* é um ideal". "Dessa forma, Ciro de Xenofonte é a ideia de um príncipe perfeito que Xenofonte apresenta *in concreto*" (AA, XXVIII: 1.223).

7. "Trata-se do romance didático-filosófico publicado por Rousseau em 1762, condenado imediatamente às chamas por trazer coisas muito ousadas contra a religião e o governo. No verão de 1762, Johann Kanter, o editor com quem Kant trabalhava, trouxe para Königsberg o polêmico *Contrato social* e o *Emílio*, ambos condenados às chamas em Paris. Foi então, segundo o testemunho de Herder, que Kant se entusiasmou por Rousseau, quando dedicou um verdadeiro culto à natureza e à ideia do valor moral do Homem". Segundo Schmucker (1963, p. 173-174), "[...] a leitura do *Emílio* produziu uma revolução nele [em Kant], tendo causado um efeito [gewirkt] tão forte sobre ele como nenhum outro livro antes".

O que é *teologia*? O sistema de nosso conhecimento do Ser supremo. Como o conhecimento comum se distingue da teologia? O conhecimento comum é um agregado em que uma coisa é colocada próxima à outra, sem considerar a conexão e a unidade. O sistema encontra-se onde a ideia do todo prevalece de maneira consistente[8]. O sistema do conhecimento de Deus não significa a soma completa de todos os conhecimentos possíveis de Deus, mas daquilo que, através da razão humana, é encontrado em Deus. O conhecimento de tudo aquilo que tem lugar em Deus é o que chamamos de *theologia archetypa* e isso só tem lugar nele. O sistema de conhecimento daquilo que, em relação a Deus, situa-se na razão humana, denomina-se *theologia ectypa* e pode ser bastante deficiente[9]. No entanto, ele constitui-se como um sistema, uma vez que aquilo que discernimos por meio da razão pode ser pensado em uma unidade. A soma total [Inbegriff] de *todo* conhecimento *possível* de Deus não é possível para o ser humano, nem mesmo por meio de uma verdadeira revelação. Mas é uma das mais dignas considerações ver quão longe nossa razão pode avançar no conhecimento de Deus. A teologia da razão também pode ser levada à completude mesmo quando a razão humana é incapaz de alcançar um conhecimento mais abrangente e discernimento [Einsicht] em relação a Deus. Por isso é uma vantagem que a razão seja capaz de assinalar completamente os seus limites. É,

---

[8]. Kant discute mais detalhadamente o conceito de sistema, na *Crítica da razão pura*, no capítulo dedicado à "Arquitetônica da razão pura". Em suas palavras: "[p]or *arquitetônica* entendo a arte dos sistemas. Como a unidade sistemática é o que converte o conhecimento vulgar em ciência, isto é, transforma um simples agregado desses conhecimentos em sistema, a arquitetônica é, pois, a doutrina do que há de científico em nosso conhecimento em geral e pertence, assim, necessariamente, à metodologia. Sob o domínio da razão não devem os nossos conhecimentos em geral formar uma rapsódia, mas um sistema, e somente desse modo podem apoiar e fomentar os fins essenciais da razão. Ora, por sistema, entendo a unidade de conhecimentos diversos sob uma ideia. Esta é o conceito racional da forma de um todo, na medida em que nele se determinam *a priori* tanto o âmbito do diverso como o lugar respectivo das partes" (A 832, B 860).

[9]. A ideia de Deus é um protótipo necessário "para representar unicamente a necessária determinação completa das coisas". Nesse caso, como Kant assevera, "a razão não pressupõe a existência de um ser conforme ao ideal, mas tão só a sua ideia, para inferir, de uma totalidade incondicionada da determinação completa, a determinação condicionada, ou seja, a totalidade do limitado". Portanto, o ideal da razão é "o protótipo (*prototypon*) de todas as coisas, de onde todas, em conjunto, como cópias deficientes (*ectypa*), auferem a substância da sua possibilidade e, conquanto mais ou menos se aproximem dele, estão contudo sempre infinitamente longe de alcançá-lo" (A 578, B 606).

dessa forma, que a teologia se relaciona com a capacidade de todos os conhecimentos possíveis de Deus.

Todo nosso conhecimento é, no entanto, de dois tipos, positivo e negativo. Os conhecimentos positivos são limitados, mas, nesse sentido, tanto maior será o ganho no conhecimento negativo. Em relação ao conhecimento positivo de Deus, nosso conhecimento não é maior do que o conhecimento comum. Mas nosso conhecimento negativo é maior. O uso comum [6] não vê as fontes a partir das quais tira seu conhecimento. É incerto, por conseguinte, se não há mais fontes das quais possa retirá-lo. Isso acontece porque ele não conhece os limites de seu entendimento. Qual interesse a razão tem nesse conhecimento? [996] Nenhum interesse especulativo, mas prático. O objeto é demasiadamente sublime para que possamos especular sobre ele. Na verdade, podemos ser levados ao erro através da especulação. *Mas nossa moralidade precisa dessa ideia* para que lhe seja concedida expressão. Ele não deve nos tornar mais eruditos, porém melhores, mais justos e sábios. Pois se há um Ser supremo que quer e pode nos tornar felizes e há uma outra vida, nossas disposições morais adquirem, dessa forma, mais alimento e força e nossa conduta moral é reforçada por meio disso[10]. Embora nossa razão encontre um pequeno interesse especulativo nisso, este interesse, no entanto, em comparação com o interesse prático, é de muito pouco valor. A

---

10. Na primeira *Crítica*, particularmente, no *Cânon da razão pura*, Kant ainda endossa a ideia, de algum modo conflitante com a perspectiva apresentada na *Crítica da razão prática*, de que, em algum caminho possível, Deus e a imortalidade precisam ser assumidos como móbeis da moralidade: "[p]ortanto, sem um Deus e sem um mundo atualmente invisível para nós, mas esperado, são as magníficas ideias da moralidade certamente objetos de aplauso e de admiração, mas não móbil de intenção e de ação, pois não atingem o fim integral que para todo o ser racional é naturalmente, e por essa mesma razão pura, determinado *a priori* e necessário" (A 813, B 841). Essa perspectiva também é defendida em diversos momentos nas *Lições de ética* de meados de 1770, embora, por vezes, de uma maneira ambivalente: "[p]ortanto tem sido corretamente percebido que, sem um juiz superior, todas as leis morais seriam sem efeito e, nesse caso, não haveria nenhum móbil, nenhuma recompensa ou castigo" (2018, p. 156; 1924, p. 48-49). "Portanto a moral seria um ideal se não existisse nenhum Ser que levasse a ideia à execução. Por isso deve existir um Ser que dê expressão [Nachdruck] e realidade à lei moral. Mas, nesse caso, esse Ser tem de ser santo, benevolente e justo. Sem tal representação, a moral é uma ideia. A religião é aquilo que dá peso à moralidade. Ela deve ser o móbil da moral. Aqui reconhecemos que aquele que se comportou de modo a ser digno da felicidade também pode esperar alcançá-la, porque existe um Ser que é capaz de fazê-lo feliz" (2018, p. 228; 1924, p. 102). Para a referência às *Lições de ética* vamos utilizar a tradução em língua portuguesa de Cunha e Feldhaus (2018), acrescentando também a referência à edição de 1924 preparada por Paul Menzer.

saber, nossa razão necessita de um máximo [Höchsten] para medir, de acordo com isso, o menos elevado e determiná-lo.

Às vezes, atribuímos um *entendimento* a Deus. Em que medida podemos fazer isso? Uma vez que não conhecemos os limites de nosso conhecimento, somos menos ainda capazes de pensar o entendimento divino. Mas aqui temos de ter o máximo [Das Maximum] e não obtemos isso a não ser por meio da supressão de toda limitação. Por isso, afirmamos que nosso entendimento não pode conhecer as coisas de outra maneira [7] senão por meio de certas notas gerais. Mas isso é uma limitação do entendimento humano que não pode ter lugar em Deus. Pensamos, por conseguinte, o grau máximo do entendimento, ou seja, um entendimento intuitivo. De modo algum temos aqui um conceito, mas esse máximo nos serve para fazer os graus menores determinados, uma vez que o máximo está determinado. Se, por exemplo, desejamos determinar a bondade [Gütigkeit] do homem, não podemos fazer isso de outra forma do que pensando a bondade suprema, que tem lugar em Deus. E, por conseguinte, é fácil determinar os graus intermediários. Então, uma vez que, em nosso conhecimento, o máximo sempre tem de ser determinado, o conceito de Deus não é, portanto, tão estendido quanto determinado. O conceito de direito, por exemplo, é completamente e precisamente determinado. Quão indeterminado é, no entanto, o conceito de equidade. Ele significa, pois, que devo renunciar ao meu direito em alguma medida. Mas em qual medida? Se renuncio demasiadamente, violo meu próprio direito. Do mesmo modo então, na moral, nos referimos a Deus, pois ela nos fala: aspire à ideia suprema da moralidade [Moralität] de acordo com o Ser supremo. Mas como podemos fazer isso? Temos que ver, para tal fim, em que medida nossa moralidade se distancia da moralidade do Ser supremo. Então nos servimos, dessa forma, do conceito de Deus e podemos nos servir dele como um padrão para poder determinar as menores distinções na moralidade [Sittlichkeit]. Temos também, assim, um [8] interesse especulativo, mas quão insignificante ele é! Pois ele não é nada mais do que um meio para podermos representar, de forma determinada, o que se encontra entre o máximo e o nada. Quão pequeno é, por conseguinte, este interesse especulativo diante do prático, onde importa o fato de nos tornarmos pessoas melhores para elevarmos os conceitos da moralidade e colocarmos diante de nossos próprios olhos os conceitos de nossa conduta moral.

A teologia não pode servir para podermos esclarecer para nós mesmos os fenômenos da natureza. Em geral, colocar em Deus o fundamento de tudo o que não nos é evidente de forma imediata não é, em absoluto, um uso correto da razão, mas temos, antes, que aprender a compreender as leis da natureza para podermos, através disso, conhecer e esclarecer seus efeitos. Em geral, não existe nenhum uso da razão e nem explicação de nada quando digo que algo existe por causa da onipotência de Deus. Isto é uma razão preguiçosa[11], da qual falaremos mais a seguir. Mas se perguntamos quem estabeleceu tão solidamente as leis da natureza e limitou então seus efeitos, chegamos a Deus como a causa suprema de toda a razão e natureza. Perguntamo-nos além disso: Em que medida nosso conhecimento de Deus ou a teologia de nossa razão tem alguma dignidade? Não pelo fato de que se ocupa com o objeto supremo, nem porque tem Deus como objeto. Em vez disso, a pergunta deve ser se temos um conhecimento que é adequado à dignidade do objeto. Na moralidade, vemos que [9] não é só o objeto que possui dignidade, mas que o conhecimento também a possui. Não é permitido à teologia se gabar simplesmente porque tem por objeto de seu conhecimento a dignidade suprema. Pois, não obstante, nosso conhecimento é, no fim das contas, apenas uma sombra diante da grandeza de Deus,

---

11. A questão suscitada aqui certamente nos remete à atitude kantiana em sua *História natural universal* diante da posição de Newton em considerar, na ausência de uma prova científica, o argumento da mão de Deus como o único meio de explicar a ordem e a regularidade universal observada no movimento dos planetas. Embora não seja seu objetivo negar a religião, Kant vê como inaceitável, em uma teoria científica, qualquer explicação sobrenatural (AA, I: 222-225). Admitir milagres é, ao mesmo tempo, admitir a falta de estabilidade na constituição do universo e, com efeito, colocar em xeque a dignidade de Deus como criador. Dessa forma, uma explicação sobre os fenômenos do mundo não pode se basear em intervenções arbitrárias de Deus, mas encontram justificativa nas próprias leis naturais, as quais, por meio do comportamento mecânico da matéria, leva-nos a admitir fins perfeitamente ordenados, permitindo reconhecer, por esse caminho, a atuação de Deus (AA, I: 225-229). Na *Crítica da razão pura*, Kant faz uma referência à razão preguiçosa como "[o] primeiro vício que resulta do uso da ideia de um Ser supremo" (A 689, B 717) em sentido constitutivo. Dessa forma, "[e]fetivamente, todos os fins que se manifestam na natureza, e que muitas vezes são apenas invenção nossa, servem para nossa maior comodidade na investigação das causas, e assim, em vez de as procurarmos nas leis universais do mecanismo da matéria, apelamos diretamente para os decretos insondáveis da sabedoria suprema; e damos por terminado o trabalho da razão, porque nos dispensamos do seu uso" (A 691, B 719).

e nossa capacidade de compreensão é, em muito, ultrapassada em Deus. Trata-se aqui tão somente de saber se nosso conhecimento também possui dignidade. Sim! Na medida em que encerra uma relação com a religião e esta não é nada mais do que a aplicação da teologia à moralidade, isto é, às boas disposições e a uma conduta agradável ao Ser supremo. *A religião natural*[12] *é, portanto, o substrato de toda religião, o apoio e a estabilidade de todos os princípios morais.* E na medida em que é uma hipótese de toda religião, dando peso a todos os nossos conceitos de virtude e retidão, a teologia natural[13] contém um valor que se eleva sobre a especulação.

Existem também eruditos em Deus[14] [Gottesgelehrte] na teologia natural? Um erudito natural é algo que não existe. Há erudição na religião revelada, pois ela tem necessidade de ser estudada[15]. Mas na religião natural não há nenhum lugar para a erudição, uma vez que ela não faz mais do que evitar erros e isto não é, em última análise, nenhuma erudição. Em geral, nenhum conhecimento da razão *a priori* pode ser chamado de erudição. Erudição é [10] a totalidade dos conhecimentos que podem ser aprendidos[16]. O teólogo ou o erudito em Deus precisa ter verdadeira erudição, uma vez que precisa

---

12. Segundo a distinção apresentada no escrito de 1793, *A religião nos limites da simples razão*, "[a]quela em que eu devo previamente saber que algo é um mandamento divino para o reconhecer como dever meu é a religião *revelada* (ou necessitada de uma revelação); ao contrário, aquela em que de antemão devo saber que algo é dever, antes de o poder conhecer como mandamento divino, é a *religião natural*" (AA, VI: 153-154). Nesse sentido, em uma seção completamente dedicada à religião natural em suas *Lições de ética*, Kant afirma que "[a] religião natural é prática e contém conhecimentos naturais de nossos deveres em relação ao Ser superior. [...] Dessa forma, a religião natural tem como qualidade principal a simplicidade, ou seja, o homem mais comum, tanto na teologia quanto na religião natural, é tão versado quanto a mente especulativa" (2018, p. 223; 1924, p. 98).
13. As *Lições de ética* enfatizam que "[n]essa teologia, que é um fundamento da religião natural, deve estar incluída a condição da perfeição moral. Portanto, temos de representar para nós mesmos um Ser supremo, que é santo em relação às suas leis, benevolente em relação ao seu governo e justo em relação aos seus castigos e recompensas. Nesse sentido, na religião natural, não é necessário nenhuma outra religião (Teologia) do que a concepção de um legislador santo, governante benevolente e juiz justo. Ora, esses atributos pensados em um ser é o conceito de Deus, que é necessário à teologia como fundamento da religião natural" (2018, p. 224; 1924, p. 99).
14. O termo pode ser traduzido simplesmente por teólogo.
15. No original, lemos "conhecida" [erkannt].
16. No texto original, a frase compõe-se da seguinte maneira: "[...] a totalidade dos conhecimentos que devem ser ensinados". Optamos por modificá-la em benefício do sentido da sentença.

interpretar a Bíblia e isto depende do conhecimento de línguas e de tudo o mais que pode ser aprendido[17]. Na época dos gregos, as escolas filosóficas eram divididas em *physicas* e *theologicas*. Estas últimas não devem ser entendidas, contudo, como aquelas que estudavam os usos religiosos daquele tempo ou aprendiam as fórmulas de adoração e outras coisas supersticiosas. Tratava-se, em vez disso, dos investigadores da razão. Eles investigavam quais conceitos de Deus se encontram em sua razão, em que medida a razão era capaz de se envolver no conhecimento de Deus e onde estavam as fronteiras no campo do conhecimento, e assim por diante. Tratava-se, nesse caso, apenas de uma questão do uso da razão. Mas, em relação ao conhecimento de Deus, trata-se de erudição[18].

Agora levantamos a seguinte questão: Qual é o mínimo de teologia que é exigido para a religião? Qual é o mínimo de conhecimento útil de Deus que pode nos incitar a acreditar em um Deus e a estabelecer o nosso modo de viver de acordo com isso? Qual é o mínimo e mais estrito conceito de teologia? Aquele em que se tem necessidade de uma religião e cujo conceito seja suficiente para a religião natural. Isto ocorre, no entanto, se compreendo que meu conceito de Deus é *possível* e que não contradiz as leis do entendimento. Qualquer um pode ser convencido disso? Sim! Qualquer um pode, posto que ninguém está em condições de roubar-lhe [11] esse conceito e demonstrar que ele não seria possível. Isto é a menor exigência possível de uma religião. Apenas se isso é tomado por fundamento pode haver uma religião. Essa possibilidade do conceito de Deus apoia-se, no entanto, na moralidade, uma vez que, de outra maneira, a moralidade não possuiria quaisquer móbeis [Triebfedern]. Portanto, para esse efeito, é suficiente a mera possibilidade de um ser desse tipo para que a religião seja produzida no ser humano, embora isto não seja o máximo da teologia. Seria melhor se eu também pudesse saber que tal Ser realmente existe. [999] Acreditava-se, entre os gregos e romanos, que as pessoas que se devotavam a uma vida reta não tinham outro conceito de Deus além do fato de que esse conceito é possível.

---

17. No original, lemos "ensinado".
18. Certamente, podemos interpretar esse ponto como uma crítica ao uso do termo "Gottesgelehrtheit" por "Eberhard" em sua *Preparação para a teologia racional* [*Vorbereitung zur natürlichen Theologie*] (1761, p. 4).

E isto era suficiente para incitá-las a uma religião. Ora, compreendemos de maneira suficiente que do ponto de vista prático estaremos satisfeitos, embora do ponto de vista especulativo nossa razão encontrará pouca satisfação. Em nosso esforço de apresentar o conceito de Deus, nos resguardaremos de erros e contradições do ponto de vista especulativo, tendo de manter as rédeas de nossa razão nesse campo com o propósito de nos assegurar frente aos ataques dos inimigos da teologia. Mas, no ponto de vista moral, teremos, antes de tudo, de impedir erros tais que possam ter influência em nossa moralidade.

A teologia natural é de dois tipos: a) *theologia rationalis*[19], que é o contrário da b) *teologia empirica*. Porém, uma vez que Deus não pode ser nenhum objeto dos sentidos e, por isso, da experiência, a *theologia empirica*[20] será aquela que somos capazes só por meio da ajuda de uma revelação divina. *Não há, por conseguinte, nenhuma outra teologia além daquela da razão e da revelação*. A teologia da razão é *especulativa*, quando tem por fundamento o saber teórico, ou é *moral*, quando tem o conhecimento prático por seu objeto. A primeira poderá chamar-se então *teologia especulativa*, enquanto chamar-se-ia *teologia moral* a que retiramos de princípios práticos. Além disso, a teologia especulativa seria:

1) *Transcendental*, aquela que, independente de toda experiência, tem sua origem unicamente no entendimento puro e na razão.
2) *Natural*. A primeira distingue-se da teologia natural porque, de acordo com a última, podemos representar Deus em comparação com nós mesmos ao estabelecermos como fundamento uma natureza a partir da qual retiramos atributos e os atribuímos a Deus. Na teologia natural nunca há, no entanto, a pureza dos conceitos que se encontra na transcendental, na qual os conceitos são retirados unicamente da razão pura[21].

---

19. Teologia racional.
20. Teologia empírica.
21. De acordo com a classificação exposta na *Crítica da razão pura*: "[s]e entender por teologia o conhecimento do Ser originário, este conhecimento procede ou da simples razão (*theologia rationalis*) ou da revelação (*revelata*). A primeira concebe de dois modos o seu objeto: ou simplesmente através da razão pura, mediante conceitos meramente transcendentais (*ens originarium, realissimum, ens entium*) e denomina-se então teologia *transcendental*, ou, mediante um conceito que deriva

Natureza é a soma total dos objetos da experiência. Na natureza, posso considerar: a natureza do mundo em geral ou a constituição [Beschaffenheit] [13] do mundo presente. A teologia natural pode ser de dois tipos:

1) Uma *cosmoteologia*[22]. Nesse caso, posso considerar a natureza de um mundo em geral e inferir a partir dela um autor do mundo.

2) E uma *teologia física*[23], na qual reconheço um Deus a partir da constituição do mundo presente.

Esta é a divisão completamente adequada às regras lógicas. Mas, para ser preciso, dividimos a teologia racional em: a) *transcedentalis*; b) *naturalis*; e c) *moralis*. No primeiro caso, penso Deus apenas por conceitos transcendentais. No segundo, por conceitos físicos e, no último, penso Deus por conceitos que são retirados da moralidade. Desejamos agora determinar isso mais precisamente, pensando Deus como o Ser originário que não é: 1) *derivativum*[24], não é determinado e dependente de outro; 2) que é a causa de todos os seres possíveis e existentes. Portanto,

1) pensarei Deus como o *ens originarium*[25], como *ens summum*[26], se o comparo com todas as coisas em geral e o considero como o mais supremo de todos os seres e a raiz de todas as coisas possíveis. O conceito do *ens originarium*, como *ens summum*,

---

da natureza (da nossa alma), concebe-o como inteligência suprema e deveria chamar-se teologia natural" (A 631, B 659).

22. Na primeira *Crítica*, diferente daqui, Kant enquadra a cosmoteologia dentro da teologia natural: "[a] teologia transcendental ou pretende derivar a existência do Ser supremo de uma experiência em geral (sem determinar nada de mais preciso acerca do mundo ao qual esta pertence) e denomina-se *cosmoteologia*, ou pretende conhecer sua existência através de simples conceitos, sem o recurso à mínima experiência, e chama-se *ontoteologia*" (A 632, B 660).

23. Ao mesmo tempo, a teologia natural é classificada, de acordo com a causalidade que lhe concerne, como teologia física e moral: "[a] *teologia natural* deduz os atributos e a existência de um autor do mundo a partir da constituição, da ordem e da unidade que se encontram neste mundo, no qual é necessário admitir uma dupla espécie de causalidade, assim como a regra de uma e de outra, ou seja, a natureza e a liberdade. Assim, ascende deste mundo até a inteligência suprema como ao princípio de toda a ordem e perfeição, seja na natureza seja no domínio moral. No primeiro caso, denomina-se *teologia física*; no último, *teologia moral*" (A 632, B 660).

24. Derivado de.

25. Ser originário.

26. Ser supremo.

pertence à filosofia transcendental. Este conceito transcendental é o fundamento da filosofia transcendental. [14] Há, portanto, uma teologia completamente especial na qual penso o Ser originário, como o *ens originarium*, Ser para o qual pertence o fato de não ser derivado de outro e ser a raiz de tudo.

2) o *ens originarium* como *suma intelligentia*[27], ou seja, o Ser supremo considerado como Ser racional supremo. Aquele que pensa Deus meramente como o *ens summum*, deixa incerto como Ele é constituído. Mas aquele que pensa Deus como *summa intelligentia*, pensa-o como Ser vivo, como um Deus vivo que possui conhecimento e vontade livre [freien Willen]. Ele o pensa não como causa do mundo, mas como autor do mundo que deve ter utilizado o entendimento na produção do mundo e, por isso, tem também vontade livre. Isto é a *theologia rationalis*. Finalmente, segue

3) a representação do *entis originarium* como o *summum bonum* ou *sumo bem*, ou seja, deve-se pensar Deus não apenas como a força suprema do conhecimento, mas também como o *fundamento* supremo do conhecimento, como um sistema de todos os fins. E isto é a *theologia moralis*[28].

Na teologia transcendental, representamos Deus como causa do mundo. Na teologia natural, como autor do mundo, isto é, como um Deus vivo, como um ser livre que concedeu ao mundo a existência, sem qualquer tipo de coerção, a partir do próprio livre-arbítrio [freier Willkühr][15] e, finalmente, na teologia moral, como o governante do mundo. Pois Ele poderia, decerto, produzir algo por meio do livre-arbítrio, mas sem ter proposto para si mesmo, ademais, qualquer fim. No último caso, no entanto, o consideramos como o legislador do mundo em relação às leis morais.

Diferentes denominações para os sujeitos em relação a esses diferentes tipos de conhecimento

Aquele que, em absoluto, não assume nenhuma teologia é um *ateu*. Aquele que assume tão somente a teologia transcendental,

---

27. Inteligência suprema.
28. Teologia moral.

um *deísta*. Ele reconhece bem que há uma causa do mundo, mas deixa por decidir se se trata de um ser que age livremente[29]. À teologia, podemos aplicar também predicados ontológicos, como, por exemplo, que Deus possui realidade. Aquele que assume uma *theologia naturalis* é um *teísta*[30]. Os dois termos, deísta e teísta, são praticamente indistinguíveis, exceto porque um é de origem latina enquanto o outro é de origem grega. Mas isso foi assumido como um sinal distintivo dos dois tipos de teologia. O *teísmo* consiste não meramente em acreditar em um Deus, mas também em um Deus *vivo* que produziu o mundo, através de conhecimento e mediante uma vontade livre. Aqui vemos bem que a *theologia transcendentalis*, completamente pura em relação a toda [16] mistura da experiência, é estabelecida tão somente pela razão pura. Mas isso não acontece na *teologia natural*, pois, neste caso, ela já está, de certo modo, misturada com a experiência, posto que já tenho de ter um modelo, por exemplo, uma inteligência, isto é, a capacidade humana de entendimento [Verstandeskraft] a partir da qual infiro o entendimento supremo. Não obstante, na teologia transcendental, Deus me é representado como completamente separado da experiência. Pois como a experiência poderia me ensinar algo de universal? Na teologia transcendental, penso Deus [1002] sem qualquer limitação. Estendo, dessa forma, meu conceito até o mais alto grau e considero Deus como um Ser infinitamente distante de mim. Mas alcanço o mínimo de conhecimento de Deus dessa maneira? Nesse caminho, o conceito deísta de Deus é totalmente ocioso e inútil e, ao assumi-lo isoladamente, não me causa ademais nenhuma impressão. A teologia transcendental deve, no entanto, ser propedêutica ou uma introdução para as outras duas. Nesse caminho ela é de uma grande e excelente utilidade. Pois, nesse caso, pensamos Deus de um modo

---

29. Em paralelo à *Crítica*, "[d]á-se o nome de *deísta* a quem só admite uma teologia transcendental [...]. O [deísta] reconhece que, de qualquer modo, podemos conhecer pela simples razão a existência de um ser primeiro, acerca do qual, porém, nosso conceito é simplesmente transcendental, ou seja, o de um ser que possui toda a realidade, mas que não se pode determinar com mais precisão" (A 631, B 659).

30. Por outro lado, "[d]á-se o nome [...] de *teísta* a quem também admite uma teologia natural [...] O [teísta] afirma que a razão é capaz de determinar de uma maneira mais precisa esse objeto pela analogia com a natureza, ou seja, como um ser que contém em si, pelo entendimento e pela liberdade, a razão primeira de todas as outras coisas. O primeiro representa, por um tal objeto, apenas uma causa do *mundo* (ficando indeciso se o é pela necessidade da sua natureza ou pela sua liberdade); o segundo, um *autor do mundo*" (A 631, B 659).

completamente puro e ela nos resguarda então de que, nas outras duas, introduza-se quaisquer tipos de antropomorfismo. Portanto, ela tem a maior utilidade negativa em nos manter seguros de erros[31].

Não obstante, como é chamada a teologia na qual Deus é pensado como *summum bonum*, como o sumo bem moral? Até então essa teologia não tem sido adequadamente distinguida e por isso nenhum nome [17] também lhe fora inventado. Pode-se nomeá-la *theismus moralis*[32] na medida em que pensamos Deus como o autor das leis morais, e esta é a verdadeira teologia que serve como fundamento da religião. Pois se penso Deus como o autor, mas não simultaneamente como governante do mundo, isto não tem em absoluto qualquer influência sobre minha conduta. Aqui penso Deus não como o princípio supremo no reino da natureza, mas no reino *dos fins*. No que diz respeito à *teologia moral*, trata-se de algo completamente diferente da *moral teológica*, a saber, a moral na qual o conceito das obrigações pressupõe o conceito de Deus[33]. Uma moral teológica desse tipo não possui, portanto, nenhum princípio ou, se ela o possui, não é nenhum outro do que aquele em que a vontade de Deus é revelada e descoberta. A moral, contudo, não deve se basear na teologia, mas deve ter em si mesma o princípio que é o fundamento de nossa boa conduta. Depois disso, ela pode ser combinada com a teologia e, por conseguinte, nossa moralidade adquire mais móbeis e uma força movente moral. Na moral teológica, o conceito de Deus deve determinar nossos deveres, mas deve ser justamente o contrário, uma vez que, nesse caso concebemos, no conceito de Deus, todos os tipos de propriedades horríveis e repugnantes. Isto pode nos provo-

---

31. A *Crítica da razão pura* explica-nos que "[e]mbora a razão, no seu uso apenas especulativo, não seja de modo algum suficiente [...] para atingir a existência de um Ser supremo, tem contudo uma utilidade muito grande, a de retificar o conhecimento do mesmo, caso esse conhecimento possa ter outra proveniência, pô-lo de acordo consigo próprio e com toda a finalidade inteligível, purificá-lo de tudo o que possa ser contrário ao conceito de um Ser primeiro e excluir dele toda a mistura de limitações empíricas. A teologia transcendental conserva, pois, apesar de toda a sua insuficiência, a sua importante utilidade negativa; é uma censura contínua da nossa razão (A 639, B 667; A 640, B 668).
32. Teísmo moral.
33. Ao falar de uma teologia moral, Kant compreende como importante enfatizar na *Crítica da razão pura* que "[n]ão digo moral teológica. Esta, com efeito, contém leis morais que *pressupõem* a existência de um soberano governante do mundo, enquanto a teologia moral funda sobre leis morais a crença na existência de um Ser supremo" (A 634, B 662).

car temor e, portanto, mover-nos, por meio da coerção, a seguir as leis morais com o propósito de evitar a punição, o que, no entanto [18], não proporciona nenhum interesse no objeto. Não discernimos, por esse caminho, o caráter abominável [Abscheulichkeit] das ações, mas deixamos de praticá-las devido ao medo de punição. A moral natural deve ser então constituída de tal forma que seja pensada independentemente de todos os conceitos de Deus e de modo que ela, devido à sua dignidade interna e excelência, encontre em nós os mais zelosos devotos [1003]. Ademais, no entanto, ela serve para que, depois que tenhamos tomado interesse pela moralidade, tomemos igualmente interesse na existência de Deus, em um Ser que pode recompensar nossa conduta e, com isso, adquirimos fortes móbeis que nos determinam à observância das leis morais. Isto é uma hipótese necessária suprema.

A teologia especulativa pode ser classificada em: 1) *ontoteologia*; 2) *cosmoteologia*; e 3) *fisicoteologia*. A primeira considera Deus meramente mediante a conceitos (e isto é justamente a *theologia transcendentalis* como o princípio de toda possibilidade). A cosmoteologia pressupõe uma existência e infere o Ser supremo a partir da existência de um mundo em geral. A fisicoteologia finalmente serve-se da experiência do mundo presente em geral e infere disso a existência do Autor do mundo e das propriedades que lhe convém como tal.

Anselmo[34] foi o primeiro que tentou demonstrar, mediante meros conceitos, a necessidade de um Ser supremo a partir do conceito de *ens realissimum* [19]. Ora, embora esta teologia não seja de nenhuma grande utilidade do ponto de vista prático, tem contudo a vantagem de purificar e limpar nossos conceitos de tudo que nós, como seres humanos sensíveis, podemos atribuir ao conceito abstrato de Deus. Ela é o fundamento de toda teologia possível. A *cos-*

---

34. Anselmo de Cantuária ou de Aosta (1033-1109), monge beneditino e importante filósofo medieval. Defendendo a capacidade do raciocínio em encontrar uma verdade absoluta, Anselmo empreende, em seu *Proslógio*, a tentativa de elaborar um argumento da existência de Deus a partir do próprio conceito de Deus. O conhecido "ratio Anselmi" pressupunha que Deus, a maior realidade concebida pelo entendimento, não poderia estar separada de sua existência. Para ele, "o ser do qual não é possível pensar nada maior", não pode existir somente na inteligência. Se, pois, existisse apenas na inteligência, poder-se-ia pensar que há outro ser existente também na realidade; e que seria maior (*Proslogion*, cap. II).

moteologia tem sido tratada primariamente por Leibniz e Wolff[35]. Nela, pressupõe-se que existe um objeto da experiência diante de nós e então se tenta, a partir dessa experiência pura, demonstrar a existência de um Ser supremo. Wolff afirmou que, por meio do mero conceito de um Ser que contém o fundamento de toda possibilidade, poderia ser demonstrada a sua existência. Por conseguinte, ele diz: "Algo existe. Ora, esse algo deve existir por si mesmo ou ter uma causa como fundamento. A causa primeira deve ser o Ser de todos os seres". Daí podemos ver que a cosmoteologia é tão abstrata quanto a ontoteologia, pois pouco me ajuda que se diga que algo que existe, existe por si mesmo ou que tem outra causa por fundamento. E ao investigarmos se esse algo inclui toda perfeição em si, resulta o conceito de que há um Ser de todos os seres, um Ser originário independente de todos os outros.

Todo mundo aspira à popularidade ao tentar discernir conceitos por meio de exemplos compreensíveis. E há também razão para se tentar alcançar o conceito supremo do intuitivo. Mas para [20] dar um passo seguro e não se perder em labirintos fora do campo da experiência, exige-se, com todo direito, que a própria ideia absoluta possa ser representada *in concreto*. Daí chegou-se a uma *fisicoteologia*. Anaxágoras[36] e Sócrates[37] já a colocavam como fundamento

---

35. Leibniz foi o maior filósofo alemão da modernidade inicial. Seu legado determinou as linhas mestras do iluminismo alemão. Em especial, Leibniz vai tratar da prova cosmológica na primeira parte de seus *Ensaios de teodiceia*: "*Deus é a razão primeira de todas as coisas*: pois aquelas que são limitadas, como tudo aquilo que vemos e experimentamos, são contingentes e não têm nada nelas que torne a sua existência necessária [...]. Então, é preciso procurar a *razão da existência do mundo* [...]" (§ 7). Também em *Princípios da natureza e da graça* (§ 7-9) e *Monadologia* (§ 37-42). Christian Wolff foi o filósofo alemão que sistematizou a filosofia de Leibniz e a propagou nas universidades. Ele e seu discípulo, Alexander Baumgarten, foram de extrema importância para a formação das concepções filosóficas kantianas. Como Leibniz, Wolff também endossa a prova *a contingentia mundi* nos §§ 928-946 da *Metafísica alemã*: "[a]qui demonstro, a partir da natureza do contingente, que deve haver um Ser necessário e autossuficiente. Pois o contingente não tem o fundamento de sua realidade [Wirklichkeit] em si, mas fora de si, e, portanto, em uma causa necessária. Ora, mas uma vez que tudo deve ter sua razão suficiente, então isso não pode prosseguir infinitamente [...]". Também em *Theologia Naturalis* (§ 24-69).
36. Anaxágoras de Clazômenas (500-428 a.C.), filósofo pré-socrático. Segundo ele, o princípio [Arché] era o *"nous"*, concebido como espírito ou inteligência. Trata-se de uma força ordenadora ou uma causa motora a partir da qual todas as coisas são ordenadas teleologicamente, de acordo com a melhor disposição para o homem.
37. Certamente uma referência ao *Fédon* 97-98. Sócrates (469-399 a.C.) endossa a perspectiva de Anaxágoras segundo a qual o *nous* deve ser concebido como a causa a partir da qual todas as coisas são ordenadas e produzidas em vista do melhor.

de seus ensinamentos. A fisicoteologia tem a utilidade de nos apresentar o Ser supremo como inteligência suprema, e como o autor da conformidade a fins [Zweckmässigkeit], da ordem e da beleza. Ela é adequada a todo gênero humano, pois pode proporcionar [1004] intuitividade [Anschaulichkeit] e esclarecer nossos conceitos de Deus. Mas tenho de observar bem que aqui não posso ter nenhum conceito determinado de Deus, uma vez que apenas a razão pode representar para si a completude e a totalidade. Vejo aqui poder, mas poderia dizer mais precisamente que se trata de onipotência ou do grau supremo do poder? Eu não posso inferir, nesse caminho, uma perfeição de caráter supremo.

Prova ontológica

Isto me é concedido pela ontoteologia, na qual posso pensar, de forma determinada, a perfeição suprema em todos os seus predicados. Os juízos de nossa razão em relação às coisas são, no entanto, negativos ou afirmativos. Isto é, quando predico algo de uma coisa, esse predicado que atribuo à coisa [21] vai expressar que algo está ou é encontrado na coisa ou que algo não está nela. O predicado que expressa o ser em uma coisa contém realidade. No entanto, aquele que expressa o não ser contém sua negação. Toda negação pressupõe uma realidade. Por isso não posso conhecer nenhuma negação enquanto não conhecer a realidade oposta a ela. Pois como posso perceber uma mera deficiência sem reconhecer o que está faltando? Todas as coisas no mundo possuem realidades e negações em si. Algo que fosse pura negação e que, com efeito, carecesse de tudo, seria um nada, não seria uma coisa [Unding][38]. Portanto toda coisa, na medida em que deve ser uma coisa, tem de ter algumas realidades. Mas toda coisa no mundo tem, da mesma forma, negações e a relação entre realidade e negação constitui justamente a diferença entre as coisas. Ora, mas achamos negações em coisas cuja realidade não se encontra em parte alguma no mundo. Como são possíveis essas negações, que não são, contudo, nada mais do que limitações

---

38. Geralmente, traduz-se "Unding" por absurdo. No entanto, mais literalmente, o termo pode fazer referência à expressão latina *"non-ens"* utilizada por Baumgarten. Seguindo essa tendência, Wood opta, para o inglês, por "nonentity"; Del Rio e Romerales, para o espanhol, por "no seria cosa"; e Fink, para o francês, por "non-chose".

de realidades? Ou como podemos julgar a magnitude da realidade nas coisas e determinar o grau de sua perfeição? Se é *isto* que a razão deseja, então uma vez que, de acordo com as leis de sua própria natureza, ela não pode inferir de outra maneira do universal para o particular, ela deve pensar algum máximo de realidade como ponto de partida e todas as outras coisas podem ser [22] medidas de acordo com isso. Uma coisa tal, na qual se encontra toda realidade, será a única coisa completa, uma vez que é determinada completamente em vista de todos os predicados possíveis. Justamente por isso tal *ens realissimum* também será o fundamento da possibilidade de todos os outros. Pois agora me é possível simplesmente pensar a realidade suprema como limitada de um modo infinito e, dessa forma, também penso precisamente a possibilidade de infinitas coisas. Se conservo alguma realidade, mas a limito, suprimindo completamente as restantes, tenho uma coisa que tem realidade e negação, mas cujas limitações pressupõem uma realidade absolutamente grande. Posso, por exemplo, pensar então uma única luz, mas, se a misturo ao mesmo tempo com a sombra, posso pensar modificações infinitas dela. A luz seria aqui a realidade, enquanto a sombra a negação. Ora, posso pensar muita luz e pouca sombra ou muita sombra e pouca luz e, de acordo com essa medida de mais ou menos que posso pensar de cada coisa, haverá também diversas perspectivas e modificações. Disso surgiu a gravação em cobre e a arte da impressão em água-forte. Assim como, nesse caso, a luz contém o fundamento da possibilidade de todas as modificações resultantes ao misturar-se à sombra, o *ens realissimum*, do qual emerge então as negações quando o limito, é o fundamento da possibilidade de todas as coisas. Este conceito puro do entendimento, Deus, como uma coisa que possui toda realidade [23], é encontrado em todo entendimento humano, embora as pessoas o tenham expressado em diferentes fórmulas.

Mas o objeto desse conceito é também real? Esta é uma outra questão. Para demonstrar a existência de tal Ser, Descartes[39] argu-

---

39. Kant usa a forma latinizada *Cartesius* no original alemão. Como se sabe, Descartes (1596-1650) é o responsável, na modernidade, por reabilitar a prova ontológica antes defendida pelos medievais e escolásticos. O argumento é apresentado na "Quinta meditação" de suas *Meditações da filosofia primeira*: "[..] todas as vezes, no entanto, que me ocorrer pensar em um Ser supremo e soberano e tirar, por assim dizer, sua ideia do tesouro do meu espírito, é necessário que eu lhe atribua toda espécie de perfeições [...] E esta necessidade é suficiente para me fazer concluir

mentou que um ser que contém em si todas as realidades, justamente por isso, deve *existir necessariamente*, pois a existência é também uma realidade. Portanto, ao pensar um *ens realissimum*, tenho de pensar junto, ao mesmo tempo, a existência. Dessa forma, ele deriva a existência necessária de tal [1006] Ser a partir de meros conceitos do entendimento puro. Com certeza, uma coisa maravilhosa, se a prova estivesse correta[40]. Pois então minha própria razão me coagiria a aceitar a existência [Dasein] de tal Ser e, assim, eu teria de renunciar à minha própria razão caso quisesse contestar essa existência [Existenz]. Além do mais, nesse caso, eu poderia provar sem contestação que só pode existir um ser desse tipo, pois não me é possível pensar mais do que uma coisa que reúna todo o real, uma vez que se houvesse mais de uma delas, elas ou não deveriam ser *realissima* ou seriam uma única coisa.

Prova cosmológica

Pressuponho aqui que já existe alguma coisa, portanto, uma experiência, e por isso a prova constituída a partir disso não mais é dirigida a partir da razão pura [24], assim como era a prova transcendental. A experiência mais simples que posso pressupor, no entanto, é a experiência de que *eu sou*. Ora, concluo com Leibniz e Wolff: eu sou necessário ou contingente. Que não sou necessário mostram-me as

---

(depois que reconheci ser a existência uma perfeição), que este ser primeiro existe verdadeiramente" (§ 9).

40. O criticismo kantiano diante da prova pode ser observado desde suas reflexões mais iniciais. Em especial, a grave confusão conceitual à qual a prova cartesiana incorre é noticiada já em 1755, na *Nova Dilucidatio*, onde Kant denuncia um uso equivocado da razão lógica. Já aqui é indicado que a prova a partir do conceito permanece em nível meramente ideal, sendo incapaz de demonstrar qualquer existência (AA, I: 394). Essa crítica é retomada alguns anos depois, em *O único argumento possível para uma demonstração da existência de Deus*, como um pressuposto essencial para o fundamento da prova [Beweisgrund], ou seja, para o único argumento realmente possível. O fato é que, de maneira decisiva, Kant já se mostra lúcido, nesse ponto, de que a "existência não é um predicado por direito próprio, mas tão somente a cópula em um juízo. Ela apenas posiciona algo em relação a uma coisa, podendo ser pensada, dessa forma, apenas como relação" (AA, II: 72-73). Para comentário, cf. CUNHA. *A gênese da ética de Kant*. São Paulo: LibeArs, 2017. A problemática já apontada na discussão pré-crítica é retomada e desenvolvida na *Crítica da razão pura*. Segundo as palavras maduras de Kant: "[s]er não é, evidentemente, um predicado real, isto é, um conceito de algo que possa acrescentar-se ao conceito de uma coisa; é apenas a posição de uma coisa ou de certas determinações em si mesmas. No uso lógico, é simplesmente a cópula de um juízo" (A 598, B 626).

modificações que se passam comigo. Portanto sou contingente. Mas se sou contingente deve haver, *fora de mim*, em algum lugar, o fundamento de minha existência que faz com que eu seja assim e não de outra maneira. Este fundamento deve ser absolutamente necessário, pois, se fosse igualmente contingente, não poderia ser o fundamento de minha existência, mas necessitaria, por sua vez, de outra coisa que contivesse o fundamento de sua própria. Mas esse Ser absolutamente necessário deve conter em si mesmo o fundamento de sua própria existência e, portanto, também do mundo como um todo. Pois o mundo como um todo é contingente e não pode conter, por conseguinte, o fundamento pelo qual ele é assim e não de outra maneira. Contudo, aquele Ser, que contém em si o fundamento da existência de todas as coisas, tem também de possuir em si mesmo o fundamento de sua *própria* existência, uma vez que não existe nada a partir do qual Ele possa ser derivado. E isto é Deus! Ora, Wolff inferiu, a partir da necessidade absoluta de tal Ser, a sua perfeição suprema. Exceto pelo que diz respeito à sua fonte primária, que é aqui empírica, essa prova cosmológica é basicamente tão abstrata quanto a transcendental. De resto, lidamos aqui tão somente com conceitos puros. É possível [25] observar facilmente que a prova transcendental é pressuposta aqui como correta, [1007] concedendo à cosmológica toda a sua força, de modo que se, em contrapartida, a primeira for incorreta, a outra cai por terra por si mesma. Pois apenas no caso de eu poder provar que a coisa sumamente perfeita tem de existir de modo absolutamente necessário, é que posso inferir inversamente que um Ser absolutamente necessário deve ser o mais perfeito.

Prova fisicoteológica

A prova fisicoteológica é aquela na qual se infere, a partir da constituição do mundo presente, a natureza de seu autor. Essa prova é quase idêntica à cosmológica, apenas com a diferença de que a primeira é abstraída a partir dos conceitos de um mundo em geral enquanto a última abstrai os conceitos de um autor do mundo a partir do mundo *presente*. A origem é aqui completamente empírica. A prova é bastante popular e atraente, uma vez que, em contrapartida, as provas ontológica e cosmológica são bastante secas e abstratas. Aqui temos de mencionar uma correção que se relaciona à aplicação sistemática da prova da existência de Deus, e isso é necessário porque nós não expressamos o assunto suficientemente acima. Essa correção consiste no fato de que as provas ontológica e cosmológica pertencem ambas à teologia transcendental[41], uma vez que as duas são conduzidas de acordo com *principia a priori* [26]. No que diz respeito à prova ontológica, isso já foi suficientemente esclarecido. Mas em consideração à cosmológica, poderia talvez parecer como se ela fosse retirada da experiência, como também se afirmou antes. Mas uma inspeção mais aguçada nos mostra que não se precisa pressupor realmente nenhuma experiência do mundo na prova cosmológica, mas apenas assumir a existência de um mundo como hipótese. Eu infiro que, se há um mundo, ele deve ser contingente ou necessário etc., mas não que existe um mundo etc. Portanto, de modo algum, nessa inferência, preciso da experiência do mundo da forma como ele é constituído, mas me contento com meros conceitos do mundo, independente de como ele seja, seja ele o melhor ou o pior. A prova cosmológica por inteiro é, assim, erigida a partir de conceitos puros do entendimento e, nessa medida, pertencem à teologia transcendental que infere de acordo com *principia a priori*. Contudo, a prova fisicoteológica é conduzida totalmente segundo princípios empíricos, uma vez que aqui estabeleço por fundamento a percepção real do mundo existente [1008]. Mas se a teologia transcendental não tem êxito, a fisicoteologia também não o tem, pois a última não pode dar um conceito determinado de Deus sem a primeira e um conceito indeterminado não é de serventia alguma. O conceito preciso de Deus consiste em Ele ser a coisa sumamente perfeita. Mas eu jamais posso [27] derivar um conceito integral desse tipo da experiência, pois a perfeição suprema nunca pode me ser concedida em uma experiên-

---

41. Se, provavelmente devido ao rigor didático em seguir estritamente o manual de Eberhard, Kant nos deixa entender antes, ao falar da prova cosmológica, que trata-se de uma prova *a posteriori*, sua correção, nesse ponto, mostra que não se tratava da sua própria posição. Para Eberhard, "[a]s provas da realidade externa de Deus podem ser derivadas do conceito do ser metafisicamente infinito ou da contingência do mundo. As primeiras são as provas *a priori*, enquanto as outras, as *a posteriori*" (*Vorbereitung zur natürlichen Theologie*. Halle: 1781, p. 28). Ele explica em outro ponto que "[n]a prova da existência de Deus a partir da experiência (*a posteriori*) se começa da realidade [Wirklichkeit] contingente de nossa alma, que pode ser derivada tanto da contingência de suas determinações quanto do início de sua existência" (*Vorbereitung*, 1781, p. 34). Todas as traduções relativas ao compêndio de Eberhard tiveram como referência o original disponível no volume 18 de *Kants Gesammelte Schriften*, p. 491-606.

cia possível. Assim, por exemplo, eu ainda não sou capaz de provar antecipadamente a onipotência de Deus mesmo assumindo milhões de sóis em um espaço [Weltraume] incomensurável, estando estes rodeados por milhões de mundos e todos ocupados com criaturas racionais e irracionais. Pois um grande poder também poderia ter produzido cem e até mil milhões de sóis. A partir desse fato, posso inferir, portanto, tão somente um grande e incomensurável poder. Mas o que significa um poder incomensurável? Um poder que eu não sou capaz de medir e em relação ao qual o meu poder é ínfimo. Mas isto ainda não é onipotência. Igualmente, ainda que eu possa, a partir do mundo presente, maravilhar-me com a magnitude, com a ordem e com a conexão encadeada de todas as coisas, não posso inferir que apenas um ser as tenha produzido. Por certo, poderia muito bem haver também outros seres poderosos, cada um se deleitando em cultivar seu próprio campo. Ao menos, não posso refutar tal suposição a partir da experiência do mundo. Justamente por isso os antigos, que em suas provas de Deus estabeleciam como fundamento aquilo que experienciavam do mundo, produziam resultados completamente contraditórios uns em relação aos outros. Como Anaxágoras e depois Sócrates, que acreditavam em apenas um Deus, e Epicuro, que não acreditava em nenhum ou acreditava que se houvesse um, tal não teria nada a ver com o mundo [28]. E outros que ainda acreditavam em muitos deuses ou, ao menos, em um supremo princípio bom e mal! Isto se deu porque cada um deles considerava o mundo a partir de pontos de vista distintos. Um via uma ordem harmônica suprema dirigida de acordo com o entendimento infinito, enquanto o outro apenas percebia tudo nascer e perecer segundo leis físicas. Um outro levava em conta até mesmo os fins totalmente conflitantes, por exemplo, terremotos, montanhas cuspindo fogo, marés furiosas e o declínio de tudo o que se estabelecia de forma tão excelente. Ora, abstrair conceitos de Deus a partir dessas percepções empiricamente [1009] fundadas não podia produzir nada mais do que sistemas contraditórios. Nossa experiência do mundo é muito limitada para que sejamos capazes de deduzir dela a realidade suprema. Antes de tudo, teríamos de conhecer o universo por inteiro, todos os meios e fins que são alcançados por meio destes, antes de podermos concluir que, entre todos os mundos possíveis, o mundo presente é absolutamente o mais perfeito e justamente por isso a prova da perfeição suprema de seu Autor. Os fisicoteólogos compreenderam bem isso. Por essa razão, levaram adiante sua prova *até o ponto* em que acreditaram ter mostrado completamente que existe uma *prima causa mundi*[42] e, então, com um salto, caem na teologia transcendental, ao provarem, de acordo com esta, que a *prima causa mundi* (o *ens originarium*) deve ser absolutamente necessária e, por isso, também *ens realissimum*. [29] Vemos dessa forma que a fisicoteologia se apoia totalmente na teologia transcendental. Se a última é bem fundamentada e correta, a fisicoteologia nos presta excelentes serviços, e então todas as objeções contra a perfeição suprema baseadas na discordância na natureza caem por terra por si mesmas. Pois dessa forma já conhecemos, até o ponto de uma convicção plena, que o *ens originarium* é um *ens realissimum* e que, com efeito, tem de ter instituído, por toda parte, a marca de sua perfeição suprema. E que, portanto, se não vemos em todas as partes o melhor, isso é devido à nossa miopia e limitação, já que não nos encontramos em condições de abarcar o todo e as consequências futuras a partir das quais deveria nascer, decerto, o maior e mais perfeito resultado.

Não há mais provas especulativas da existência de Deus além dessas três. Pois, no que diz respeito ao conceito dos antigos de um *primo motore*[43] e da necessidade de sua existência por causa da impossibilidade de que a matéria possa ter inicialmente movido a si mesma, tal prova já está contida na cosmológica e nem é sequer tão universal, porque, ao mesmo tempo, também assume por fundamento as alterações e a contingência dos pensamentos e não meramente o movimento no mundo corpóreo. Caso se queira, no entanto, provar a existência de Deus a partir da *concordância de todos os povos* em relação à fé em Deus, uma prova assim de nada nos serve[44]. Pois a história e a experiência nos ensinam que [30]

---

42. Causa primeira do mundo.
43. Primeiro motor.
44. Em paralelo a Eberhard, que afirma: "[a] prova da existência de Deus a partir da concordância dos povos tem muitas dificuldades para que possa ser usada com segurança. Pois (1) ela se envolve com a investigação histórica que pertence à premissa menor e, (2) então, a premissa maior é contestada, uma vez que o conhecimento de Deus se encontra misturado em muitos povos com erros e superstições. Ele pode ser útil apenas para despertar atenção à concordância da religião com as leis da capacidade de pensar [denkenden Kraft] e do crescimento do conhecimento religioso junto ao desenvolvimento do entendimento e, nessa forma [Gestalt], ela pode ser usada, na fala comum, para produzir uma convicção sensível" (*Vorbereitung*, 1781, § 20, p. 60-61).

todos os povos também acreditam bastante em fantasmas e bruxas e praticamente ainda creem nisso.

Toda especulação, portanto, depende, principalmente, ainda do conceito transcendental. Mas supondo que esse conceito não fosse correto, teríamos [1010] de abandonar por isso o conhecimento de Deus? De modo algum! Pois, nesse caso, nada mais nos faltaria do que o saber de que Deus existe, mas ainda nos restaria um campo extremamente amplo, a saber, o da crença de que há um Deus. Derivamos essa crença de *princípios morais a priori*. Por isso se, no que se segue, suscitamos dúvidas frente a essas provas especulativas e nos posicionamos contra essa pretensa demonstração, não minamos, dessa forma, a crença em Deus, mas abrimos, de maneira contínua, o caminho para as provas práticas. Descartaremos apenas aquelas falsas presunções da razão humana ao tentar demonstrar, com certeza apodítica, a existência de Deus e assumiremos, a partir de princípios morais, esta crença como princípio de todas as religiões.

O *ateísmo*[45] (falta de Deus [Ohngötterei] e negação de Deus [Gottesverläugnung]) é classificado em *cético* e *dogmático*. O primeiro contesta apenas as provas da existência de um Deus, em especial a sua certeza apodítica, mas não a existência de Deus mesma, ao menos não a sua possibilidade. Assim, um ateu cético sempre pode possuir religião, uma vez que [31] admite sinceramente que ainda é mais impossível provar que Deus não existe do que provar que Ele existe. Ele nega apenas que a razão humana, por meio da especulação, seja capaz de demonstrar, alguma vez, a certeza da existência de Deus. Por outro lado, ele vê igualmente que a razão nunca será capaz de demonstrar, com certeza, que Deus não existe. Ora, a crença em um Deus meramente possível como governante do mundo, decerto, é o mínimo de teologia. Mas é, no fim das contas, de grande influência, sendo capaz de incitar, em um homem que reconheceu a necessidade dos seus deveres com certeza apodítica, a sua moralidade. É totalmente diferente com o ateu dogmático que nega

---

45. Tendo como referência a *Ethica* de Baumgarten, § 105, Kant apresenta, em suas *Lições de ética*, uma classificação um pouco distinta em relação aos tipos de ateísmo: "[e]ntre os erros da teologia contamos primeiramente o ateísmo, que é de dois tipos: a ausência de referência e a negação de Deus. O primeiro é aquele no qual não se sabe nada de Deus. Mas a negação de Deus é aquele erro no qual se declara dogmaticamente que Ele não existe" (2008, p. 235; 1924, p. 107).

expressamente a existência de um Deus e, em geral, declara que sua existência é impossível. Ou tais ateus dogmáticos nunca existiram ou eles foram os mais malignos dos seres humanos. Neles, todos os móbeis da moralidade são suprimidos[46]. E a estes ateus se contrapõe o teísmo moral.

Teísmo moral

Este é certamente crítico. Isto é, ele segue de perto todas as provas da existência de Deus passo a passo e as reconhece como [1011] insuficientes. Por certo, ele afirma absolutamente que é impossível à razão especulativa demonstrar, com certeza apodítica, a existência de um Ser supremo, embora, não obstante, esteja [32] firmemente convencido da existência [Existenz] de tal Ser e tenha uma crença indubitável nele a partir de fundamentos práticos. O fundamento sobre o qual erige sua crença é inabalável e nunca pode ser derrubado, mesmo se todos os homens quisessem se unir para miná-lo. Trata-se de uma fortaleza na qual ele[47] pode se refugiar sem que deva temer alguma vez ser expulso dali, uma vez que todos os ataques a ela são repelidos. Erigida sobre tal fundamento, sua crença em Deus é assim tão certa quanto uma demonstração matemática. Este fundamento é a *moralidade*, o sistema completo dos nossos deveres, que é conhecido *a priori*, com certeza apodítica, por meio da razão pura. Tal moralidade absolutamente necessária das ações decorre da ideia de um ser racional agindo livremente e da natureza das ações em si. Assim, nada mais certo e mais firme pode ser pensado em qualquer ciência do que nossa obrigação [Verbindlichkeit] a ações morais. A razão teria de deixar de existir se, de algum modo, fosse capaz de

---

46. Nas *Lições de ética*, podemos ler em relação a isso: "[a] falta de referência ainda pode ser remediada. Mas, por outro lado existe, por sua vez, um tipo de homem tão mau que, mesmo sabendo que existe um Deus, vive como se Ele não existisse e então seria melhor se ele não soubesse de sua existência, pois assim seria desculpável. Suas ações são contrárias [Religionswiedrig] à religião e não destituídas de religião" (2008, p. 235; 1924, p. 107).

47. As versões em língua inglesa e francesa traduziram o sujeito subentendido na partícula *"er"* respectivamente por *"moral human"* e *"L'homme moral"*. A princípio, diferente disso, como a versão espanhola nos aponta, Kant parece se referir ao teísmo moral [Moralischer Theismus]. No entanto, a frase posterior na qual se faz referência à "sua crença", leva-nos a supor que de fato, como nos dois primeiros casos, o sujeito em questão seja o "teísta moral". Apesar dessa dificuldade, os dois casos são possíveis e não alteram, em substância, o teor da frase.

negar essa obrigação. Pois essas ações não se dirigem, por ventura, de acordo com suas consequências ou suas circunstâncias. Para o ser humano, elas são determinadas, de uma vez por todas, por meio de sua própria natureza. Antes de mais nada, alguém só se torna um ser humano dessa forma ao estabelecer seus fins nessas ações. Sem elas, o homem é um animal ou um monstro. Quando o homem se perdoa por agir [33] de maneira contrária a essas ações, sua própria razão testemunha contra ele e o torna digno de desprezo e repúdio diante de seus próprios olhos. Mas se ele está consciente de cumpri-las, está consciente de que também é um membro da corrente do reino de todos os fins e esse pensamento produz nele consolação e tranquilidade, torna-o honrado, em seu íntimo, e digno de felicidade; eleva-o à esperança de constituir, no reino da moralidade, um todo com todos os seres racionais, assim como, no reino da natureza, tudo está ligado a uma unidade. Ora, o ser humano tem um fundamento seguro sobre o qual pode erigir sua crença em Deus, pois, embora sua virtude deva se constituir sem qualquer egoísmo, ele ainda sente em si, contudo, depois de superar as muitas exigências das tentações sedutoras, um impulso para esperar uma felicidade duradoura. Ele tenta agir, de maneira consistente, de acordo com os deveres que encontra fundados em sua própria natureza, mas também possui sentidos que lhe apresenta, com esplendor permanente, o oposto, e se ele não tivesse, ademais, quaisquer móbeis [1012] e forças para resisti-los, ele seria, no fim das contas, consequentemente cegado por seu esplendor. Por isso, com o propósito de não agir contra suas próprias forças, ele é coagido, por meio de sua própria razão, a pensar um ser cuja vontade se identifica precisamente com aqueles mandamentos que reconhece, com certeza apodítica, como dados por si mesmos *a priori*. Terá de pensar este ser como o mais perfeito, pois, de outro modo, sua moralidade não pode alcançar, dessa forma, nenhuma realidade. [34] Tal Ser deve ser *onisciente* para que possa conhecer as menores emoções [Regungen] no mais íntimo de seu coração e todos os motivos e propósitos de suas ações[48]. E, para

---

48. Utilizado para defender a necessidade de Deus e da religião como um móbil da moralidade, Kant esclarece melhor o papel moral da onisciência divina em uma passagem das *Lições de ética*: "A moralidade depende principalmente das disposições mais puras. Mas tais seriam perdidas caso não houvesse um Ser que pudesse percebê-las. É impossível que um ser humano possa possuir e sentir tal valor moral sem acreditar, ao mesmo tempo, que este valor poderia ser percebido por esse Ser.

tanto, certamente, não é suficiente apenas muito conhecimento, mas onisciência. Ele deve ser *onipotente* para poder constituir a natureza por inteiro conforme o modo como eu pratico ações de acordo com minha moralidade. Ele deve ser *santo e justo*, pois, de outra maneira, não posso ter nenhuma esperança de que o cumprimento de meu dever lhe seja agradável. Então, o teísta moral pode constituir para si um conceito completamente determinado e preciso de Deus ao estabelecê-lo de acordo com a moralidade. Dessa forma ele faz para si dispensável, ao mesmo tempo, tudo o que o ateu cético ataca. Ele não precisa de nenhuma prova especulativa da existência de Deus. Está convencido da existência de Deus com certeza porque, caso contrário, ele teria de rejeitar as leis absolutamente necessárias da moralidade que se fundam na natureza de seu ser. Então ele deriva a teologia da moral, não de acordo com uma evidência especulativa, mas segundo uma evidência prática. Isto é, não por meio do saber, mas através da crença. Em relação aos nossos conhecimentos práticos, no entanto, uma hipótese praticamente necessária é o mesmo que um axioma em relação aos conhecimentos especulativos. A existência de um governante sábio do mundo é, por isso, um *postulado* necessário *da razão prática*[49].

Mas por que deveríamos nutrir, nesse caso, disposições morais puras que afinal ninguém mais pode perceber, exceto Deus? Poder-se-ia, depois de tudo, praticar as mesmas ações, mas não por intenção pura, mas impura. Poderíamos praticar atos beneficentes por honra, por prazer. A ação seria sempre a mesma e os análogos da moralidade produzem o mesmo efeito. Portanto, é impossível nutrir disposições moralmente puras sem que ao mesmo tempo se conceba que essas disposições se relacionem com o Ser supremo, alguém que pode percebê-las" (2008, p. 226-227; 1924, p. 100-101).

49. Sabemos que, de acordo com os pressupostos do criticismo, a crença da razão é o meio através do qual o sujeito racional é conduzido a uma comprovação objetiva, embora apenas em termos práticos, de uma sabedoria divina como criadora do mundo (AA, *MpVT*, VIII: 267). De acordo com os pressupostos da *Crítica da razão prática*, se uma carência da razão pura, em seu uso especulativo, é o que nos leva necessariamente a conjeturas e hipóteses, a mesma carência em sentido prático nos leva aos postulados, que são asserções que se apoiam não em uma opinião teórica sobre a natureza interna das coisas, mas que se baseiam nas condições de possibilidade do objeto da razão (AA, *Kpv*, V: 142) e, portanto, precisam ser pensadas como objetivas em sentido prático.

PRIMEIRA PARTE

A TEOLOGIA TRANSCENDENTAL

Nesse conhecimento de Deus a partir de conceitos puros, temos três conceitos constitutivos de Deus, a saber:

1) Como o *Ser originário* (*ens originarium*). Nesse caso, penso Deus em geral como uma coisa que não é derivada de nenhuma outra, como o Ser originário [1013], o único que não é derivativo. Portanto, represento Deus como completamente separado de tudo, como um ser que existe por e a partir de si mesmo e que não se encontra em comunidade com nenhum outro ser. Este conceito de *ens originarium* é o fundamento da cosmoteologia, uma vez que infiro justamente dele[50] a necessidade absoluta e a perfeição suprema de Deus.

2) Como o *Ser supremo* (*ens summum*). Nesse caso, penso Deus como um ser que possui toda a realidade e derivo, precisamente desse conceito de um *ens realissimus* como tal e de suas propriedades, a sua originalidade e necessidade absoluta [36]. Esse conceito de Deus, como um *ens maximum*[51], é o fundamento da ontoteologia.

3) Como *Ser de todos os seres* (*ens entium*). Nesse caso, penso Deus não apenas como o Ser originário que, por si mesmo, não é derivado de nenhum outro, mas também como o fundamento supremo de todas as outras coisas e como aquele ser do qual tudo o mais é derivado. Podemos chamar isso de sua *onissuficiência*.

Estes três conceitos de Deus, como Ser originário, como Ser supremo e como Ser de todos os seres, são o fundamento de todo o restante. Na sequência, acrescentaremos, decerto, outros diferentes predicados a Deus, mas que não são mais do que determinações *particulares* desses conceitos fundamentais.

---

50. No original, o termo se encontra no plural [aus solche Begriffen].
51. Ser maior.

PRIMEIRA SEÇÃO
A ONTOTEOLOGIA

Aqui consideramos Deus como o *Ser supremo* ou, pelo menos, estabelecemos o conceito de Deus, primariamente, como fundamento. Ora, como poderei pensar, pela razão pura, um Ser supremo *meramente como uma coisa*? Toda coisa deve ter algo positivo que expressa um ser nela. Um mero não ser não pode constituir uma coisa. O conceito *de ens omni modo negativo*[52] é o conceito de um *non ens*[53] [37]. Consequentemente, uma vez que toda coisa deve possuir realidade, poderemos representar, entre todas as coisas possíveis, ou um *ens realissimum* ou um *ens partim reale, partim negativum*[54]. Mas em toda coisa, que tem apenas alguma [1014] realidade, sempre ainda está faltando algo e, portanto, não se trata de uma coisa completa. Uma coisa suprema deverá ser, dessa forma, uma tal que tem toda realidade, pois, nesse caso em particular, tenho uma coisa cujo conceito está ligado simultaneamente à sua determinação completa, uma vez que está determinado totalmente e absolutamente em vista de todos os *praedicata opposita*[55] possíveis. Consequentemente, o conceito de um *ens realissimum*[56] é precisamente o conceito de um *ens summum*[57], pois todas as outras coisas com exceção dele são *partim realia, partim negativa* e, justamente por isso, o conceito dessas coisas não é completamente determinado. No conceito de um ser humano mais perfeito enquanto humano, por exemplo, ainda não está determinado se ele é velho ou jovem, grande ou pequeno, erudito ou ignorante. Por isso, visto que não possuem toda realidade, essas não são coisas completas, mas estão misturadas a negações.

---

52. De um ser negativo em todos os sentidos.
53. Não ser.
54. Um ser parcialmente real, parcialmente negativo.
55. Predicados opostos.
56. Ser sumamente real.
57. Ser supremo.

Ora, mas o que são negações? Nada além do que limitações de realidades, pois nenhuma negação pode ser pensada a menos que se tenha pensado, antes, o positivo. Como eu poderia pensar uma mera deficiência; a escuridão sem um conceito de luz; a pobreza sem o conceito da riqueza?[58] Portanto, se todos [38] os conceitos negativos são derivados sempre de uma realidade pressuposta, com efeito, cada coisa, em sua determinação completa como *ens partim reale, partim negativum*, pressupõe um *ens realissimum* em vista, certamente, de suas próprias realidades e negações, uma vez que estas não são nada mais do que limitações da realidade suprema[59]. Pois quando retiro por completo algumas realidades do conceito de um *ens realissimum*, surgem negações que, se as conjugo com as demais realidades faltantes, concedem-me o conceito de um *entis partim realis, partim negativum*. Portanto, o conceito de um *ens realissimum* contém, ao mesmo tempo, o fundamento de todos os demais conceitos. Consequentemente, ele é a medida fundamental segundo a qual devo pensar e mesmo julgar todas as coisas. Então não posso, por exemplo, pensar o ignorante senão pensando antes alguém que sabe de tudo, eliminando desse modo completamente esta última realidade. Disso se segue justamente que o conceito de tal *ens realissimum* é, ao mesmo tempo, o conceito de um *ens originarium* a partir do qual são derivados todos os outros conceitos de coisas. Mas é óbvio que se trata de não mais do que um *ens originarium logice talis*[60], isto é, um ser cujo conceito não pode ser derivado de nenhum outro conceito. Um *ens realissimum* é, portanto, também um *ens logice originarium*[61], enquanto que, ao contrário [1015], *omne ens limitatum*[62]

---

58. Em paralelo à *Crítica da razão pura*: "[o]ra, ninguém pode pensar uma negação de uma maneira determinada sem ter por fundamento a afirmação oposta. O cego de nascença não pode ter a menor representação da escuridão, porque não tem nenhuma da luz; nem o selvagem pode conceber a pobreza porque não conhece a prosperidade. O ignorante não tem qualquer conceito da sua ignorância porque não o possui da ciência etc. Portanto, todos os conceitos das negações são também conceitos derivados e as realidades contêm os *data* e, por assim dizer, a matéria ou o conteúdo transcendental da possibilidade e determinação completa de todas as coisas" (A 575, B 603).

59. Na *Crítica da razão pura*, Kant defende, do mesmo modo, que "[t]odas as verdadeiras negações são pois *limites*, somente, e não poderiam ser chamadas assim se não estivessem fundadas sobre o ilimitado (o todo)" (A 576, B 604).

60. Ser originário pela lógica.
61. Ser logicamente originário.
62. Todo ser limitado.

é também *ens derivativum*[63] [39]. Ao falar de realidades misturadas, usamos uma expressão inadequada[64], pois uma mistura entre uma realidade e uma negação, entre alguma coisa e o nada, não pode ser pensada. Onde devo misturar uma coisa com a outra, tenho de ter algo real. Mas as negações são, por certo, uma mera deficiência. Daí, se há uma coisa negativa em relação ao real, como, por exemplo, um quarto escurecido etc., não se trata nesse caso de uma mistura da negação, mas, ao contrário, de uma limitação da realidade. Então eu não poderia, no caso citado, misturar a escuridão, enquanto uma negação, com a luz, enquanto algo real, mas o negativo, ou seja, a escuridão, surgiu quando limitei e impedi a realidade, ou seja, a luz. Acontece algo totalmente diferente com a mistura lógica dos conceitos. Nesse caso posso dizer, certamente, que ao meu conceito de realidade está misturado o conceito de negação, pois meu conceito de algo negativo é, afinal, também um conceito, assim como o conceito de algo real o é. Aqui tenho, portanto, uma coisa que posso misturar com a outra. Mas este não é o caso no objeto mesmo, mas apenas em minha ideia do objeto[65].

---

63. Ser derivado.
64. Uma provável referência aos § 10 e 11 da *Preparação* de Eberhard: "[a] soma total de todas as perfeições é a soma total de todas as realidades. Ora, é impossível que surja algo contraditório a partir da conexão de todas as realidades. As realidades são puras ou misturadas. No primeiro caso, a matéria não tem nenhuma dificuldade. Uma realidade pouco pode suprimir outra realidade, assim como uma coisa não pode suprimir a outra. Mas as últimas são tais que incluem em si a negação, e a realidade pode ser suprimida justamente aí na negação que se quer unir com essa realidade por meio da adição. [...] Nesse caso, devemos separar a negação do conceito para conservarmos algo real" (*Vorbereitung*, 1781, p. 14-15).
65. Certamente, Kant está fazendo uma referência à importante distinção entre fundamento lógico e real tal como apresentada em seu tratado de 1763, *Uma tentativa de introduzir o conceito de grandezas negativas dentro da filosofia*. Kant reconhece como um *fundamento lógico* a relação entre *fundamento* e *consequência* que, por meio da análise conceitual, pode ser deduzida pelo princípio de identidade. No entanto, há casos nos quais não há identidade entre *fundamento* e *consequência*, isto é, a última não está contida no conceito do primeiro. O fundamento real não é uma relação necessária entre proposições que é analiticamente dedutível: "[e]u compreendo totalmente como um consequente é posto por um fundamento de acordo com a regra de identidade: a análise do conceito mostra que a consequência está contida no fundamento. [...] Mas, o que não está claro para mim, no entanto, é como uma coisa pode sair de outra sem estar de acordo com as leis de identidade. O primeiro tipo de fundamento eu chamo de lógico, uma vez que a relação do fundamento com sua consequência pode ser presumida logicamente. O segundo tipo de fundamento, contudo, eu chamo de real, uma vez que sua relação pertence aos meus conceitos verdadeiros, mas o modo de sua relação não é descoberto pelo juízo" (AA, II: 202) [Trad. de Vinícius Figueiredo e Jair Barbosa (Unesp, 2005)].

Mais importante é a proposição daqueles *teólogos escolásticos* que dizem que cada atributo de Deus é, de fato, o próprio Deus. A proposição, expressa integralmente e de forma precisa, é a seguinte: uma única realidade sem limitações, considerada como fundamento, é, ao mesmo tempo, meu conceito de [40] Deus por inteiro. Se examinamos essa proposição, observamos que ela é realmente bem fundamentada. Toda realidade, se a penso sem limitações, é o próprio Deus, por exemplo, a onisciência, a onipotência, a eternidade. Aqui temos tão somente realidades particulares sem limitações e, contudo, em cada uma delas, represento completamente Deus. Isso ocorre porque penso uma realidade ilimitada desse tipo simultaneamente como um fundamento a partir do qual compreendo todo o real ilimitado restante. Por exemplo, ao representar a onisciência, a considero ao mesmo tempo como um fundamento por meio do qual posiciono a onisciência, a onipotência etc., e concluo corretamente: a quem convém esta realidade particular sem limitações, convém igualmente todas as outras realidades, e então surge o conceito de Deus. Deus é uma ideia necessária de nosso entendimento, porque Ele é o substrato da possibilidade[66] de todas as coisas. Isso já foi demonstrado em detalhes. Ora, levanta-se a questão se essa nossa

---

66. Nos longínquos anos de 1753-1754, já observamos Kant endossar o argumento teológico das possibilidades em suas mais antigas reflexões de metafísica. Kant posiciona-se contra Leibniz e a favor de Pope em relação ao fato de que, mesmo diante de todas as conhecidas denúncias da teodiceia, tudo o que existe é bom. Segundo Kant, com essa posição se estabelece um melhor caminho para a justificação das provas da existência de Deus ao submeter toda possibilidade ao domínio de um Ser originário onissuficiente. Para comentário e tradução, cf. respectivamente: CUNHA. *A gênese da ética de Kant* (2017). CUNHA. "A importância das reflexões sobre o otimismo para o desenvolvimento intelectual kantiano". In: *Studia kantiana*, vol. 13, n. 18 (2015). O argumento teológico das possibilidades pode ser verificado na *História natural universal e teoria do céu*, onde a harmonia e a regularidade do cosmos são estabelecidas, no mesmo viés dessas *Reflexões*, como o ponto de partida para as provas da existência de Deus (AA, I: 333-334). O mesmo argumento pode ser observado, de um modo mais elaborado, na proposição VII da *Nova elucidação sobre os princípios do conhecimento metafísico*, onde ele é estabelecida, em contrapartida ao argumento cartesiano, como uma demonstração "do ponto de vista da essência" fundada em uma evidência absolutamente primeira, a saber, a possibilidade mesma das coisas (AA, I: 395-396). Por fim, o argumento teológico das possibilidades vai ser apresentado em sua forma integral em 1763, em *O único argumento possível para uma demonstração da existência de Deus*: "[t]oda possibilidade pressupõe algo real, no qual e através do qual é dado tudo o que é pensável. Portanto, existe uma realidade cuja supressão suprimiria toda possibilidade interna em geral. Porém, aquilo cuja supressão ou negação erradica toda possibilidade é absolutamente necessário. Sendo assim, algo existe de forma absolutamente necessária" (AA, II: 77-79).

ideia possui também realidade objetiva, isto é, se existe realmente um ser ao qual a nossa ideia de Deus corresponde. Alguns têm tentado provar isso pelo fato de que não há nada de contraditório em nosso conceito. Pois bem, isso certamente é verdade, visto que nosso [1016] conceito integral de Deus se compõe de realidades. Mas é impossível que uma realidade possa contradizer a outra, uma vez que para haver uma contradição se exige que algo seja e também não seja. Esse não ser seria, entretanto, uma negação e isso não pode ser pensado em Deus. No entanto [41], pelo fato de que nada em meu conceito é contraditório, é demonstrada tão somente a *possibilidade lógica* do conceito, isto é, a possibilidade que eu possa formá-lo em meu entendimento, uma vez que um conceito em si contraditório de modo algum é um conceito[67]. Mas para conceder realidade objetiva a esse meu conceito de modo que eu possa demonstrar que existe realmente um objeto que concorda com ele, é seguramente exigido para tanto, contudo, mais do que o fato de que não há nada em meu conceito que se contradiz em uma relação mútua. Pois como pode um conceito possível logicamente, meramente pelo fato dele ser logicamente possível, constituir também, ao mesmo tempo, a possibilidade real de um objeto? Para tanto, é exigido não apenas um juízo analítico, mas um juízo sintético[68], isto é, que eu possa saber que os efeitos da realidade não se suprimem uns em relação aos outros. Por exemplo, resolução e cautela são ambas realidades, mas seus efeitos são, muitas vezes, do tipo que suprimem um ao outro. Ora, não tenho nenhuma faculdade *a priori* para julgar se as realidades vinculadas no conceito de Deus não se suprimem em relação aos seus efeitos e justamente por isso não sou capaz de demonstrar também, de maneira precisa, a possibilidade de meu conceito. Por outro lado, no entanto, posso estar seguro de que nenhum ser humano é capaz de provar a sua impossibilidade.

---

67. Enfatiza-se na *Crítica da razão pura*, em uma nota de rodapé, que "[o] conceito é sempre possível quando não é contraditório. É este o critério lógico da possibilidade e com isso o seu objeto distingue-se do *nihil negativum*" (A 597, B 625).

68. Atento à distinção dos fundamentos, Kant assevera, na *Crítica da razão pura*, que "[s]implesmente não pode deixar de ser um conceito vazio, se a realidade objetiva da síntese, pela qual o conceito é produzido, não for demonstrada em particular; esta demonstração, porém, como acima mostramos, repousa sempre sobre princípios da experiência possível e não sobre o princípio da análise (princípio da contradição). Isto é uma advertência para não concluir imediatamente da possibilidade (lógica) dos conceitos a possibilidade (real) das coisas" (A 597, B 625).

Se perguntarmos como chegamos ao conceito do máximo de todas as realidades, então, poderemos responder que temos de deixar de fora do conceito da realidade, na medida em que esta realidade é finita, todas as limitações [42], se quisermos aplicá-la ao conceito do *realissimum*. Pois, em última análise, não podemos pensar Deus a não ser lhe atribuindo, sem limitações, todo o real que encontramos em nós mesmos. Mas, muitas vezes, é bastante difícil separar todas as limitações, porque nós mesmos, enquanto criaturas limitadas, com frequência não somos capazes de representar o real a não ser sob tais limitações. Em tal caso, quando não estamos em condições de remover toda limitação de nosso conceito, não precisamos, por isso, de renunciar à realidade mesma. Podemos, ao contrário, dizer decerto que a atribuímos a Deus, embora sem todas as limitações, uma vez que, em fato, ela é fundada em algo real. Então [1017], para nós, torna-se bastante difícil pensar, por exemplo, a eternidade sem todas as limitações, mas, uma vez que é uma realidade, temos de tê-la em nosso conceito de Deus. Por isso a atribuímos a Deus e reconhecemos a fraqueza de nossa razão em pensá-la de forma completamente pura. No que diz respeito ao *entendimento* de Deus, temos de pensá-lo como intuitivo, visto que ele é oposto ao nosso entendimento discursivo, o qual, a saber, não é capaz de formar o conceito das coisas a não ser a partir de marcas universais. Isto é uma limitação que, no entanto, tenho de deixar de fora da realidade do entendimento caso queira aplicá-la a Deus. O entendimento de Deus não será, portanto, uma faculdade de pensar, mas de intuir.

***

O conceito do infinito é tomado da matemática [43] e pertence tão somente a ela[69], pois ele nunca determina uma grandeza absolu-

---

69. Para Eberhard, "[n]ão é suficiente atribuir a Deus uma grandeza infinita em sentido matemático, pois a infinitude dessa grandeza está apenas em relação ao entendimento finito". Ele acredita ser um erro afirmar, então, que "Deus é apenas matematicamente infinito". No entanto, em distinção a Kant, o autor está convicto de que o infinito precisa ser atribuído a Deus tanto matematicamente, como algo indeterminado, quanto metafisicamente, como algo determinado (*Vorbereitung*, 1781, p. 16, § 12).

ta, mas sempre só uma grandeza relativa. O conceito de uma grandeza é, em relação à sua unidade de medida, maior do que qualquer número[70]. O infinito, portanto, nunca determina quão grande algo é, pois não determina a medida ou a unidade e, de fato, muita coisa vai depender disso. Por exemplo, se represento o espaço sideral [Weltraum] como infinito, posso assumir por medida ou unidade, em vista do qual ele é infinito, a milha ou o diâmetro terrestre. Se assumo a milha como medida, poderei dizer que o espaço sideral é maior do que qualquer número de milhas, mesmo que possa pensar centilhões delas. Mas se assumo como medida o diâmetro da Terra ou até mesmo as distâncias do Sol, poderei também dizer aqui que o espaço sideral é maior do que qualquer número, nesse caso, maior do que todos os diâmetros da Terra e distâncias do Sol, mesmo que eu também pense centilhões deles. Mas quem não vê que no último caso o próprio infinito é maior do que no primeiro, uma vez que aqui a unidade, em vista da qual o espaço sideral é maior do que qualquer número, é bem maior do que no primeiro caso? No entanto, precisamente por isso, vemos também que o conceito do infinito expressa tão somente a proporção [Verhältniss] de nossa incapacidade para determinar o conceito de grandeza, uma vez que a grandeza mesma é maior do que qualquer número que eu possa pensar e, por conseguinte, [44] não me dá nenhum conceito determinado da grandeza mesma. Basicamente, portanto, quando denomino um objeto como *infinito*, não obtenho nenhuma vantagem com isso além do fato de que, dessa forma, aprendo a compreender minha incapacidade de expressar a sua grandeza por números. Assim posso, decerto, estar impressionado e admirado em relação ao objeto mesmo, mas, por outro lado, não sou capaz de chegar a conhecer, a partir disso, a sua grandeza [1018] absoluta. O conceito do infinito, portanto, pode sempre possuir muita beleza estética, uma vez que provoca em mim uma grande comoção, mas, nem por isso, me auxilia, em absoluto, a ser capaz de dizer com precisão quão grande o objeto mesmo é. Ademais, se devo assumir um objeto como infinito, tenho também sempre de assumi-lo como homogêneo com alguma coisa, pois apenas *relativo* a essa coisa, enquanto sua medida, ele chama-se infini-

---

70. Literalmente, lemos "[é] o conceito de uma grandeza que, em relação à sua unidade de medida, é maior do que qualquer número". Optamos por adaptar a frase.

to. Por exemplo, se denomino o entendimento divino como infinito, tenho de assumir meu entendimento como medida para a unidade e então admito que o entendimento divino é maior do que tudo o que sou capaz de pensar do entendimento. Mas isso não me auxilia minimamente a ser capaz de dizer, de maneira determinada, *quão grande* o entendimento divino é. Daí se vê, portanto, que, em meu conhecimento de Deus, não dou dessa forma nem um passo a mais ao aplicar o conceito de um infinito matemático a Ele. Aprendo apenas, pois, que [45] nunca sou capaz de expressar o conceito de sua grandeza em números. Não aprendo, dessa maneira, a compreender sua grandeza absoluta. Sequer posso encontrar uma medida para Ele[71], pois onde haveria uma unidade que fosse homogênea com Deus? Por acaso isso não teria êxito a partir do conceito de infinito *metafísico*? O que significa infinito metafísico? Por infinito metafísico se entende todas as perfeições em seu mais alto grau ou, melhor dizendo, sem qualquer grau[72]. A *omnitudo realitatis*[73] seria, portanto, precisamente a que chamamos infinito metafísico. Ora, é verdade que, desse modo, obtenho um conceito preciso da grandeza de Deus. Pois apenas essa totalidade da realidade determina sua grandeza absoluta. Nesse caso, não preciso de nenhuma medida homogênea, nenhuma unidade, com a qual posso comparar Deus e por meio da qual, em relação a ela, poderia obter sua grandeza, mas tenho aqui um conceito determinado dessa grandeza. Pois compreendo que tudo o que é verdadeiramente uma realidade pura se encontra nele. Mas o conceito da totalidade é sempre completamente preciso, de modo que não posso pensar dele nem mais e nem menos do que é. Por outro lado, não sou capaz de compreender, no entanto, porque devo expressar um conceito ontológico (o da totalidade) com um infinito matemático. Eu não deveria poder usar um termo congruente

---

71. Para as versões francesa e espanhola, a partícula "ihn" se refere a "Deus", enquanto a tradução inglesa nos dá a entender que se trata do "conceito" ou "conhecimento de Deus".
72. Segundo a definição do compêndio escolástico de Eberhard: "[a]o infinito (metafísico) pertencem, portanto, (1) a soma total de todas as perfeições (2) em grau absolutamente supremo. Essa infinitude de grau encerra em si a maior fecundidade de cada perfeição do infinito. Dessa forma, cada perfeição pode ser pensada como uma consequência de uma outra. Assim como assumimos, portanto, uma realidade no grau supremo, devemos assumir todas as outras (*Vorbereitung*, 1781, p. 17, § 13).
73. Tudo de realidade.

com o conceito desta ciência[74], em vez de provocar uma ambiguidade ao usurpar uma expressão de outra ciência, [46] por meio da qual permito, dessa forma, que seja introduzido, talvez, até mesmo um conceito completamente estranho? Por isso poderemos dispensar, com facilidade, inclusive o termo [1019] *infinito metafísico*, preferindo designar o conceito ontológico, que isso deve expressar e para o qual não há qualquer adequação de procedência matemática, com o termo "tudo de realidade". Mas se queremos ter também um termo especial para esse conceito, podemos escolher para ele a expressão *onissuficiência (Omnisufficientia)*. Esta já representa, afinal, tudo o que é real em Deus, como um fundamento (*ens entium*), uma vez que *sufficientia* expressa sempre a relação de um fundamento com sua consequência. Devemos, dessa forma, estar melhor satisfeitos com o conceito puro de nossa razão, *omnitudo realitatis*[75]. Pois é precisamente essa a verdadeira medida fundamental por meio da qual posso determinar a grandeza absoluta de Deus.

Já estabelecemos acima o conceito universal de Deus, a saber, que Ele é um *ens realissimum*. Este é o ideal que a nossa razão precisa com o propósito de ter uma medida superior para o que é menos completo[76]. Além disso, vimos que esse conceito de um ser perfeitíssimo deve ser, ao mesmo tempo, precisamente o conceito de um Ser supremo. Ora, levantamos a pergunta: Quais predicados atribuiremos a este Ser e como teremos de proceder no propósito de estabelecer esses predicados de Deus sem que eles contradigam o seu conceito como o primeiro de todos os seres? [47] Aqui ainda esta-

---

74. A saber, a ontologia.

75. Em relação ao conceito em questão, explica-se na *Crítica da razão pura*: "[s]e a determinação completa tiver, pois, em nossa razão, por fundamento, um substrato transcendental que contenha, por assim dizer, a provisão de matéria de onde podem extrair-se todos os predicados possíveis das coisas, então este substrato não é senão a ideia de um todo da realidade (*omnitudo realitatis*). Todas as verdadeiras negações são, pois, *limites* somente, e não poderiam ser chamadas assim se não estivessem fundadas sobre o ilimitado (o todo)" (A 575-576, B 603-604).

76. Em paralelo à *Crítica*: "[...] o conceito de um *ens realissimum* é o conceito de um ser individual, porque em sua determinação, de todos os predicados opostos possíveis, se encontra um só, a saber, aquele que pertence em absoluto ao ser. É, por isso, um *ideal* transcendental, que serve de fundamento à determinação completa, a qual se encontra necessariamente em tudo que existe e que constitui a condição material suprema e completa da sua possibilidade, a que terá de reter-se todo o pensamento dos objetos em geral quanto ao seu conteúdo. Mas é também o único autêntico ideal de que é capaz a razão humana, porque só neste único caso o conceito universal em si de uma coisa é inteiramente determinado [...]" (A 576, B 604).

mos tratando com meros conceitos, sem nos preocuparmos se esses conceitos realmente correspondem a um objeto! Temos pensado um Ser como substrato da possibilidade de todos os outros seres e agora nos perguntamos: Como deverá ser constituído esse ideal? Por isso queremos ver quais predicados podem convir ao conceito desse Ser supremo mais perfeito. Essa investigação é extremamente necessária porque, de outro modo, o conceito integral de nada nos serviria e, em geral, não poderia, sem a determinação dos predicados congruentes a ele, nem mesmo ser pensado por nós de maneira conveniente. Mas essa investigação também nos será de grande utilidade, pois nos ensina a conhecer Deus na extensão em que a razão humana é capaz. Ela nos concederá regras sobre o que afirmar e de como podemos afirmar algo de Deus, recomendando-nos precaução e cautela de modo a não introduzirmos nada em nosso conceito de Deus que seja contrário à sua realidade suprema. Ora, quais são os predicados que são possíveis pensar em um *ens realissimum*? Quais são [1020] seus atributos? Já vimos exaustivamente que não se pode predicar do conceito de um *ens realissimum* nada além de realidades. Mas onde encontramos essas realidades? *Quais* são? Como podemos e devemos atribuí-las a Deus? Todas as realidades são ou realidades do tipo que me são concedidas pela razão pura independente de toda [48] a experiência ou realidades que encontro no mundo dos sentidos. No que diz respeito às primeiras realidades, não preciso de me ponderar em atribuí-las a Deus, uma vez que dizem respeito às coisas em geral e as determinam pelo entendimento puro. Aqui nenhuma experiência está envolvida. Elas também não são afetadas por nenhuma sensibilidade. Portanto, se as predico de Deus, não devo temer estar lhe confundindo com um objeto dos sentidos. Pois, nesse caso, não estou lhe atribuindo, por certo, nada além do que aquilo que se aplica a Ele como coisa em geral. Em meu conceito de Deus como um *ens realissimum* já se encontra que Ele deve ser uma coisa e que, portanto, devo e tenho de atribuir-lhe todas as realidades que podem lhe ser predicadas como uma coisa. Ora, uma vez que essas realidades aprioristicas referem-se à qualidade[77] [Eigenschaft] universal de uma coisa em geral, são chamadas, justamente por isso,

---

[77]. Nas versões em língua inglesa e francesa, os tradutores optam por verter o termo "Eigenschaft" para o plural, respectivamente, como "attributes" e "propriétés". Nesse ponto, a versão espanhola prefere traduzir "Eigenschaft "por "índole".

de predicados *ontológicos*. São conceitos puramente transcendentais. Nelas se incluem a possibilidade, a existência [Existenz], a necessidade de Deus, ou seja, uma existência [Dasein] tal que decorre de seu conceito; o conceito de substância, o conceito da unidade da substância, simplicidade, infinitude, duração, presença e outros. Mas tais conceitos determinam apenas o *conceito de uma coisa* em geral. São apenas predicados *in abstracto* que o deísta atribui a Deus. É impossível, no entanto, que possamos nos dar por satisfeitos com eles, pois um [49] Deus assim de nada nos serviria. Certamente, Ele seria uma coisa, por si mesma, completamente isolada, não encerrando qualquer relação conosco. Esse conceito de Deus tem de constituir, decerto, o início de todo nosso conhecimento de Deus, mas tomado por si só é inútil e, se não pudermos conhecer mais de Deus, ele é completamente dispensável. Se é para este conceito ser útil, devemos ver se esses predicados ontológicos não podem ser aplicados a exemplos *in concreto*. E é isso que faz o teísta ao pensar Deus como a *inteligência suprema*. Ora, se também quisermos atribuir a Deus predicados *in concreto*, devemos retirar os materiais para o conceito de Deus de princípios e conhecimentos empíricos. Não encontramos nada em toda nossa experiência que, no entanto, pudesse ter mais realidade do *que a nossa* [1021] *alma*. Portanto, todas essas realidades terão de ser retiradas do conhecimento de nós mesmos. Serão predicados psicológicos que podemos atribuir a Deus além de seus predicados ontológicos. Mas, uma vez que todos esses predicados são emprestados da experiência e, na experiência como um todo, não são encontrados nada além de *phaenomena*, será necessário aqui uma grande cautela para não sermos cegados pela aparência, atribuindo, dessa forma, a Deus predicados de tal espécie que podem ser válidos meramente para os objetos dos sentidos. Assim, como precaução, temos de observar as seguintes regras [50]:

1) *Em vista da escolha dos predicados mesmos*

Quais predicados poderemos tomar da experiência e unir ao conceito de Deus? Nada além das realidades puras! Ora, mas não existe no mundo inteiro nenhuma coisa que tenha realidade pura, pois todas as coisas que podem ser dadas na experiência são *partim realia*, *partim negativa*. Surgem aqui, então, muitas dificuldades, uma vez que estão acrescidas aos meus conceitos muitas determinações que são em si deficientes. Tais negações, no entanto, não podem ser atribuídas a Deus. Daí devo proceder, primeiramente, *via negationis*. Isto é, tenho de separar cuidadosamente todo o sensível inerente às minhas representações dessa ou daquela realidade, deixando de fora todo imperfeito e negativo e atribuindo a Deus o real puro [reine Reale] que resta[78]. Mas isso é extremamente difícil, pois muitas vezes resta pouca coisa ou até mesmo nada de real quando descarto todas as limitações. Ao menos, nunca sou capaz de pensar o positivo puro sem o sensível que se entrelaçou em minhas representações. Nesse caso, tenho de dizer então que, ao atribuir essa ou aquela *realitas phaenomenon* a Deus, faço isso apenas *na medida em que* todas as limitações foram separadas dela. Mas se não for possível separar o negativo [51] sem que, ao mesmo tempo, o conceito em si seja suprimido, então, no último caso, de modo algum poderei predicar o conceito de Deus. De modo algum poderei, por exemplo, atribuir a Deus a extensão como um predicado, porque este é apenas um conceito sensível, e se eu quiser separar o negativo dele, nada mais me restará de real. Do conceito de matéria, no entanto, [1022] depois de afastar todas as negações e aspectos sensíveis inerentes a ele, não conservarei nada mais do que o conceito de uma força ativa externa e interna. E, do conceito de uma presença espacial, ao deixar de fora a condição sensível, isto é, o espaço, não conservarei nada mais do que a realidade pura de uma presença. Poderei atribuir a Deus, portanto, apenas o real mesmo: força e presença. De tal modo, poderei decerto determinar *via negationes* a qualidade dos predicados divinos, isto é, quais predicados da experiência posso aplicar, depois de afastar toda negação, ao meu conceito de Deus. Mas, dessa maneira, de modo algum chego a conhecer a quantidade dessa realidade

---

78. Segundo o compêndio de Eberhard, "o que colocamos em Deus e atribuímos a Ele" são dados por "três tipos de determinações: 1) através da negação (*via negationes*); 2) através da eminência [Erhebung] de uma maneira especial, ou seja, em sentido infinitamente extraordinário (*via eminentiae*); 3) através do caminho da causalidade (*via causalitatis*)". Em relação à primeira, "devemos separar disso [das execuções de nossa alma] as notas que pertencem à infinitude. Ora, os conceitos nos quais as negações predominam ou dos quais não podemos separar o imperfeito sem suprimi-los em si mesmos, temos de negá-los em Deus. Se, em contrapartida, as afirmações são predominantes ou a imperfeição pode ser separada delas, sem que os conceitos em si sejam suprimidos, podemos afirmá-las em Deus, só que de um modo extraordinário" (*Vorbereitung*, 1781, p. 26-27, § 19).

em Deus. Ao contrário, depois de dispensar todas as limitações, o real que tivesse restado em meu conceito seria bem insignificante e pequeno em grau. Ora, por isso, caso eu tenha encontrado uma realidade em um dos atributos [52] das coisas que me são dadas na experiência, tenho de atribuir essa realidade a Deus no mais alto grau, em sentido infinito. Chamamos isso de proceder *viam eminentiae*[79]. Não posso, no entanto, proceder desse modo a menos que antes tenha extraído uma realidade pura [reine Reale] *via negationis*. Caso eu tenha negligenciado isso e não tenha separado cuidadosamente todo negativo de meus conceitos, então, ao querer predicar de Deus o conceito de tal realidade do modo como é encontrada no fenômeno com suas limitações, meu conceito de Deus é, dessa forma, completamente corrompido. Daí surge o antropomorfismo. Portanto, antes de tudo, as limitações devem ser deixadas de fora e apenas o real puro que resta deve ser atribuído a Deus, mas *via eminetiae*. Por exemplo, não apenas uma força, mas uma força *infinita*. Não apenas um entendimento, mas um entendimento *infinito*. Contudo, jamais poderemos chegar completamente aos atributos de Deus de modo a podermos conhecer *como eles são constituídos em si mesmos*. Se assumimos, por exemplo, o entendimento humano, não é suficiente ampliá-lo infinitamente *via eminentiae*, pois, dessa forma, ele ainda permanece um entendimento limitado e aumentaria meramente em celeridade [Schnelligkeit] de conhecer. [53] Mas já devemos, de antemão, ter deixado de fora todas as limitações inerentes a ele, a saber, que o entendimento é capaz de conhecer apenas [1023] *discursive*. Ora, uma vez que o real puro que resta nesse caso – isto é, o entendimento – de modo algum pode ser compreendido por nós, resta-nos ainda um caminho.

2) *Em vista do modo de proceder para poder atribuir a Deus o real abstraído de conceitos sensíveis*

E este é o magnífico caminho da analogia. Ora, em que consiste esse procedimento *per analogiam*? Como se assume habitualmen-

---

79. Em relação a isso, diz Eberhard: "2) Esta última [*via emientiae*] pode ser bem elucidada em conceitos não sensíveis, se os conceitos ontológicos e psicológicos são deduzidos suficientemente em universal em suas ciências e, portanto, são esclarecidos suficientemente como puros" (*Vorbereitung*, 1781, p. 26-27, § 19).

te, a analogia não consiste em uma similaridade imperfeita das coisas entre si, pois, nesse caso, isso seria algo muito inseguro. A saber, não só teríamos predicados ruins, já que não estaríamos em condições de pensar a realidade de tais predicados sem todas as limitações, mas não poderíamos atribuir essas realidades não totalmente purificadas a Deus senão na medida em que Ele tivesse em si algo perfeitamente similar a elas[80]. Mas em que isso me serviria? Ora, isso poderia me dar um conceito totalmente suficiente de Deus? Se, no entanto, tomamos por analogia a similaridade perfeita da relação – em suma, precisamente o que os matemáticos entendem por proporção, ou seja, não algo em vista da coisa, mas das relações –, então podemos nos dar por satisfeitos de uma vez por todas e formar um conceito de Deus tal e de seus predicados [54] suficiente para nós de modo a não precisarmos de mais nada. Mas aqui não assumiremos obviamente quaisquer relações de grandeza[81] (uma vez que isso diz respeito à matemática), mas uma relação de causa e efeito ou, melhor ainda, do fundamento com

---

80. A posição parece ser uma crítica ao § 826 da *Metaphysica* de Baumgarten, que afirma: "[s]e discernimos algo EM UM SER NECESSÁRIO que é parcialmente o mesmo e parcialmente diferente daquelas coisas representadas em um ser contingente, e, todavia, não entendemos as diferenças suficientemente bem e não encontramos um nome particular para a coisa, então a chamamos de um ANÁLOGO DAQUILO QUE observamos COMO SIMILAR EM UM SER CONTINGENTE. É ATRIBUÍDA A DEUS POR ANALOGIA EMINENTEMENTE (excelência) se as realidades nesse conceito parecem prevalecer ou REDUTIVAMENTE (pelo caminho da negação) se negações parecem predominar". O § 58 dos *Prolegômenos a toda metafísica futura* explica que: "[u]m tal conhecimento é um conhecimento por *analogia*, que não significa, como a palavra se entende comumente, uma semelhança imperfeita entre as duas coisas, mas uma semelhança perfeita de duas relações entre coisas inteiramente dissemelhantes". Em uma nota de rodapé ao mesmo parágrafo, essa explicação fica mais clara: "Assim, existe uma analogia entre a relação jurídica de ações humanas e a relação mecânica de forças motrizes: nada posso fazer contra outrem sem lhe dar um direito de, nas mesmas condições, fazer o mesmo contra mim; igualmente, nenhum corpo pode agir sobre outro com a sua força motriz sem que, desse modo, o outro reaja sobre ele na mesma medida. Aqui, o direito e a força motriz são coisas inteiramente dissemelhantes, mas existe em sua relação uma completa semelhança. Por meio de uma tal analogia posso, pois, dar um conceito de relação entre coisas que me são totalmente desconhecidas" (AA, IV: 357-358) [trecho dos *Prolegômenos* traduzido por Artur Morão (Lisboa: Ed. 70, 2008)].

81. Conforme a *Crítica da razão pura*: "[n]a filosofia, as analogias significam algo muito diferente do que representam na matemática. Nesta última, são fórmulas que exprimem a igualdade de duas relações de grandeza e são sempre constitutivas, de modo que, quando são dados três membros da proporção, também o quarto será dado desse modo, quer dizer, pode ser construído. Na filosofia, porém, a analogia não é a igualdade de duas relações quantitativas, mas de relações qualitativas, nas quais, dados três membros, apenas posso conhecer e dar *a priori* a *relação* com um quarto, mas não esse próprio quarto membro" (B 222, A 179).

sua consequência[82] e, portanto, poderemos argumentar efetivamente de maneira totalmente filosófica. A saber, da mesma forma que, no mundo, uma coisa é considerada como a consequência de outra que é seu fundamento, consideramos o mundo por inteiro como uma consequência de seu fundamento, *de Deus*, e argumentamos assim por analogia. Por exemplo, assim como a felicidade de um ser humano (a supressão de sua miséria) relaciona-se à bondade de outro ser humano, a felicidade de todos os seres humanos relaciona-se à bondade de Deus. O primeiro fundamento de prova [Beweisgrund] da existência de Deus é o ontológico a partir de conceitos puros. Mas a real possibilidade de um Ser mais perfeito tem de ser provada, antes que eu possa demonstrar sua existência. Pois o ateu dogmático nega expressamente a possibilidade de um Deus e afirma que não há nenhum Deus. Quando tratamos com a razão pura, negar a existência de um *ens realissimum* e a sua possibilidade é, basicamente, a mesma coisa. Portanto, se o ateu dogmático nega que exista um Deus, ele assume para si, justamente por isso, a obrigação [Verplichtung] de provar a impossibilidade de [1024] Deus. Pois esta é a natureza de todos os nossos conhecimentos *a priori* de modo que, se pretendo provar pela razão pura [55] que algo não existe, não posso fazê-lo de outra maneira senão provando que é impossível a sua existência. O motivo disso descansa no fato de que, nesse caso, de modo algum posso retirar da experiência uma prova a favor ou contra a existência de um ser; com efeito, não tenho diante de mim nenhum outro caminho senão provar, a partir do mero conceito, que uma coisa não existe pelo fato de que tal coisa se contradiz. O ateu dogmático, portanto, antes que possa pretender o direito de querer afirmar que Deus não existe, terá de provar, de antemão, que um objeto correspondente à nossa ideia de um *ens realissimum* contradiz a si mesmo na síntese com seus predicados e que tal é, com efeito, impossível. Por outro lado, se nos ocorre de querer demonstrar *a priori* que

---

82. Kant parece se posicionar diante de Eberhard em relação à via da causalidade. Eberhard diz em seu compêndio: "[d]o último caminho [o caminho da causalidade] eu concluo: uma vez que certas qualidades são necessárias para a produção de certo efeito, então certas qualidades devem convir ao efeito. Esse caminho dá ao nosso conhecimento de Deus algo positivo, posto que derivamos da ideia intuitiva *dessas qualidades a partir de nós mesmos*, por exemplo, na sabedoria *inferida a partir de suas obras*, e elas são atribuídas a Deus com a separação das limitações e do imperfeito" (*Vorbereitung*, 1781, p. 26, § 19).

Deus existe, teremos também de nos sujeitar, de antemão, ao dever de provar com certeza apodítica, através da razão pura, que Deus é possível. Ora, não somos capazes de fazer isso de nenhuma outra maneira senão provando que, de modo algum, um *ens realissimum* se contradiz na síntese de todos os seus predicados. Em sua prova da possibilidade de um *ens realissimum*, Leibniz confundiu a possibilidade de tal conceito com a possibilidade da coisa mesma. A saber, ele inferiu da seguinte maneira: "Não há nada de contraditório em meu conceito de um *ens realissimum*, pois [56] é impossível que uma realidade possa contradizer a outra, uma vez que para uma contradição se exige necessariamente uma negação a fim de que se possa dizer que algo é e não é. Mas onde há apenas realidades, não há nenhuma negação e, portanto, nenhuma contradição. Assim, se não há nenhuma contradição no conceito de *ens realissimum*, tal coisa é possível". Mas ele deveria ter concluído que *apenas minha ideia de tal coisa é possível*. Pois o fato de que não há nada de contraditório em meu conceito de uma coisa prova, certamente, a possibilidade do conceito[83], mas ainda não prova a possibilidade do objeto de minha ideia[84]. O princípio de contradição é, por certo, apenas o princípio analítico da possibilidade[85], isto é, por meio dele se estabelece, com certeza apodítica, que meu conceito é possível ou impossível. Mas não é o princípio sintético da possibilidade[86], isto é, por meio dele de

---

83. Literalmente "o conceito do possível [der Begriff des Möglichen]".

84. Na *Crítica da razão pura*, lemos: "Caístes em contradição ao introduzir no conceito de uma coisa, que vos propúnheis pensar apenas quanto à possibilidade, o conceito da sua existência, oculto seja sob que nome for. Se vos concedermos isto, tendes aparentemente ganho a partida, mas de fato nada dissestes, pois cometestes uma simples tautologia" (A 597, B 625).

85. Kant expõe, na *Crítica*, o motivo pelo qual o princípio analítico é tautológico: "[p]ergunto-vos: A proposição *esta ou aquela coisa* (que vos concedo como possível, seja qual for) *existe*, será uma proposição analítica ou sintética? Se é analítica, a existência da coisa nada acrescenta ao vosso pensamento dessa coisa e, então, ou o pensamento dessa coisa que está em vós deveria ser a própria coisa ou supusestes uma existência como pertencente à possibilidade e concluístes, supostamente, a existência a partir da possibilidade interna, o que é uma mísera tautologia" (A 597, B 625).

86. Frente a Leibniz, Kant conclui: "[n]ão se lhe pode contestar o caráter analítico da possibilidade, que consiste no fato de as simples posições (realidades) não suscitarem contradição; porém, a ligação de todas as propriedades reais numa coisa é uma síntese, acerca de cuja possibilidade não podemos ajuizar *a priori*, porque as realidades não são dadas especificamente e, se o fossem, não se verificaria em parte alguma um juízo, porque o caráter da possibilidade de conhecimentos sintéticos tem de ser procurado sempre apenas na experiência, a que não pode pertencer o objeto

modo algum se prova se, na coisa mesma, [1025] um predicado suprime ou não o outro! Pois, por meio do princípio de não contradição, eu não posso conhecer a síntese do predicado no objeto. Para isso se faz necessário, antes, um discernimento [Einsicht] na constituição e na extensão de todos os predicados em relação a todos os seus efeitos. Portanto, se eu me comprometo a provar a possibilidade de um *ens realissimum*, isto é, a possibilidade da síntese de todos os predicados em um objeto, pretendo poder provar, com certeza apodítica, por meio de minha razão *a priori*, que as perfeições [57] podem se unir em um tronco e ser derivadas de um princípio. Mas isso ultrapassa o discernimento possível de toda razão humana. De onde posso derivar esse conhecimento? Do mundo? Bem, mas no mundo só encontro as realidades distribuídas entre objetos. Por exemplo, em um ser humano, encontro muitas capacidades intelectuais, mas uma certa incapacidade de tomar decisões [Unentschlossenheit]. Por outro lado, encontro em outro ser humano uma grande vivacidade de afecções, mas só conhecimentos [Einsichten] medíocres. Nos animais, observo uma surpreendente fecundidade na propagação, mas nenhuma razão. No homem, encontro razão, mas uma fecundidade bem menor. Em suma, vejo aqui que, se uma realidade tem lugar em um objeto, outra realidade não está nele. Ora, obviamente, não posso inferir aqui que uma realidade é suprimida por outra e que, por exemplo, seja impossível que um homem reúna em si toda realidade de que um ser humano é capaz. Mas, por outro lado, também não sou capaz de compreender, no fim das contas, como um ser humano perfeito desse tipo é possível, pois não posso conhecer, através da síntese (composição) de todas as realidades humanas, se o efeito de uma perfeição contradiz ou não o efeito de outra perfeição! Para entender isso, eu teria de conhecer todos os efeitos possíveis de todas as realidades do ser humano e sua relação recíproca. Mas eu não sou capaz disso, porque percebo, em uma pessoa, só [58] realidades particulares e, com efeito, também só os efeitos dessas realidades particulares, mas não todos os efeitos possíveis de uma síntese de todas as realidades humanas. Aplicando isso a Deus, tenho de admitir ainda mais a minha incapacidade de compreender como uma síntese

---

de uma ideia assim. O famoso Leibniz não realizou aquilo de que se ufanava: ter conseguido, como pretendia, conhecer *a priori* a possibilidade de um ser ideal tão elevado" (A 602, B 630).

de todas as possíveis realidades é possível em vista de todos os seus efeitos. Pois, como minha razão pretenderia conhecer como todas as realidades supremas atuam, quais efeitos surgem delas e qual relação todas essas realidades devem ter? Eu teria [1026] de ser capaz de conhecer isso caso quisesse compreender se é possível que todas as realidades possam estar reunidas juntas em um objeto e, portanto, como Deus é possível.

Mas, por outro lado, também é impossível para toda razão humana alguma vez provar que uma composição de todas as perfeições é *impossível* em uma coisa. Para isso seria necessário mais uma vez um discernimento na extensão de todos os efeitos no todo da realidade, posto que os mesmos fundamentos, por meio dos quais salta aos nossos olhos a incapacidade da razão humana em vista da afirmação da existência de tal Ser, torna-se necessariamente suficiente para provar a inviabilidade de toda afirmação contrária. Em suma, é impossível provar que Deus é impossível. Ao contrário, a razão também não me coloca nenhum empecilho no caminho de aceitar a possibilidade de um Deus, se me [59] sinto obrigado a aceitar isso de alguma outra maneira. Ela mesma não está em condições de provar, independentemente de toda experiência, tal possibilidade com certeza apodítica (e as provas *a priori* devem todas ter certeza apodítica em geral; caso contrário, de modo algum são provas), pois para isso é necessário um discernimento que ultrapassa em muito os limites da capacidade racional humana. Mas, segue precisamente dessa incapacidade de minha razão a impossibilidade de provar alguma vez que um Ser perfeitíssimo não é possível. E então cai por terra o edifício do ateu dogmático. Pois se ele quisesse negar a existência de Deus e afirmar absolutamente que Deus não existe, antes de tudo teria de demonstrar a impossibilidade de Deus. Mas aqui sua razão o abandona e tudo o que ele apresenta, em contrapartida, é absurdo [Ungereimtheit] e disparate [Unsinn]. Partindo de tudo isso, vemos, portanto, que a razão humana não pode provar *a priori* nem a possibilidade e nem a impossibilidade de um Deus, porque lhe falta, para tanto, o discernimento necessário na extensão de todas as realidades e dos seus efeitos, mas que também nem o menor empecilho fica em nosso caminho de aceitar a possibilidade de um Deus, caso tenhamos encontrado, por outro caminho, fundamentos convincentes para isso.

Do mesmo modo que refutamos o ateu dogmático e rejeitamos suas presunçosas afirmações da não existência de Deus antes mesmo de termos provado a existência de Deus, podemos também [60] tornar infrutuosos todos os ataques dos ateus céticos mesmo sem uma prova precedente da existência do Ser mais perfeito. Pois, uma vez que, para nossa satisfação, a razão especulativa não pode provar a existência de Deus, o ateu dogmático duvida também que haja qualquer prova dessa existência e, justamente por isso, duvida [1027] igualmente da existência mesma de Deus. Ora, podemos refutá-lo por meio do fato de que, ao admitirmos junto com ele a insuficiência de todas as provas especulativas da existência de Deus como um *ens realissimus*, sentimo-nos, por conseguinte, mais convictos, *através de fundamentos práticos mais profundos, de que deve haver um Deus*. Temos de admitir um Deus e acreditar nele sem que a razão deva se aventurar a admitir sua possibilidade e sua existência *a priori*.

A prova ontológica da existência de um Deus é tomada, além disso, do conceito de um *ens realissimum*. A saber, inferimos: um *ens realissimum* é aquele tal que contêm em si todas as realidades. Ademais, a existência também é uma realidade. Logo, o *ens realissimum* tem de existir necessariamente. Por isso, se alguém afirma que Deus não existe, nega dessa forma algo no predicado que, contudo, já se encontra no sujeito. Com efeito, haveria uma contradição aqui. Devido à sua grande simplicidade, essa prova suscita, de imediato, uma suspeita não infundada. Queremos deixar correr a crítica a essa prova para [61] ver se ela se sustenta. Tudo nessa prova depende, incontestavelmente, do fato de que a existência de uma coisa seja, deveras, uma de suas realidades. Mas, pelo fato de existir, uma coisa ainda não é, em e por si, mais perfeita. Ela não contém, por isso, nenhum novo predicado, mas, ao contrário, é posicionada de tal maneira com todos os seus predicados. A coisa já era tão completa em meu conceito, quando a pensei como meramente possível, quanto depois, quando ela realmente passou a existir. Pois, de outro modo, se a existência fosse uma realidade particular nas coisas, a coisa não seria a mesma que pensei antes, mas existiria nela algo mais do que aquilo que se encontrava no conceito do objeto. *Ser* não é, portanto, um predicado real, isto é, um conceito de algo que poderia ser acrescentado ao conceito de uma coisa para torná-la ainda mais perfeita. É meramente a posição de uma coisa ou de certas determinações em si mesmas[87]. Em sentido lógico é tão somente a cópula de um juízo. A proposição "Deus é onipotente" contém conceitos puros que tem como seus objetos Deus e a onipotência. A palavrinha "é" ainda não é um predicado adicional, mas apenas o que coloca o predicado (onipotente) em relação com o sujeito (Deus). Ora, se assumo o sujeito (Deus) junto com todos os [1028] seus predicados (entre os quais está incluído a onipotência) e digo "Deus é" ou "há um Deus", não acrescento nenhum novo predicado ao conceito de Deus, [62] mas apenas posiciono o sujeito em si com todos os seus predicados e, decerto, o objeto em relação ao meu conceito. Ambos, o objeto e o conceito, devem conter exatamente a mesma coisa e por isso nada pode ser acrescentado ao conceito – o qual expressa meramente a possibilidade – pelo fato de que penso aquele objeto como dado absolutamente (por meio da expressão: ele é). E assim o efetivamente real [Das Wirkliche] não contém nada mais do que o meramente possível: uma centena de táleres efetivamente reais não contém o mínimo a mais do que uma centena de possíveis táleres. Pois, uma vez que estes táleres possíveis significam o conceito e aqueles táleres reais significam o objeto e sua posição em si mesma, então no caso em que o último – a saber, o objeto – contivesse mais do que o primeiro – a saber, o conceito –, meu conceito não expressaria o objeto por inteiro e, portanto, também não seria o conceito adequado dele. Pois, em sua realidade, o objeto não está contido analiticamente em meu conceito, mas é acrescentado sinteticamente a ele (que é uma determinação de meu estado) sem que, dessa forma, este ser exterior ao meu conceito aumente minimamente o meu conceito desses cem táleres pensados[88]. Nosso conceito de um objeto pode conter o que e o quanto for; temos contudo de ir além dele para conceder

---

87. Justamente a questão comentada na nota 40 discutida respectivamente em *O único argumento possível para uma demonstração da existência de Deus* (AA, II: 72-73) e na *Crítica da razão pura* (A 598, B 626).
88. Em paralelo à *Crítica da razão pura*, podemos ler: "[c]em táleres reais não contêm mais do que cem táleres possíveis. Pois que se os táleres possíveis significam o conceito e os táleres reais o objeto e a sua posição em si mesma, se este contivesse mais do que aquele, o meu conceito não exprimiria o objeto inteiro e não seria, portanto, o seu conceito adequado. Mas, para o estado das minhas posses, há mais em cem táleres reais do que em seu simples conceito (isto é, em sua possibilidade). Porque, na realidade, o objeto não está meramente contido, analiticamente, em meu conceito, mas é sinteticamente acrescentado ao meu conceito (que é uma determinação do meu estado), sem que por essa existência exterior ao meu conceito os cem táleres pensados sofram o mínimo aumento" (A 599, B 627).

existência [Existenz] ao objeto. Se penso todas as realidades em uma coisa com exceção de uma, a realidade faltante não é acrescentada a ela se eu disser [63] que essa coisa deficiente existe, mas a coisa continua a existir com a mesma deficiência que eu pensei nela, pois, de outro modo, existiria algo diferente do que pensei. Ora, se penso um Ser enquanto realidade suprema (sem deficiência), ainda fica a questão se tal Ser existe ou não existe, pois, enquanto um ideal, ele está determinado tão completamente como se fosse um objeto real. Daí vemos como é precipitada a conclusão de que em toda realidade também está compreendida a existência [Dasein] e, portanto, que a existência já se encontra no conceito de uma coisa possível. E assim cai por terra toda a argumentação de que do conceito de um *ens realissimus* segue necessariamente sua existência.

A prova cosmológica sustenta a conexão da necessidade absoluta com a realidade suprema, mas ao invés de inferir a necessidade da existência a partir da realidade suprema, infere, ao contrário, a partir de uma necessidade incondicionada anteriormente dada de algum ser, a sua realidade ilimitada. Leibniz e depois Wolff chamaram essa [1029] prova de *a contingentia mundi*[89]. Ela diz que se algo existe, deve também existir um Ser absolutamente necessário. Entretanto, se eu mesmo existo, ao menos, então existe um ser absolutamente necessário. A premissa menor contém uma experiência e a maior uma conclusão a partir de uma experiência. Essa conclusão está baseada na lei natural da causalidade, que diz que todo contingente tem uma causa, que se algo é contingente tem de ter, da mesma forma, uma causa, até que esta série de coisas subordinadas umas às outras termine em uma causa necessária sem a qual esta série não estaria completa. Pois um *regressus in infinitum*, uma série de efeitos sem uma última causa, é absurdo. Tudo o que existe só pode existir de uma dessas duas maneiras: *contingentemente* ou *necessariamente*. O contingente deve ter, em alguma parte, uma causa do motivo pelo qual existe assim e não de outra maneira. Ora, eu e um mundo em geral existimos de modo contingente, logo deve haver uma causa absolutamente necessária como causa pela qual eu sou assim e não de outra maneira. Portanto, a prova realmente começa de uma experiência, não

---

89. A partir da contingência do mundo.

sendo conduzida completamente *a priori* ou ontologicamente. E como o objeto de toda experiência possível chama-se *mundo*, ela é denominada *prova cosmológica*. Mas visto que essa prova também se abstrai de todo atributo particular dos objetos da experiência, atributo pelo qual se diferencia este mundo de outro possível, fundando-se apenas na experiência de um mundo geral sem levar em conta a sua constituição, então, em sua denominação, ela já é distinta da prova fisicoteleológica que emprega, como fundamentos da prova [Beweisgründen], a observação da constituição *particular* de nosso mundo sensível [65]. Além disso, a prova cosmológica infere, a partir da existência de um Ser absolutamente necessário, que este Ser deve ser, ao mesmo tempo, um *ens realissimum*. A inferência diz então que este Ser necessário só pode ser determinado de uma única maneira: isto é, em relação *a* todos os possíveis *praedicata contradictorie opposita*[90], tem de ser determinado sempre por apenas um desses predicados opostos. Consequentemente, tem de ser determinado completamente por meio de seu conceito. Ora, só é possível um único conceito de uma coisa que a determine completamente *a priori*, a saber, o do *ens realissimus*, uma vez que, entre todos os possíveis *praedicatas contradictorie opposita*, só a [1030] realidade [das Reale] lhe convém. Portanto, o conceito do Ser realíssimo é o único conceito por meio do qual um ser necessário pode ser pensado. Isto é, existe um *ens realissimum* de maneira necessária.

Esta prova cosmológica apoia-se na experiência e aparenta, desse modo, dar os passos para chegar à existência de um Ser necessário em geral. Mas o conceito empírico jamais pode nos ensinar o que este Ser possui como atributos. Em vez disso, nesse ponto, a razão se despede completamente dele e investiga somente entre conceitos puros. Isto é, se pergunto o que um Ser absolutamente necessário deve ter como atributos em geral, a resposta é: aqueles atributos a partir dos quais [66] decorre a necessidade absoluta. Nesse sentido, a razão acredita encontrar os *requisita* exigidos para uma necessidade absoluta única e exclusivamente no conceito de um Ser realíssimo e infere disso: o Ser absolutamente necessário é o Ser realíssimo. Mas como a razão poderia inferir isso sem *pressupor* antes que o

---

90. Predicados contraditórios opostos.

conceito de um Ser de realidade suprema satisfaz completamente ao conceito de uma necessidade absoluta da existência! O que isso significa, no entanto, senão que é possível inferir, a partir da realidade suprema, a necessidade real absoluta? Trata-se da proposição afirmada pelo argumento ontológico que é, portanto, assumida e tomada como fundamento no conceito cosmológico, muito embora tenha se tentado, contudo, evitá-la[91]. Uma vez que, a partir do conceito da realidade suprema, falhamos em provar a existência absolutamente necessária do objeto correspondente a essa ideia, também falhamos, agora ao contrário, em demonstrar, a partir da necessidade absoluta de uma coisa, sua realidade suprema. Pois a necessidade absoluta é uma existência a partir de meros conceitos. Ora, se digo que o conceito de um *ens realissimus* é um conceito tal e, decerto, o único conceito conveniente e adequado à existência necessária, tenho também de reconhecer que a existência pode ser inferida a partir dele, ou seja, inferida do conceito de um ser realíssimo. Portanto, *realmente é apenas a prova ontológica* por puros [lauter] conceitos que contém valor probatório na chamada prova cosmológica [67] e *a pretensa experiência é totalmente supérflua,* servindo talvez apenas para nos conduzir ao conceito da necessidade absoluta, mas não para demonstrar esse conceito em qualquer coisa determinada. Pois tão logo temos esse propósito, devemos abandonar imediatamente [1031] toda experiência e buscar, entre conceitos puros [reinen], qual deles contém as condições de possibilidade de um Ser absolutamente necessário. Se, por conseguinte, fosse correta a proposição "todo ser absoluto é um ser realíssimo", ela também deveria poder ser invertida, como todos os juízos afirmativos, a saber: *todo ser realíssimo é um ser necessário.* Uma vez que essa proposição é determinada *a priori* meramente por seus conceitos, o mero conceito de *ens rea-*

---

91. Kant reafirma aqui sua posição da *Crítica da razão pura* de que a prova cosmológica baseia-se na prova ontológica: "[p]ortanto, na chamada prova cosmológica, só a prova ontológica a partir de puros conceitos contém propriamente toda a força demonstrativa e a suposta experiência é totalmente inútil, servindo talvez somente para nos conduzir ao conceito de necessidade absoluta, mas não para nos mostrar essa necessidade em qualquer coisa determinada. Com efeito, sendo esta a nossa intenção, temos de abandonar toda a experiência e procurar entre conceitos puros qual deles contém as condições da possibilidade de um ser absolutamente necessário. Mas, desse modo, basta compreender-se a possibilidade de tal ser para logo se demonstrar a sua existência; o mesmo é dizer que entre todo o possível há um ser que tem implícita a necessidade absoluta, isto é, que este ser existe de modo absolutamente necessário" (A 608-607, B 636-635).

lissimus também tem de carregar em si a necessidade absoluta de tal, algo que, no entanto, foi afirmado pela prova ontológica, mas a prova cosmológica não quis reconhecer, embora as inferências da prova ontológica estejam subjacentes à cosmológica mesmo que ocultamente.

Mas que tipos de conceitos formamos de um ser – ou coisa – absolutamente necessário? Em todas as épocas tem se falado de um Ser absolutamente necessário, mas não se tem feito esforço para compreender se é possível e como é possível pensar uma coisa dessa espécie, tanto quanto, ao contrário, para provar a sua existência[92]. Decerto, é muito fácil dar uma definição nominal desse conceito, a saber, que é algo cuja inexistência é impossível. Mas, dessa forma, [68] não nos tornamos mais cientes[93] em vista das condições que tornam impossível a não existência de tal coisa[94]. Pois, como a não existência de uma coisa é impossível, é algo que o entendimento humano, que só tem um conceito de impossibilidade através da contradição, de modo algum pode compreender. Para toda contradição são exigidas necessariamente duas coisas, pois uma única coisa não pode se contradizer. Portanto, também nunca pode haver uma contradição por uma coisa não existir e, com efeito, por um *ens realissimum* não existir. Para esclarecer a necessidade absoluta do *ens realissimum*, Wolff tomou um exemplo da necessidade absoluta partindo do fato de que é absolutamente necessário que um triângulo tenha três ângulos. Mas a necessidade absoluta desse juízo é tão somente uma necessidade condicionada da coisa ou do predicado no juízo. A proposição em questão não disse que os três ângulos são absolutamente necessários, mas que, *sob a condição* de que um triângulo exista (que é dado), também existem necessariamente com ele os três ângulos. Se suprimo o predicado em um juízo de identidade[95]

---

92. Em paralelo à *Crítica*, vemos escrito: "[e]m todos os tempos se falou do ser *absolutamente necessário*, mas envidaram-se mais esforços para provar sua existência do que para compreender como se poderá, e até mesmo se se poderá, pensar uma coisa dessa espécie" (A 592, B 620).
93. Literalmente, "mais sábios [klüger]".
94. Podemos ler, da mesma forma, na *Crítica da razão pura*: "[o]ra, é muito fácil dar uma definição nominal do que seja este conceito, dizendo que é algo cuja não existência é impossível; mas nem por isso ficamos mais cientes das condições que tornam impossível considerar a não existência de uma coisa como absolutamente impensável e que são, na verdade, aquilo que se pretende saber, isto é, se através desse conceito pensamos ou não em geral qualquer coisa" (A 593, B 621).
95. "Juízo ideal [idealischen Urtheil]" no original.

e conservo o sujeito, surge uma contradição. Por exemplo, pôr um triângulo e, contudo, suprimir os seus três ângulos, é contraditório. Por isso digo que este predicado convém ao sujeito de modo necessário. Mas se suprimo o sujeito junto [1032] com o predicado, não surge nenhuma contradição, pois não há nada [69] mais que poderia ser contradito. Não há, por exemplo, nenhuma contradição em suprimir o triângulo junto com os três ângulos. Isto é precisamente o que acontece com o conceito de um Ser absolutamente necessário[96]. Se suprimo a sua existência, suprimo a coisa mesma com todos os seus predicados. Dessa forma, de onde deveria provir a contradição? Externamente não há nada que se contradiria, pois a coisa não é para ser externamente necessária. Internamente também não, pois, mediante a supressão da coisa mesma, eu suprimi, ao mesmo tempo, tudo que é interno.

Exemplo: Deus é onipotente. Este é um juízo necessário. A onipotência não pode ser suprimida se ponho uma divindade a cujo conceito este predicado é idêntico. Nesse caso tenho, portanto, uma necessidade lógica incondicionada. Ora, mas o que haveria de ser uma necessidade real absoluta? Ela consistiria no fato de que é absolutamente necessário que tem de haver um Deus. Mas se digo: "Deus não existe", então não estão dados a onipresença e nem qualquer outro de seus predicados, pois eles todos são suprimidos juntos com o objeto e, nesse pensamento, não se mostra a menor contradição. Dessa forma, assim como não pode surgir uma contradição interna se suprimo o predicado de um juízo junto com o objeto, seja qual for o predicado, tampouco posso formar o menor conceito de uma coisa que [70] deixaria para trás uma contradição se fosse suprimida junto com todos os seus predicados. E, sem a contradição, não tenho *a priori*, mediante meros conceitos puros, quaisquer notas da impossibilidade. Dessa forma, nesse caso, é possível que Deus não exista. Não custa nada à razão especulativa suprimir a existência de

---

96. Contra o exemplo cartesiano, aqui atribuído a Wolff, lemos na *Crítica da razão pura*: "[s]e em um juízo idêntico suprimo o predicado e mantenho o sujeito, resulta uma contradição e é por isso que digo que esse predicado convém necessariamente ao sujeito. Mas se suprimir o sujeito, juntamente com o predicado, não surge nenhuma contradição; porque não há *mais nada* com que possa haver contradição. Pôr um triângulo e suprimir os seus três ângulos é contraditório; mas anular o triângulo, juntamente com os seus três ângulos, não é contraditório. O mesmo se passa com o conceito de um Ser absolutamente necessário" (A 594-595, B 622-623).

Deus em pensamento. Toda tarefa do ideal transcendental depende ou de encontrar um conceito para a necessidade absoluta ou de encontrar a necessidade absoluta para o conceito de alguma coisa. Se um é possível, tem de ser possível o outro, uma vez que a razão só reconhece, como absolutamente necessário, aquilo que é necessário a partir de seu próprio conceito. Mas ambas as coisas ultrapassam completamente todos os esforços de satisfazer nosso entendimento em relação a esse ponto, e, ao mesmo tempo, todas as tentativas de tranquilizá-lo devido a essa incapacidade. A necessidade absoluta que precisamos, de maneira tão indispensável, como fundamento de todas as coisas, é o [1033] verdadeiro abismo para a razão humana. Mesmo a eternidade, como retratada por um Haller[97], por mais tremendamente sublime que possa ser, não produz no ânimo uma impressão tão vertiginosa, pois ela apenas mede a duração das coisas, mas não as sustenta. Não se pode evitar e tampouco suportar o pensamento de que um Ser, o qual representamos como o supremo entre todos os possíveis, diga a si mesmo: "Eu existo de eternidade à eternidade e nada existe, além de mim, [71] sem que seja através de minha vontade, *mas de onde então eu venho?*" Aqui tudo afunda sob nossos pés e tanto a maior quanto a menor perfeição pairam sem qualquer suporte diante da razão especulativa, não custando nada à razão deixar, sem o menor impedimento, tanto uma quanto a outra desaparecerem. Em suma, a necessidade absoluta de uma coisa permanece por toda a eternidade um problema insolúvel para o entendimento humano.

---

97. Victor Albrecht von Haller (1708-1777), discípulo de Herman Boerhaave, foi um fisiologista, médico e poeta suíço. É considerado por muitos como o pai da fisiologia moderna. Trata-se aqui de uma provável referência a seu *Poema incompleto sobre a eternidade* [Unvollkommenes Gedicht über Ewisgkeit] de 1736. Encontramos, do mesmo modo, uma referência a Haller no ensaio kantiano *Sobre o fim de todas as coisas*: "[t]em em si esta ideia [de eternidade] algo de horrendo porque leva, por assim dizer, à beira de um abismo do qual, para quem nele se despenha, nenhum retomo é possível ("No implacável lugar, que nada atrás deixa volver, com fortes braços o segura a eternidade" – Haller); e, no entanto, este pensamento tem também algo de atraente, pois não se pode deixar de para ele dirigir sempre o olhar aterrado [...]. É o sublime terrível, em parte pela sua obscuridade, em que a imaginação costuma agir com maior poder do que na claridade da luz" (AA, VIII: 327). Também lemos, em paralelo, na *Crítica da razão pura*: "[a] própria eternidade, por mais terrivelmente sublime que um Haller a possa descrever, está longe de provocar no espírito essa impressão de vertigem, porquanto apenas *mede a* duração das coisas, mas não as *sustenta*" (A 613, B 641).

Até agora, estamos seguindo Eberhard[98] em sua *Preparação para a teologia natural*. Ora, mas considerando que ele passa em seguida para a prova fisicoteológica, parece-nos mais sistemático não fazer isso agora, porém, depois de ter apresentado o conceito e as provas da existência de um Ser supremo pela razão pura, avançar doravante para os seus *predicados ontológicos* de modo a termos a teologia transcendental em conexão com Ele. Primeiro, a *possibilidade* de um Deus, que ninguém pode negar, mas tampouco provar, é aqui levada em consideração, pois o conhecimento disso ultrapassa toda razão humana. A realidade objetiva da síntese por meio da qual este conceito é produzido baseia-se, como já foi mostrado, em princípios de toda experiência possível, pois entendemos por experiência precisamente a soma total de todos os objetos dos sentidos. Como posso, dessa forma, discernir *a priori* a possibilidade dessa coisa sem que possa perceber a síntese dos seus predicados? [72] Meu conceito é sempre possível se ele não se contradiz. Mas esse princípio fundamental [Grundsatz] da análise (o princípio [Satz] da contradição) é apenas a nota lógica da possibilidade, por meio da qual seu objeto é distinguido do *nihil negativo*![99] Ora, como posso inferir da possibilidade do conceito (lógico) imediatamente a possibilidade da coisa (real)? Passamos agora à prova de que o *ens realissimum* é também ao mesmo tempo o *ens entium*, ou, como expressamos anteriormente, de que o Ser perfeitíssimo contém em si o fundamento da possibilidade de todas as outras [1034] coisas. Já demonstramos isso pelo fato de que todas as coisas, como *partim realia, partim negativa*, pressupõem um ser que contém todas as realidades em si e que tem de ter constituído essas coisas através da limitação de suas realidades, pois, caso contrário, de modo algum poderíamos pensar de onde vem então tanto o real quanto o negativo nas coisas. Pois mesmo a negação sempre pressupõe uma realidade por cuja

---

98. Johann Augustus Eberhard (1739-1809) foi um teólogo e filósofo alemão escolástico. Foi professor em Halle e teve como um de seus alunos o proeminente filósofo teólogo Friederich Schleiermacher. Como editor dos periódicos *Philosophisches Magazin* (1788-1792) e *Philosophisches Archiv* (1792-1795), Eberhard foi um crítico de Kant, argumentando, em alguns artigos publicados, que a obra kantiana era em grande medida derivada da de Leibniz. A resposta kantiana a Eberhard é dada em um artigo de 1790 intitulado *Sobre a descoberta segundo a qual toda nova crítica da razão pura tem sido feita dispensável por uma crítica mais antiga* (AA, VIII: 185).
99. Nada negativo.

limitação ela surgiu. Precisamente nesse ponto descansa o único fundamento de prova [Beweisgrund] possível de minha demonstração da existência de Deus, que foi debatido em mais detalhes em um escrito publicado por mim alguns anos atrás[100]. Aqui é mostrado que, entre todas as provas possíveis, esta é a única que ainda nos garante uma maior satisfação, posto que, se suprimirmos tal Ser, é suprimido, ao mesmo tempo, o substrato da possibilidade [73] de todas as coisas. Contudo, mesmo essa prova não é apoditicamente certa, pois ela não é capaz de demonstrar a necessidade objetiva de tal Ser originário, mas apenas de admitir a necessidade subjetiva. No entanto, de modo algum ela pode ser rejeitada porque tem seu fundamento na natureza da razão humana, visto que esta me necessita [nöthiget] completamente a aceitar um Ser que é o fundamento de toda possibilidade, uma vez que, de outro modo, eu não poderia conhecer, em parte alguma, como algo é possível. Do fato de que o Ser supremo é, ao mesmo tempo, um Ser originário, a partir do qual deve ser derivada a essência de todas as coisas, resulta que a ordem, a beleza, a harmonia e a unidade que encontramos nas coisas nem sempre são algo contingente, mas, ao contrário, podem ser necessariamente inerentes à própria essência dessas coisas. Se, por exemplo, vemos que nossa Terra é achatada nos polos, enquanto

---

100. Em seu escrito de 1763, *O único argumento possível para uma demonstração da existência de Deus*, Kant toma como ponto de partida a análise do conceito de possibilidade para sustentar um argumento a favor da existência de Deus. Segundo Kant, algo é possível somente se é pensável e não contraditório. Dessa forma, a *possibilidade* descansa, particularmente, na relação existente entre o elemento material e o formal, ou seja, respectivamente os dados pensáveis e a não contradição lógica da coisa. Assim, "um triângulo, que tem um ângulo reto, é em si mesmo possível. Tanto o triângulo quanto o ângulo reto são os dados ou o elemento material nesta coisa possível; no entanto, a concordância de um com outro, de acordo com a lei da contradição, é o elemento formal da possibilidade" (AA, II: 77). Pode-se afirmar que algo "que é em si autocontraditório é absolutamente impossível" (AA, II: 79) e, do mesmo modo, que na ausência de dados materiais nada pode ser pensado (AA, II: 78). Ora, se nada existisse, então, não poderia haver qualquer dado material na mente (AA, II: 78). Mas como sabemos que algo é possível, logo, algo deve existir. Como aceitamos a *possibilidade*, com efeito, devemos aceitar que "é absolutamente *impossível* que nada exista". A negação da *possibilidade* é impossível (AA, II: 79). Se realmente é impossível que nada exista, então nem tudo que existe deve ser considerado algo contingente, pois, se assim fosse, as coisas poderiam ou não poderiam existir. Portanto, "toda possibilidade pressupõe algo real, no qual e através do qual é dado tudo o que é pensável. Portanto, existe uma realidade cuja supressão suprimiria toda possibilidade interna em geral. Porém, aquilo cuja supressão ou negação erradica toda possibilidade é absolutamente necessário. Logo, algo existe de forma absolutamente necessária [...]" (AA, II: 83-84). Para comentário, cf. SCHÖNFELD. *The Philosophy of the Young Kant* (2000); CUNHA. *A gênese da ética de Kant* (2017).

que, entre os trópicos e o equador, ela é abaulada, isso é resultado da necessidade de sua natureza, a saber, do equilíbrio da massa da terra, fluída nos tempos primordiais. Por isso, Newton já poderia, de maneira confiável, provar *a priori* e antes de toda experiência, mesmo antes que os astrônomos tivessem medido essa elevação da terra sob o equador, o formato terrestre partindo meramente do fato de que ela deve ter sido fluída nos tempos primordiais. Ora, mas o achatamento da forma esférica da Terra tem sua grande vantagem posto que, dessa forma, isso impede que as saliências da terra firme ou mesmo [74] as montanhas menores, levantadas provavelmente por meio de terremotos, desloquem continua e consideravelmente o eixo da Terra em um período de tempo não muito longo. Pois a protuberância da terra no equador é uma montanha tão enorme que o empuxo de qualquer outra montanha [1035] nunca vai ou poderá alterar significativamente a posição da Terra em relação ao seu eixo[101]. Por mais sábio que essa instituição[102] [Anstalt] seja, não posso, contudo, derivá-la imediatamente da vontade de Deus, como algo contingente, mas, tal como foi efetivamente mostrado aqui, devo considerá-la como uma necessidade da natureza da Terra[103]. Deus não perde nada em sua majestade como autor do mundo dessa forma, pois, uma vez que ele é o Ser originário de cuja essência é derivada a natureza de

---

101. Kant apresenta basicamente a mesma explicação em uma nota de rodapé na *Crítica da razão pura*: "[a] vantagem que resulta da forma esférica da Terra é bastante conhecida; mas poucos sabem que só o seu achatamento, tornando-a semelhante a um esferoide, é que impede as saliências do continente ou também das mais pequenas montanhas, elevadas possivelmente por um terremoto, de deslocar contínua e consideravelmente, em assaz pouco tempo, o eixo da Terra. A protuberância da terra no equador, porém, forma uma montanha tão grande que o impulso de qualquer outra montanha jamais lhe poderá deslocar perceptivelmente a posição com respeito ao eixo. E, contudo, não se hesita em explicar esta sábia disposição pelo equilíbrio da massa terrestre, outrora fluída" (A 688, B 716).
102. Lemos nas versões em língua inglesa, espanhola e francesa, respectivamente, "*arrangement*", "*disposition*" e "*organisation*".
103. Pode-se reconhecer aqui, tanto como na *Crítica da razão pura*, o papel importante do juízo teleológico, enquanto princípio regulador, em relação às nossas inferências sobre a natureza: "[c]om efeito, um tal princípio [de conformidade a fins] abre à nossa razão, aplicada ao campo das experiências, perspectivas totalmente novas de ligar as coisas do mundo segundo leis teleológicas e, desse modo, alcançar a máxima unidade sistemática. O pressuposto de uma inteligência suprema, como causa absolutamente única do universo, embora simplesmente na ideia, pode sempre ser benéfico à razão e nunca lhe seria prejudicial. Pois se relativamente à configuração da Terra (redonda embora um tanto achatada) e a das montanhas e dos mares, pressupomos sábias finalidades de um criador supremo, podemos fazer uma série de descobertas segundo essa via" (A 687, B 715).

todas as coisas, há também essa ordenação [Einrichtung] na natureza segundo a qual uma instituição desse tipo é necessária, derivada de sua essência, mas não de sua vontade, pois, de outro modo, Ele seria um mero arquiteto, mas não o Criador do mundo. Só o contingente nas coisas pode ser derivado da vontade de Deus e de suas disposições arbitrárias[104]. Ora, mas uma vez que todo contingente se encontra na *forma* das coisas, com efeito, só a forma das coisas pode ser derivada da vontade de Deus. Nesse caminho, no entanto, não tornamos as coisas em si independentes de Deus, nem de modo algum as subtraímos ao seu poder supremo. Pois ao considerarmos Deus, como o *ens originarium*, que contêm o fundamento de todas [75] as coisas possíveis, derivamos do ser divino a matéria, na qual se encontra o real em si. Dessa forma, fazemos então a essência das coisas mesmas derivadas de Deus, a saber, de sua essência. De modo algum podemos pensar, pois, como uma vontade divina particular pode ser necessária para que uma coisa produza certos efeitos que seguem necessariamente de sua natureza, por exemplo, como pode ser necessária uma vontade divina particular para que um corpo fluído, ao girar ao redor de seu eixo, adquira um formato esferoide, pois isso é, por certo, um efeito necessário da própria natureza do corpo! Se quiséssemos, portanto, derivar tudo da vontade divina tornaríamos, dessa forma, aquilo que é necessariamente inerente à natureza da coisa independente do próprio Deus. Só reconheceríamos um autor do contingente, isto é, da *forma das coisas*, mas não da matéria, o aspecto necessário na essência das coisas mesmas. Por isso, se essas leis necessárias e arranjos [Einrichtungen] na natureza, que decorrem da essência das coisas mesmas, têm de depender de Deus (e devem depender, porque, de outra maneira, não estamos em condições de indicar, em parte alguma, um fundamento de sua possibilidade), não podem ser derivadas de outra maneira senão de sua essência originária.

De tudo que, até aqui, tem sido proferido a favor da existência de Deus a partir da razão pura, vemos que estamos autorizados a admitir e pressupor um *ens originarium* que é, ao mesmo tempo,

---

[104]. Um claro posicionamento contra o voluntarismo teológico. Para comentários, cf. CUNHA. "Wolff e Kant sobre obrigação e lei natural". In: *Transformação*, vol. 38, n. 3 (2015). CUNHA. *A gênese da ética de Kant* (2017). Cf. tb. SCHNEEWIND. *A invenção da autonomia* (2001).

ens [1036] *realissimum* como uma hipótese transcendental necessária [76]. Pois um ser que contém os *data*[105] de toda possibilidade e cuja supressão revoga, simultaneamente, toda possibilidade, é um Ser originário realíssimo que, precisamente por sua relação com a possibilidade de todas as coisas, é uma pressuposição necessária. Pois para além do conceito lógico da necessidade de uma coisa – segundo o qual se chama absolutamente necessária aquela coisa cujo não ser seria uma contradição e, com efeito, impossível –, temos ainda em nossa razão outro conceito de uma necessidade real, no qual uma coisa é *eo ipso* necessária porque seu não ser suprime toda possibilidade. Em sentido lógico, decerto, a possibilidade lógica sempre antecede a realidade efetiva e, nesse caso, posso pensar a possibilidade de uma coisa sem a realidade efetiva. Mas não temos *realiter*[106] nenhum conceito da possibilidade senão pela existência e em toda possibilidade que pensamos *realiter*, pressupomos – se não a realidade efetiva da coisa mesma – sempre uma existência, uma realidade em geral que contém os *data* de toda a possibilidade. Portanto, uma vez que todas as possibilidades sempre pressupõem algo efetivamente dado, posto que, se tudo fosse meramente possível, a possibilidade mesma não teria nenhum fundamento, com efeito, este fundamento da possibilidade mesma não deve ser dado apenas como possível, mas também como real. Mas é bom observar que, dessa forma, é demonstrada meramente a necessidade subjetiva de tal Ser. Isto é, nossa razão especulativa se vê necessitada [genöthiget] a pressupô-lo necessariamente se ela quer discernir em geral *porque* algo é possível, embora, de modo algum, a necessidade objetiva dessa coisa possa ser demonstrada. Pois aqui a razão deve reconhecer a sua fraqueza de elevar-se por cima dos limites de toda experiência possível. E na medida em que ela ousa ainda prosseguir seu voo por aí, precipita-se em um redemoinho estrondoso e em um turbilhão marinho que a lança em um abismo sem fundo no qual é completamente engolida. Daí tudo o que a razão especulativa pode nos ensinar da existência de Deus consiste em nos mostrar como tal coisa deve ser necessariamente admitida como hipótese para nós, embora a razão não possa demonstrá-la com certeza apo-

---

105. Dados.
106. Realmente, em realidade.

dítica. Mas já somos também bastante afortunados por isso, posto que, dessa maneira, todos os obstáculos são removidos do caminho para aceitar a existência de um Ser de todos os seres se, por certo, pudermos estar convencidos disso, em acreditar de maneira firme e inabalável nessa existência, de alguma outra maneira. Pois o Ser supremo permanece, também diante do uso [1037] especulativo da razão, um ideal indefectível, um conceito que conclui e coroa o conhecimento humano por inteiro[107].

Todos os atributos de Deus são (segundo Baumgarten[108]) *quiescentes* ou *operativae*[109]. *Perfectiones quiescentes* são aquelas nas quais se pode pensar uma ação que pode ser representada sem *nota actionis*. As *operativae*, por outro lado, não podem ser pensadas sem as notas [78] de uma atividade[110]. Primeiramente queremos levar em consideração as *perfectiones quiescentes* de Deus, pois os predicados ontológicos dizem respeito precisamente a elas. Ora, além da possibilidade e da realidade [Wirklichkeit], das quais, na medida em que a razão especulativa é capaz de nos instruir, já tratamos, levamos em conta ademais que Deus é *uma substância*. Já que todas as coisas são substâncias, esse predicado aplica-se a Deus enquan-

---

107. De acordo com as palavras da *Crítica*, pode-se dizer que "[o] ideal do Ser supremo, de acordo com essas considerações, não é mais que um *princípio regulador* da razão e que consiste em considerar toda a ligação no mundo como resultante de uma causa necessária e absolutamente suficiente, para sobre ela fundar a regra de uma unidade sistemática e necessária, segundo leis gerais na explicação dessa ligação; não é a afirmação de uma existência necessária em si" (A 619, B 647). Em paralelo com a passagem acima das *Lições de filosofia da religião*, Kant afirma que "[o] Ser supremo mantém-se, pois, para o uso meramente especulativo da razão como um simples *ideal*, embora sem *defeitos*, um conceito que remata e coroa todo o conhecimento humano; a realidade objetiva desse conceito não pode, contudo, ser provada por esse meio, embora também não possa ser refutada" (A 641, B 669).
108. Alexander Baumgarten (1714-1762) foi o mais proeminente discípulo de Christian Wolff. De um modo geral, é considerado o fundador da estética como disciplina filosófica. Pode-se dizer que muitas das perspectivas filosóficas de Kant amadureceram em debate com seus manuais, os quais eram utilizados como referências para algumas preleções universitárias na Universidade de Königsberg. Para comentário, cf. CUNHA & FELDHAUS. "Estudo introdutório". In: *Lições de ética* (Unesp, 2018). • CUNHA. *A gênese da ética de Kant* (2017).
109. Inativos – Ativos.
110. Segundo a explicação do § 815 da *Metaphysica* de Baumgarten: "[a]s PERFEIÇÕES de Deus são, em Deus, ou absolutas ou respectivas e, entre essas, há algumas perfeições relativas. Ou elas podem nos ser representadas sem uma nota de ação, sendo INATIVAS [QUIESCENTES], ou não podem ser representadas dessa forma e são OPERATIVAS [OPERATIVAE]". As traduções referentes à *Metaphysica* de Baumgarten foram feitas a partir do original latino disponível (AA, XIX: 7-91).

to coisa. Por substância se compreende uma realidade [Reale] que existe meramente por si mesma sem ser uma determinação de outra coisa. A substância é oposta ao acidente que não pode existir senão inerente à outra coisa. Os *accidentia* não são, portanto, uma coisa particular, mas tipos distintos ou *modi* de existência da substância. No entanto, Deus é, por si mesmo, uma coisa e *eo ipso* uma substância. Se quiséssemos então contestar-lhe a substancialidade, teríamos também de negar a sua coisidade, isto é, suprimir o conceito de Deus por completo. Mas se assumimos o conceito de Deus como *ens realissimum*, já se segue precisamente do conceito de uma coisa que Deus é uma substância.

Outro predicado ontológico de Deus é a *unidade*[111]. Isso se segue do conceito de um *ens realissimum*, pois, como Ser sumamente real, Ele é completamente determinado, posto que, de todos os *praedicata contradictorie opposita*, apenas o real lhe convém sempre. Tal conceito de um ser que [79] possui toda realidade nunca pode ser outro do que *singularis* e nunca pode ser pensado como uma espécie, pois os indivíduos devem ser, contudo, distinguidos uns dos outros se são coisas particulares. Mas essa distinção não poderia tomar lugar a não ser por meio de uma distribuição da realidade, ou seja, uma coisa teria de ter algo em si que a outra não tem. Mas isso contradiz nosso conceito do *realissimum*.

[1038] Da unidade de Deus segue a simplicidade[112]. Pois todo *compositum reale*[113] é para ser considerado como uma realidade de substâncias que, apesar de serem certamente exteriores umas as outras, encontram-se contudo *in commercio*. Assim, se Deus fosse um *compositum*, teria de existir em muitas partes e cada uma delas seria um *ens realissimum* (e então haveria muitos *realissima*, o que é con-

---

111. De acordo com Baumgarten, "[a]máxima (§ 812) unidade convém a Deus (§ 819, 73). Isto é, a inseparabilidade das diversas e maiores perfeições [...] Ao se posicionar a unidade suprema de Deus, não é tanto o caso de que uma certa pluralidade de inseparáveis perfeições é negada, mas, de outro modo, que elas são colocadas como inseparáveis naquela pluralidade" (*Metaphysica*, § 821).
112. Para Baumgarten (§ 847), "[a] simplicidade de Deus é mais uma vez óbvia: se Deus fosse composto, suas partes seriam substâncias colocadas umas fora das outras (§ 225, 282). Dessas, uma única seria substância infinita (§ 846). Logo, o resto finito (§ 77, 248). Assim algumas imperfeições absolutamente necessárias seriam colocadas em Deus [...]".
113. Composto de coisas reais.

traditório[114]) ou estas partes seriam *partim realia, partim negativa*. Mas nesse caso o todo composto a partir dessas partes seria ele mesmo apenas *partim reale, partim negativum* e, consequentemente, nem *realissimum* e nem Deus. Pois, a partir de muitas realidades limitadas, nunca pode surgir uma realidade ilimitada, mas para que uma coisa possa ter realidades ilimitadas, todas as realidades devem se unir em um sujeito. Assim sendo, é justamente essa união que constitui a *forma* de um *ens realissimum*. Mas tão logo as realidades estão distribuídas (e essa distribuição teria de acontecer, se o *ens realissimum* fosse um *ens compositum*, entre as partes desse [79] *compositum*), surgem as limitações. Pois onde a realidade é distribuída entre algumas partes, cada parte não é toda realidade e, consequentemente, há em cada uma das partes uma deficiência em relação à realidade que lhe falta. A unidade de um *compositum* é sempre só a unidade contingente de uma combinação, isto é, posso representar, em todo *compositum*, as partes como separadas e, se elas estão ligadas, isso poderia acontecer assim ou de outra maneira. A unidade da substância simples, no entanto, é necessária. Essa mesma simplicidade do *ens realissimum* é demonstrada também a partir de sua absoluta necessidade. Pois se o *ens realissimum* fosse um *ens compositum*, todas as suas partes, na medida em que o todo tivesse que ser absolutamente necessário, teriam de ser *absolute necessaria*[115], já que o todo não pode ser constituído de outra maneira senão pelas partes em que consiste. Haveria portanto muitos *entia absolute necessaria*[116], o que, no entanto, contradiz o conceito da necessidade absoluta. A terceira prova da simplicidade de Deus é derivada do fato de que todo composto é, ao mesmo tempo, divisível, posto que existe a partir de partes. Mas divisibilidade envolve uma transformação interna na coisa, uma vez que a relação das partes pode ser alterada em um *ens compositum*[117]. Toda substância compos-

---

114. "Muitos deuses são impossíveis. Tão logo houvesse muitos deuses, eles seriam parcialmente diferentes (§ 74). Assim, algo em um não existiria em outro (§ 38). Este algo seria uma realidade ou uma negação (§ 36). Se fosse uma realidade o que lhe falta, não seria Deus (§ 807). Se fosse negação o que ele contém não seria Deus (§ 808) [...]" (*Metaphysica*, § 846).
115. Absolutamente necessárias.
116. Seres absolutamente necessários.
117. "Deus é substância (§ 830), e não possui modos (§ 825). Logo, é uma substância necessária (§ 202), não possui estado interno (§ 206), e nem é modificável (§ 209)" (*Metaphysica*, § 836).

ta é, portanto, internamente mutável, mas isso contradiz o conceito de *ens realissimum*. Ora, é precisamente pelo fato de que o Ser sumamente real deve ser simples, que ele deve [81] também ser imaterial, pois a matéria se constitui justamente como um composto.

Além disso, a Deus convém a *imutabilidade*. Esta também diz respeito à sua [1039] *perfectiones quiescentes*. Mas não se pode confundir o *immutabile* enquanto conceito com o *immutabile* enquanto coisa. Baumgarten não observou devidamente essa distinção[118]. Por isso ele infere a imutabilidade de Deus do fato de que todas as determinações de um ser realíssimo são absolutamente e internamente imutáveis. Mas disso resulta somente a imutabilidade do transcendental do conceito de Deus, que consiste no fato de que Deus já é determinado completamente através de seu conceito. O que é mutação? Uma sucessão de estados. Mas alterações podem ser pensadas como possíveis apenas no tempo. Caso se queira provar, por isso, a imutabilidade de Deus como uma coisa, tem de se provar antes que Deus não está no tempo. Porém, isso pode ser esclarecido pelo conceito de um *ens realissimus*, pois se Deus estivesse no tempo, teria de ser limitado. Ora se Ele é, no entanto, *realissimus*, consequentemente não está no tempo. Sua imutabilidade real segue-se também de sua necessidade absoluta, pois se ele fosse constituído de modo que pudesse nascer nele algo que antes ainda não era nele real, não nos seria permitido dizer que Ele é necessário em sua constituição real, mas que Ele poderia se comportar também de maneira diferente, podendo estar [82] agora em um estado e depois em outro. É antropomórfico imaginar, como resultado dessa imutabilidade suprema de Deus em vista de todas as suas realidades, que Ele possa voltar a ser misericordioso quando antes estava enfurecido. Pois isso suporia uma alteração em Deus. Mas Deus é e permanece sempre o mesmo, igualmente misericordioso e justo. Só depende de nós se queremos

---

118. Preso ainda à velha ontologia, Baumgarten não é capaz de fazer a distinção determinante entre o lógico e o real: "Deus é um ser necessário (§ 823, 824). As determinações de todo ser necessário são absolutamente e internamente imutáveis (§ 132). Logo, Deus é absolutamente e internamente imutável (§ 126, 127). O mesmo se esclarece da seguinte maneira: se Deus fosse absolutamente e internamente mutável, ao menos uma de suas perfeições internas poderia existir depois de outra (§ 124). Assim, aquela que pudesse existir antes poderia ter a sua existência negada [...] Logo, algumas das realidades de Deus poderiam ser separadas das outras, o que é contra a unidade suprema de Deus (§ 821)" (*Metaphysica*, § 839).

nos tornar objetos de sua misericórdia ou de sua justiça punitiva. Em *nós*, portanto, passa-se uma alteração. Se nos aperfeiçoamos, *nossa* relação [Relation] para com Deus é alterada de tal modo que, se antes *nossa* relação para com Ele era aquela de pecadores dignos de punição frente a um Deus justo, agora, depois de nosso aperfeiçoamento, essa relação [Verhältniss] é suprimida e dá lugar à relação dos amigos justos da virtude. Assim tampouco podemos compactuar com um conceito de um Deus imutável que, ao colocarmos o aperfeiçoamento como nosso propósito, deve ser mais eficaz em nós do que antes. Mas é pelo fato de trabalharmos em nosso aperfeiçoamento que nos tornamos suscetíveis à influência de sua força e participamos dela no mais alto grau. Sua influência mesma não se torna mais forte ou aumenta, pois isso seria uma alteração em Deus. Em vez disso, *nós* apenas [1040] a sentimos mais forte, já que não mais lhe impomos resistência. Entretanto, a influência continua a mesma.

O autor discute, em seguida, sobre o politeísmo[119]. Este surgiu indubitavelmente devido ao fato de que os seres humanos [83] não são capazes de compreender o conflito aparente dos fins no mundo[120], a mistura do bem e do mal [Bösen]. Eles admitem, por isso, diversos seres que seriam as causas disso e dão a cada um deles um domínio particular. Mas, além dessas divindades inferiores, os povos pagãos pensavam ainda alguma fonte originária especial, a partir da qual essas mesmas divindades provinham. No entanto, eles faziam esse princípio primeiro, em e por si mesmo, tão bem-aventurado de modo a não se relacionar em absoluto com o mundo. Exemplos disso são os tibetanos e outros povos pagãos ainda existentes no interior da Ásia. Trata-se, de fato, da marcha da razão humana que precisa de uma completa unidade em sua representação e não pode se deter até que chegue a Um [Auf Einem] que é superior a tudo. Portanto o politeísmo mesmo, sem ligação com a fonte originária primeira, estaria em conflito com o entendimento humano comum, pois este já ensina o monoteísmo na medida em que tem como princípio primeiro um ser

---

119. De acordo com a definição do compêndio, "POLITEÍSMO é a doutrina [Sententia] que estabelece muitos deuses e é um erro" (*Metaphysica*, § 846).
120. Kant faz certamente aqui uma referência ao problema da teodiceia (AA, *MpVT*, VIII: 255-256). Para comentário, cf. CUNHA. "Kant e a defesa da causa de Deus". In: *Ética e filosofia política*, vol. 1, n. 21 (2018). • CUNHA. *A gênese da ética de Kant* (2017).

que é tudo em todas as coisas [Alles in Allem]. Nesse sentido, não se pode pensar que a doutrina de um Deus único precisa ser erigida sobre um discernimento humano muito avançado. Ela é, de outro modo, uma necessidade da razão mais comum. Por isso, desde o início, essa doutrina já era universal. Mas uma vez que se percebeu, no que se segue, diversas forças destrutivas no mundo, acreditou-se que essas forças [84] não podem ser derivadas de um único Deus simultaneamente à concordância e à harmonia na natureza e, por isso, admitiu-se diversos deuses inferiores para quem se atribuíram aqueles efeitos particulares. Ora, como tudo que acontece no mundo pode ser colocado sob a rubrica do bem ou do mal, admitiu-se uma *dualidade* de Deus, um *pricipium bonum et malum*[121]. E isso foi o *maniqueísmo*[122]. Contudo, esta doutrina não foi algo totalmente sem sentido e absurdo quando se pensa que os maniqueus colocaram, acima do próprio dualismo, um princípio primeiro do qual aquele emergeria. Pois se eles tivessem tomado os dois *principia* por *realissima*, teria sido uma contradição que um *ens realissimum* fosse um *principium malum*. Ora, eles não pensaram, contudo, nenhum dos dois princípios como *realissimum*, mas concederam apenas algumas realidades a um, enquanto outras realidades ao outro. Consequentemente, poderiam também pensar a negação em ambos. Acima desses *principia partim realia partim negativa* pensaram ainda uma fonte originária primeira de tudo, um *ens realissimum*. Pode-se compreender, partindo disso, que o politeísmo [1041] não suprimiria o monoteísmo, mas ambos poderiam estar ligados um ao outro sem se contradizer, posto que diferentes conceitos estavam ligados com a palavra Deus.

Passamos a outro predicado ontológico do *ens realissimum* que é, ao mesmo tempo, uma *perfectio quiescens*, a saber, que ele é *extramundanum*. A isso diz respeito [85]:

1) Que Deus é *ens a mundo diversum* ou que Deus é, de maneira intelectual, exterior ao mundo. Isto é oposto ao espinosismo[123],

---

121. Princípio bom e mal.
122. Segundo Baumgarten, "ᴍᴀɴɪǫᴜᴇísᴍᴏ é a doutrina [Sententia] que coloca que existe um autor do mal tão poderoso quanto Deus" (*Metaphysica*, § 844).
123. De acordo com definição do compêndio: "ᴇsᴘɪɴᴏsɪsᴍᴏ ᴛᴇᴏʟóɢɪᴄᴏ é a doutrina que nega Deus como ser extramundano e é um erro" (*Metaphysica*, § 855).

pois Espinosa[124] acreditava que Deus e o mundo seriam apenas uma substância e que não há, fora do mundo, substância alguma. Esse erro veio de sua defeituosa definição de substância. Como matemático, ele tinha se acostumado a encontrar definições arbitrárias e derivar as proposições disso. Ora, isso funcionava bem na matemática, mas tão logo desejamos aplicar esse método à filosofia, caímos em erros. Pois aqui, antes de tudo, tenho de procurar e conhecer as notas antes de querer formar uma definição a partir disso[125]. No entanto, Espinosa não fez isso, mas formou uma definição arbitrária de substância. *Substantia*, diz ele, *est cujus existentia non indiget existentia alterius*[126]. Ao aceitar essa definição, ele infere de forma totalmente correta que há, portanto, apenas uma substância, Deus. Todas as coisas do mundo são, no entanto, *Accidentia* inerentes a essa dividade, uma vez que, para existir, elas todas precisam da existência daquela. Consequentemente, tudo o que existe está em Deus e nada pode existir e ser pensado fora dele. Mas isso é o mesmo que dizer: *Deus e o mundo são um*. Pois o mundo por inteiro está em Deus, não existindo nada fora dele. Por mais correta [86] que essa conclusão seja segundo a forma, é, contudo, errada segundo o conteúdo, pois é derivada de um princípio totalmente falso, a saber, de uma definição errônea de uma substância. Demos anteriormente uma outra definição de substância e a sua exatidão é clara, uma vez que ela não é assumida arbitrariamente como aquela de Espinosa, mas é derivada do conceito mesmo de uma coisa. Este conceito de uma coisa em geral nos ensina, no entanto, que todo o real que *existe por si, sem ser uma determi-*

---

124. Baruch Spinoza (1632-1677), filósofo judeu, nasceu na Holanda em uma família de origem portuguesa. É considerado um dos expoentes do pensamento metafísico moderno, tendo assumido controversas posições teológicas em relação à natureza de Deus.
125. Na filosofia de Kant, a distinção entre os métodos da matemática e da filosofia é bem conhecida por meio de seu ensaio de 1764, *Investigação sobre a evidência dos princípios da teologia natural e da moral*. Nele, Kant vai rejeitar o método geométrico-dedutivo da metafísica escolástica a favor do método analítico newtoniano das ciências naturais: "[p]ortanto, a primeira e mais importante regra do método é: [...] não se deve iniciar com definições [...]; deve-se, ao invés disso, começar cuidadosamente buscando o que é imediatamente certo em um objeto, ainda antes de sua definição. [...] O autêntico método da metafísica é, no fundo, idêntico àquele introduzido por Newton na ciência da natureza [...]" (AA, II: 285-286). Cf. tb. *Crítica da razão pura* (A 727-728, B 755-756).
126. Substância é aquilo cuja existência não necessita da existência de uma outra coisa. SPINOZA, "Definição 3" de *Ética 1*.

nação de outra coisa, é uma *substância*. Consequentemente, todas as coisas são substâncias [1042]. Pois a consciência de mim mesmo atesta que não[127] reporto todas as minhas ações a Deus, enquanto sujeito último que não é um predicado de qualquer outra coisa, e surge daí o conceito de uma substância, na medida em que percebo em mim mesmo que não sou mais um predicado de outra coisa. Por exemplo, se penso, sou consciente que, em mim, meu eu pensa e não alguma outra coisa. Infiro, portanto, que este pensamento, em mim, é inerente não a uma outra coisa fora de mim, mas a mim mesmo e, consequentemente, infiro que sou uma substância, isto é, que existo por mim mesmo sem ser um predicado de outra coisa. Eu mesmo sou uma coisa [87] e, por isso, também uma substância. Ora, se eu mesmo sou uma substância, ou tenho de ser o próprio Deus ou Deus é uma substância distinta de mim e, consequentemente, também do mundo. O primeiro é absurdo, porque contradiz ao conceito de um *ens realissimum*. Consequentemente, deve haver, fora de mim, outra coisa existente por si mesma que não seja predicado de qualquer outra coisa existente, isto é, uma substância subsistente por si. Por certo, fora de mim, poderão ainda existir outras diferentes substâncias, uma vez que, infinitamente, muitas coisas são possíveis fora de mim. Mas toda coisa é *eo ipso*, pelo fato de ser uma coisa, não um predicado de outra coisa, mas algo que existe por si mesmo. E é, portanto, uma substância. Todas essas coisas, no entanto, serão distintas umas das outras, pois, de outro modo, não seriam coisas particulares. Então também um *ens realissimum* que, considerado como coisa, já possui a realidade suprema, tem de existir por si mesmo sem ser um predicado de outra coisa, isto é, deve ser uma substância que é distinta de todas as outras. O mundo compreende dentro de si coisas que, em geral, são todas substâncias, uma vez que, de outro modo, se fossem meramente determinações de outra coisa, teriam de deixar se ser coisas. Consequentemente, o mundo por inteiro também não será uma determinação de Deus, mas [88] o *ens realissimum* deve ser distinto dele!

2) Que Deus é um *ens extramundanum*, isto é, que de modo algum pertence ao mundo, mas está completamente fora dele.

---

127. Para a coerência do argumento, a frase afirmativa do texto de Pölitz precisa ser, nesse ponto, vertida para o negativo.

Isto é oposto à proposição estoica de que Deus seria a *alma do mundo*. Se assim fosse, ambos, Deus e o mundo, teriam de estar *in commercio* um com o outro, isto é, um deveria ter [1043] uma influência sobre o outro. Deus teria de ser, portanto, não *apenas ativo*, mas *também passivo*. Mas esse efeito recíproco contradiz Deus e o seu conceito como um *ens realissimum* e *necessarium*. Pois se um *ens absolute necessarium* é *independens*, com efeito é também *impassibile* (não passivo). A saber, se o mundo tivesse uma influência em Deus, Deus dependeria *eo ipso* do mundo. O ser humano pode intuir um objeto obviamente apenas na medida em que possui receptividade para ser afetado por ele, mas não se pode predicar esse tipo de intuição de Deus, porque ela compreende uma limitação em si.

Deus está, portanto, isolado, não porque de modo algum está em uma conexão com o mundo, mas muito mais porque não se encontra em uma *conexão de interação*[128] [Wechselwirkung] (um *commercium*). Deus tem, dessa forma, uma influência sobre o mundo, ou seja, Ele é ativo [89], mas o mundo não tem qualquer influência sobre ele, isto é, Ele não é passivo. Já tratamos anteriormente da *infinitude* de Deus, em sentido metafísico, e mostramos que, em vez disso, se pode falar melhor de *onissuficiência*, pois este é um conceito totalmente puro do entendimento, enquanto aquele é emprestado da matemática e pertence tão somente a ela.

Da eternidade de Deus. A grandeza da existência é a duração. Portanto, ligamos com a existência o conceito de grandeza e isso, decerto, através do tempo. Este é, por isso, a medida da duração. *Duração sem começo nem fim é eternidade.* Mas o que é *começo*? O que é *fim*? O começo é uma existência. Certamente! Mas o que significa isso senão que, *antes* do começo da coisa, havia um tempo no qual a coisa não estava ou que, *depois* do fim da coisa, haverá um tempo no qual a coisa não estará? Aqui temos, portanto, sempre o conceito de um tempo e não podemos inventar nenhum conceito de eternidade que não estivesse afetado pelo conceito de tempo, pois começo e fim só são possíveis no tempo. Mas a existência divi-

---

128. Lemos nas traduções espanhola de A. del Rio e E. Romerales, na inglesa de A. Wood e na francesa de W. Fink, respectivamente, os termos "*unión de accion recíproca*", "*connection of a reciprocal effect*" e "*relation d'echange*".

na nunca pode ser pensada, de maneira determinada, por meio do tempo, pois de outro modo nós deveríamos representar Deus como um *phaenomenon*. Mas tratar-se-ia de predicados antropomórficos que não podem ser pensados de um *ens realissimum*, uma vez que contêm em si limitações. Pois a existência de uma [90] coisa no tempo é sempre uma sucessão de uma parte do tempo depois da outra. A duração do tempo é, por assim dizer, um desaparecimento e um começar contínuo. Nunca podemos viver um determinado ano sem ter vivido o outro. Ora, [1044] de modo algum se pode dizer isso de Deus, que é imutável. O tempo, como uma limitação contínua, portanto, é oposto ao *ens realissimum* segundo a qualidade. Pois se represento a eternidade como uma duração sem começo e fim, que é contudo a mínima definição que sou capaz de dar da eternidade, está mesclado com ela, mesmo assim, o conceito de tempo. Pois duração, começo, fim são predicados que só podem ser pensados de uma coisa no tempo. É obviamente verdade que eu nego começo e fim a Deus, mas não ganho muito dessa forma, pois meu conceito de eternidade não é, por isso, minimamente esclarecido ou purificado[129]. Basicamente, no fim das contas, represento Deus no tempo, mesmo removendo dele começo e fim. Mas é extremamente necessário que deixemos de fora todas as condições do tempo no conceito de Deus, uma vez que, de outro modo, isso poderia nos induzir a muitas consequências antropomórficas. Por exemplo, se penso Deus no tempo, embora sem começo ou fim, de modo algum posso pensar como Deus criou o mundo sem ter sofrido qualquer alteração e nem o que ele então [91] teria feito antes do mundo existir. Mas se rejeito toda condição do tempo, esse antes e depois é algo que de modo algum pode ser pensado em Deus e embora, não obstante, eu deva me contentar em poder compreender tão pouco da eternidade de Deus, meu conceito, ainda que defeituoso, é, contudo, puro e livre de erros. Tem-se tentado evitar essas dificuldades que surgem dessa forma

---

129. Certamente trata-se de uma crítica ao (§ 849) da *Metaphysica* de Baumgarten: "[n]ão há nada sucessivo em Deus (§ 839, 124). Logo, não há tempo em Deus (§ 239). Então, Ele não está no tempo de modo a constituir uma parte de coisas sucessivas (§ 124, 837). Enquanto nascimento e perecimento são absolutamente impossíveis em Deus (§ 837), Ele tem a duração (§ 299) máxima (§ 812) e a única duração realmente infinita (§ 844, 846). Assim, Ele é eterno (§ 302), coexiste com todo tempo e é perpétuo [sempiternal] (§ 303). Ele foi, é e será (§ 298). Deus existe" (*Metaphysica*, § 849).

quando se representa a existência de Deus no tempo, exigindo que se pense toda sucessão do tempo simultaneamente em Deus. Mas isso é uma pretensão que nos convida a pensar uma contradição: estados *sucessivos* em uma coisa e, não obstante, *simultâneos*! O que é isso senão uma *contradictio in adjecto*? Pois o que significa *simultâneo* senão um mesmo tempo e pensar partes sucessivas do tempo umas em relação às outras em um mesmo tempo é contraditório. A partir disso vemos que, se queremos representar a eternidade como um atributo particular em Deus, é impossível pensá-la sem o tempo, uma vez que o tempo é justamente a condição sensível de toda representação, a forma da sensibilidade[130]. Ora se queremos, não obstante, [1045] excluir o tempo do conceito de Deus, não nos resta nada da eternidade senão uma representação da necessidade da existência divina. Temos de nos contentar com isso, uma vez que, levando em conta a fraqueza de nossa razão, seria petulância [92] querer levantar a cortina que encobre, em uma escuridão sagrada, Deus, enquanto Aquele que é eterno e permanente. *Ser eterno* significa, portanto (se queremos remover todas as representações sensíveis de tempo desse conceito e devemos fazer isso, porque de outro modo tal coisa poderia corromper facilmente nosso conceito de Deus mesmo, o qual deve estar livre de todas as limitações), o mesmo que ser *absolutamente necessário*. Vimos, decerto, que também não somos capazes de pensar, de modo compreensível, essa necessidade absoluta. Mas ela é, contudo, um conceito que a razão nos necessita [nöthigt] a aceitar, antes que possa descansar em algum lugar. A eternidade tem uma grande similaridade com a *onipresença*, pois da mesma forma que a eternidade preenche, de acordo com nossas representações sensíveis, todo o tempo, sua presença é também, segundo nossa representação sensível, um preenchimento do *espaço*. A presença espacial ou a presença de Deus no espaço está submetida às mesmas dificuldades da eternidade em sua ligação com o tempo,

---

130. Em contraposição à visão escolástica de Baumgarten acerca do tempo, Kant faz uma referência à idealidade do tempo, a tese principal de sua *Estética transcendental*: "[o] tempo não é algo que exista em si ou que seja inerente às coisas como uma determinação objetiva e que, por conseguinte, subsista, quando se abstrai de todas as condições subjetivas da intuição das coisas. [...] O tempo não é mais do que a forma do sentido interno, isto é, da intuição de nós mesmos e do nosso estado interior [...]. O tempo é a condição formal *a priori* de todos os fenômenos em geral [...]" (B 49, A 33; B 50, A 34).

pois o fato de que uma coisa deva estar em mais de um lugar no espaço ao mesmo tempo é uma contradição.

Por *onipotência* se entende habitualmente a capacidade de Deus de tornar reais todas as coisas possíveis[131]. É muito presunçoso, no entanto, comparar coisas contraditórias em si mesmas, como, por exemplo, um círculo de quatro lados, com o poder de Deus e então concluir que Deus certamente não é capaz de realizá-lo. Mas é uma leviandade tola querer pensar um Ser com [93] dignidade e majestade suprema em relação próxima ao *non entia*. Geralmente é algo muito indecoroso para a razão humana se por a raciocinar insistentemente acerca de Deus – a coisa mais sublime –, que ela só pode pensar debilmente, e querer representar tudo em relação a Ele, até mesmo o impossível. Pois sempre que a razão se aventura em pensamentos dessa grandeza, ela deveria recuar humildemente, completamente consciente de sua incapacidade, aconselhando-se primeiro consigo mesma sobre como pode pensar Ele, Deus, dignamente. Por isso, todas essas expressões são presunçosas, mesmo se colocadas apenas hipoteticamente, como quando, por exemplo, alguém se atreve a retratar Deus como um tirano que poderia fazer das punições do inferno eternas ou determinar absolutamente, de acordo com a doutrina da predestinação, alguns seres humanos à bem-aventurança e outros à danação!

Normalmente o antropomorfismo divide-se em *mais grosseiro*, quando se pensa Deus sob uma forma humana, e em *mais sútil*, quando se atribui a Deus perfeições humanas sem afastar delas as suas limitações[132]. Mas este último é, em especial, um perigoso inimigo de nosso conhecimento puro de Deus, pois o primeiro é um erro obvio demais para que o ser humano se deixe enganar frequentemente por ele. Mas contra o *anthropomorphismus subtile*[133] temos de reunir ainda mais todas as nossas forças. Quanto mais

---

131. Para Baumgarten, "[a] força suficiente para realizar algo é POTÊNCIA. Assim, ONIPOTÊNCIA é a força suficiente para realizar tudo. Deus é onipotente (§ 831) "(*Metaphysica*, § 832).
132. De acordo com a definição do compêndio de Baumgarten, "[...] ANTROPOMORFISMO GROSSEIRO é o erro que atribui uma figura a Deus, isto é, uma figura humana. Já ANTROPOMORFISMO SUTIL é aquele erro que atribui a Deus imperfeições de coisas finitas, isto é, as imperfeições humanas" (§ 848).
133. Antropomorfismo sutil.

facilmente ele [94] se infiltra em nosso conhecimento de Deus, mais o corrompe. Pois é melhor não ser capaz de representar algo em absoluto do que pensar alguma coisa misturada com erros. É justamente nesse sentido que a teologia transcendental apresentada deve manifestar sua grande utilidade ao nos colocar em condições de remover do conhecimento de Deus todo o sensível inerente aos nossos conceitos ou, ao menos, em condições de estar conscientes de que, se predicamos algo de Deus, que de modo algum pode ser pensado sem as condições da sensibilidade, temos de definir de maneira aceitável tais predicados de Deus, mesmo que nem sempre estejamos em condições de representá-los totalmente livres de erros. Todas as consequências do antropomorfismo são felizmente eliminadas[134] de maneira mais fácil se nossa razão renuncia de bom grado ao conhecimento da natureza de Deus e de seus atributos, bem como ao modo como estes podem ser constituídos internamente, e decide, consciente de sua fraqueza, nunca querer transgredir seus limites, mas está satisfeita em conhecer apenas o bastante de Deus, o qual permanece, mais do que uma necessidade em vista de nós mesmos, um objeto de uma indagação [Nachforschens] eterna mesmo para a razão mais sagaz. Esse interesse da humanidade é melhor fomentado e alcançado *per viam analogiae*, como vamos ver a seguir. Com isso concluímos a ontoteologia[135], na qual levamos em consideração Deus como um *Ser originário*. Em parte, nessa seção, inferimos do conceito de um [95] *ens realissimum* sua originalidade e, em parte, inversamente, do conceito de um *ens originarium* sua realidade suprema etc. Nosso esforço e cautela no conhecimento dessa parte especulativa da teologia é compensada pelo fato de, doravante, admitirmos um Deus, enquanto um *ens realissimum* com os predicados decorrentes desse conceito, ao menos como uma *hipótese indubitável* para nossa razão especulativa e pelo fato de podermos nos assegurar de que um ser humano dotado de razão nunca provará o contrário ou poderá destruir este suporte de toda razão humana. Por acaso isso não é melhor do que nos gabarmos de conhecer Deus e seus atributos pela razão pura com certeza apodítica, tendo, contudo, de temer, por outro lado, cada ataque do

---

134. Substituído *heben* por *aufheben*.
135. No texto original, lemos "ontologia". Certamente um erro de grafia.

oponente? Pois o que a razão pura tem sido capaz de nos ensinar em relação a Ele é, contudo, inequívoco e livre de erros. Portanto, sem hesitação, tomaremos por fundamento esse conhecimento modesto, porém correto, em nossas demais investigações e poderemos construir sobre essa base com confiança. É verdade que tudo o que temos conhecido de Deus nessa teologia transcendental é o mero conceito de um fundamento originário supremo, mas se esse conceito por si só seria inútil sem um conhecimento maior, ele é, contudo, tão esplêndido quando utilizado como substrato de toda teologia.

SEGUNDA SEÇÃO
A COSMOTEOLOGIA

Já tratamos, decerto, da prova cosmológica na ocasião da prova ontológica da existência de Deus. Mas isso teve lugar tão somente para comparar as duas provas da teologia transcendental e mostrar o grande parentesco de uma com a outra. Mas agora queremos discutir mais detalhadamente o conceito integral de Deus, na medida em que ele pode ser derivado de uma experiência como fundamento (sem determinar mais proximamente algo sobre o mundo para o qual ela pertence). A cosmoteologia ensina-nos o conceito teísta de Deus. Ou seja, conhecemos Deus, nesse conceito, como a inteligência suprema, como Ser supremo que, por meio de entendimento e liberdade, é o autor de todas as coisas. Pelo conceito de Deus, o deísta entende meramente uma natureza eterna que atua de maneira cega, como a raiz das coisas, um Ser originário ou uma Causa primeira do mundo. Mas ele não se aventura a afirmar que Deus é, por liberdade, o fundamento de todas as coisas. No entanto, uma vez que agora nos interessa unicamente o conceito de um autor do mundo, isto é, o conceito de um Deus vivo, queremos ver se a razão pode nos proporcionar este conceito teísta de Deus como uma *suma intelligentia*[136]. Esse conhecimento não será [1048] completamente puro e independente de toda experiência [97], mas a experiência que temos de colocar por fundamento aqui é a experiência mais simples que pode haver, a saber, o conhecimento de nós mesmos. Portanto, agora passamos aos predicados psicológicos que tomamos emprestado da natureza de nossa alma e atribuímos a Deus depois de separar todas as limitações. Mas, se já houve a necessidade de muita cautela nos predicados ontológicos que, contudo, são derivados totalmente *a priori*, para não misturar representações sensíveis exteriores com eles, quão necessário não será agora este cuidado ao colocarmos por fundamento só princípios empíricos ou, pelo menos,

---

[136]. Inteligência suprema.

ao termos de abstrair dos objetos dos sentidos as determinações segundo as quais o conceito de uma inteligência suprema deve ser formado. Teremos aqui de aplicar toda nossa atenção para que não nos escape nenhuma limitação da realidade e para que, ao invés de fazer o nosso conceito de Deus mais perfeito, não o contaminemos por meio das negações introduzidas. Por isso, se encontramos em nós alguma realidade que pode ser atribuída ao ser que tem toda realidade, teremos de ter muito cuidado para não predicar, ao mesmo tempo, de Deus o negativo inerente a nós em tal realidade. A separação de todas as limitações do real nos será sempre muito difícil e provavelmente nada de toda a realidade restará. [98] Nesse caso, se em um cuidadoso exame da realidade, depois de separar todas as limitações, nada de positivo restar, subentende-se que não podemos pensar tal coisa em Deus. Mas por menor que seja o real que é extraído *via negationes* de uma perfeição atribuída a nós, não devemos omiti-lo, se ela contém uma realidade verdadeira, mas temos de predicá-lo *viam eminentiae* de Deus. Aqui nos convém particularmente o caminho da analogia, pois este nos ensina a similaridade perfeita da relação entre as coisas no mundo, na qual uma é considerada fundamento e a outra consequência, e entre Deus e o mundo, que tem sua essência a partir dele.

Em primeiro lugar, encontramos em nossa alma uma faculdade do conhecimento. Que isso é uma realidade, ninguém pode duvidar. Todo homem a considera como uma grande perfeição da qual toma parte. Por isso devemos introduzi-la no conceito de um *ens realissimum*, se antes separamos cuidadosamente todas as limitações em nós inerentes a essa realidade. Disso se segue, decerto, que não surge nenhuma contradição ao se acrescentar essa realidade ao nosso [1049] conceito de um Ser sumamente perfeito, posto que no conceito uma realidade não suprime a outra. Mas do fato de que podemos unir, em nosso conceito de Deus, também a faculdade de conhecimento com outras perfeições, ainda não se segue em absoluto que essa realidade pertença à coisa mesma na síntese de todos os outros predicados. Pois, de outro modo, como já foi mostrado anteriormente, teríamos de ser capazes de conhecer todos os predicados da coisa com todos os seus efeitos, como eles se relacionam uns com os outros em sua composição real, algo que é impossível para o entendimento humano em relação ao ser sumamente perfeito. Dessa forma, assim como não podemos provar com certeza apodítica que a realidade da faculdade de conhecimento, na composição com todas as realidades na coisa mesma, não suprime essas mesmas realidades, tampouco um ser humano pode provar o contrário, a saber, que por meio da composição da faculdade de conhecimento com todos os predicados na coisa mesma, de fato, alguma dessas realidades é suprimida ou limitada em seus efeitos. Pois ambos os casos ultrapassam a capacidade da razão humana. No caso em que para ambos os lados é igualmente impossível de conduzir uma prova apodítica, encontramo-nos livres para escolher aquele que tenha para nós mais probabilidade e aí ninguém pode negar que já temos, de acordo com o conceito de um *ens realissimum*, um direito muito maior de atribuir também a realidade de uma faculdade de conhecimento a esse ser do que de excluí-la do todo da realidade. Pois, nesse caso, já temos, do nosso lado, uma razão indubitável no fato de que, no fim das contas, nada se mostra contraditório em nosso conceito [100], e embora ainda não siga disso a possibilidade da realidade no objeto mesmo, contudo, tampouco podemos ver – ainda que não possamos provar tal Ser com certeza apodítica a partir de nosso conceito de um *ens realissimum* – porque essa realidade então não deveria convir ao Ser sumamente perfeito na síntese. Portanto, o deísta não tem nada a seu favor ao negar tal coisa, porque também para a negação seria exigido um discernimento na natureza do *ens realissimum* que ultrapassa toda razão humana.

Mas temos um fundamento de prova [Beweisgrund] mais rigoroso ainda a favor do fato de que convém a Deus uma faculdade do conhecimento, ou seja, um fundamento que é derivado da *constituição* de um *ens realissimum*. E os fundamentos de [1050] prova que são tomados disso possuem sempre muito mais força do que provas a partir do mero conceito de um *ens realissimum*. A saber, inferimos da seguinte maneira: o *ens originarium*, que contém o fundamento da possibilidade de todas as coisas, deve ter ele mesmo uma faculdade do conhecimento, uma vez que ele é por certo a fonte originária de seres para os quais convém essa faculdade, por exemplo, o ser humano. Como algo poderia ser derivado de um ser, se o próprio Ser originário não a tivesse? Portanto, o Ser que deu origem a todos os seres deve ter uma faculdade de conhecimento. A isso o deísta levanta uma objeção: pode haver, por certo, na fonte originária de todas as coisas, alguma outra realidade a partir da qual provém a faculdade de conhecimento que é inerente ao homem. Esta faculdade [101] de conhecimento poderia assim não ser ela mesma uma realidade originária, mas apenas a consequência de uma realidade desconhecida por nós no Ser originário mesmo. Por exemplo, os tibetanos representam Deus como uma fonte originária suprema a partir da qual todos os seres derivam e para a qual todos retornam sem que esse Ser originário tenha as mesmas perfeições que convém às coisas derivadas dele.

Mas de onde o deísta retira o fundamento para afirmar tal coisa? É verdade que nunca poderemos refutá-lo com certeza apodítica, mas ele também nunca estará em condições de provar sua opinião. Ao contrário, temos um direito muito maior de admitir a realidade da faculdade de conhecimento no Ser originário, obviamente não da forma como é encontrada no ser humano, mas sendo de um tipo completamente diferente. Não podemos pensar, em absoluto, como uma realidade poderia estar em um efeito que já não estivesse na causa e nem como um ser dotado de entendimento poderia ser derivado de uma fonte originária morta carente de toda faculdade de conhecimento. Pois não temos a menor noção de como uma realidade pode produzir outras realidades que não tenham também a menor similaridade com ela. Ora, portanto, de onde veio uma faculdade de conhecimento no ser humano, se ela não fosse derivada da faculdade de conhecer do Ser originário? Vemos, assim, que a razão especulativa não apenas não nos coloca quaisquer obstáculos [102] para admitirmos uma faculdade de conhecimento no Ser supremo, mas ainda nos conduz a isso, porque, de outro modo, teríamos de buscar nesse Ser alguma outra realidade a partir da qual a força do conhecimento fosse uma consequência em nós mesmos. Mas isso seria uma realidade da qual não poderíamos formar [1051] qualquer conceito em absoluto, e que, por certo, não deveria apenas permanecer totalmente desconhecida para nós, mas também seria concebida sem qualquer fundamento.

Logo, por que deveríamos aceitar, como subterfúgio, realidades desconhecidas e incompreensíveis em Deus, quando, por certo, somos capazes de esclarecer e derivar, de maneira mais cômoda, nossa faculdade de conhecer as coisas a partir da inteligência superior do Ser supremo? Quem poderia, no entanto, negar que uma faculdade de conhecer em geral é uma realidade e, por isso, também tem de ser atribuída ao Ser realíssimo?[137] Deus tem, portanto, uma faculdade de conhecimento. Mas todas as limitações que têm lugar em nossa faculdade de conhecer devem ser cuidadosamente separadas se a pensamos no Ser supremo. A faculdade de conhecer em Deus[138] será por isso:

1) *Em primeiro lugar, não sensível, mas um entendimento puro*

Temos, portanto, de excluir de um *ens originarium* a sensibilidade pelo fato de que ele, enquanto um *ens independens*, não pode ser afetado por nenhum objeto. O conhecimento sensível é, no entanto, aquele que obtemos de objetos que têm uma influência sobre nós. Em Deus, não tem lugar qualquer influência do objeto e, justamente por isso, tampouco [103] conhecimento sensível. Em um ser originário, todo conhecimento deve decorrer de um entendimento puro e não afetado por qualquer representação sensível. Portanto, todas as representações sensíveis não podem ser atribuídas a Deus não porque, como se diz comumente, elas são obscuras[139], pois vemos que

---

137. No parágrafo inicial da seção *O entendimento* [Intellectus] *de Deus*, Baumgarten infere da seguinte maneira: "[o] conhecimento distinto é uma realidade. Em Deus estão todas as realidades. Logo, Deus conhece de maneira distinta e tem um entendimento. Ele é uma substância intelectual, um espírito" (*Metaphysica*, § 863).
138. Segundo o compêndio escolástico, "[o] entendimento de Deus é supremo (§ 863, 812) e inalterável (§ 839). Logo, não há pensamentos anteriores e posteriores nele (§ 125). Seu entendimento é supremo na medida em que representa as notas máximas e mais claras das coisas máximas e maiores em pensamentos mais fortes e mais diferentemente associados. Logo, o entendimento de Deus é sumamente profundo, extensível e puro" (*Metaphysica*, § 837).
139. Embora Kant e Baumgarten concordem em relação ao fato de que não é possível pressupor uma faculdade sensível em Deus, é patente a diferença de suas posições, uma vez que, para Baumgarten, a distinção entre a faculdade intelectual e a sensível é meramente quantitativa. Em Kant, a sensibilidade é qualitativamente diferente do entendimento, sendo concebida como uma faculdade receptiva do sujeito (B 75, A 51) e não, como Baumgarten compreende, com uma gradação da faculdade intelectiva que trata com percepções obscuras e indistintas. Nas palavras de Baumgarten, "[e]m Deus não há conhecimento sensível (§ 864, 521). Logo, Ele não possui faculdades cognitivas inferiores (§ 520). Nada é confuso ou obscuro para Ele. Assim, Ele não conhece mais claramente uma coisa do que outra. Não tem atenção, não abstrai (§ 529), não reflete e não compara (§ 626, 870)". Para comentário, cf. CUNHA. *Sobre uma faculdade superior de apetição* (2016). • CUNHA. *A gênese da ética de Kant* (2017).

muitas vezes uma representação que obtemos através dos sentidos é mais clara do que certos conhecimentos através do entendimento, mas toda a sensibilidade deve ser removida de Deus porque, como já foi demonstrado anteriormente, é impossível que objetos possam influenciar um ser independente.

2) *Em segundo lugar: o entendimento de Deus é intuitivo*

Pois o fato de que nosso entendimento não pode inferir de outro modo do que do universal para o particular é uma limitação que de maneira alguma podemos atribuir a um Ser realíssimo. Ao contrário, tal Ser deve intuir todas as coisas imediatamente pelo entendimento e conhecer tudo de uma vez. Não podemos, decerto, formar qualquer conceito de um entendimento intuitivo desse tipo porque não podemos intuir de outra maneira senão pelos sentidos. Mas o fato de que deve haver esse entendimento em Deus é consequência de sua realidade suprema e originalidade.

3) *Em terceiro lugar: Deus conhece tudo* a priori

Podemos conhecer apenas umas poucas coisas sem intuições sensíveis prévias. Isto [1052] nos é, por certo, completamente impossível em todas aquelas coisas das quais não somos nós mesmos autores. Por exemplo, podemos decerto representar *a priori*, no pensamento, um jardim [104] cujo plano projetamos, antes que ele seja efetivamente real. Mas isso não se passa com aquelas coisas que se encontram fora de nossa esfera de atuação. O Ser originário é o fundamento de toda possibilidade. Tudo o que existe é dependente ou derivado dele. Por isso ele deve conhecer *a priori* tudo que é possível, antes mesmo que exista. Deus conhece todas as coisas ao conhecer a si mesmo como o fundamento de toda possibilidade. Isso foi denominado *theologia archetypa* ou *exemplaris*[140], algo do qual já falamos anteriormente. Deus, portanto, não conhece empiricamente, uma vez que isso contradiz um Ser

---

140. De acordo com o compêndio de Baumgarten, "[...] Conhecimento de Deus é TEOLOGIA EM SENTIDO AMPLO. A TEOLOGIA na qual Deus conhece a si mesmo é EXEMPLAR (αρχέτυπος) [...]" (*Metaphysica*, § 866).

originário independente. Nós, seres humanos, conhecemos muito pouco *a priori* e devemos ser agradecidos aos sentidos por quase todo o nosso conhecimento. Por meio da experiência conhecemos apenas fenômenos, o *mundum phaenomenon* ou *sensibilis*, não o *mundum noumenon* ou *intelligibilis*[141], não as coisas como elas são em si mesmas. Isso é mostrado detalhadamente na doutrina do ser (ontologia). Deus conhece todas as coisas como elas *são em si mesmas*, isto é, *a priori*, imediatamente por meio da intuição do entendimento, pois ele é o Ser de todos os seres, no qual toda possibilidade encontra seu fundamento. Se quiséssemos nos lisonjear por conhecer o *mundum noumenon*, teríamos de estar em uma comunidade com Deus de modo a, dessa forma, termos participação imediata nas ideias divinas que são as autoras de todas as coisas em si mesmas. *Esperar isso já nessa vida* [105] *é coisa do místico e do teósofo.* Daí surge na China, no Tibet e na Índia a autoaniquilação mística por meio da qual alguém se imagina finalmente dissolvido na divindade. Basicamente, poder-se-ia qualificar *o esponisismo tanto como um grande fanatismo* [Schwärmarei] *quanto um ateísmo.* Pois Espinosa estabeleceu em Deus, enquanto a única substância, dois predicados: *extensão* e *pensamento*. Todas as almas – ele diz – são apenas modificações do pensamento divino e, todos os corpos, modificações de sua extensão. Então ele admitiu que tudo o que existe se encontra em *Deus*. Mas dessa forma cometeu uma contradição grosseira. Pois se há tão somente uma única substância, ou tenho de ser eu mesmo essa substância, com efeito, Deus, embora isso contradiga a minha dependência, ou sou um acidente, embora isso contradiga o conceito de meu "eu", por meio [1053] do qual penso a mim mesmo como um sujeito último que não é mais um predicado de outra coisa. A atenção, a abstração, a reflexão, a comparação são todas apenas meios auxiliares de um entendimento discursivo. Portanto, elas não podem ser pensadas em Deus, pois Deus não possui qualquer *conceptus*,

---

141. Kant refere-se aqui à distinção fundamental que funda o idealismo transcendental. Sobre isso, em suma, vale destacar uma citação da primeira edição da *Crítica da razão pura*: "[c]hamam-se fenômenos as manifestações sensíveis na medida em que são pensadas como objetos, segundo a unidade das categorias. Mas, se admitirmos coisas que sejam meros objetos do entendimento e, não obstante, como tais, possam ser dados a uma intuição, embora não intuição sensível (por conseguinte, *coram intuitu intellectuali*), teremos de as designar por númenos (*intelligibilia*)" (A 249).

mas *intuitus* puras, por meio das quais seu entendimento conhece imediatamente todos os objetos como eles são em si mesmos. Em contrapartida, todos os conceitos são apenas mediatos[142], posto que surgem de notas universais. Mas um entendimento que conhece tudo imediatamente, um entendimento intuitivo, não tem [106] necessidade da razão[143], uma vez que a razão é tão somente uma marca dos limites do entendimento e ela proporciona conceitos a ele. Mas no momento em que este já obtém conceitos através de si mesmo, não há necessidade da razão. A expressão "razão" está, por isso, abaixo da dignidade da natureza divina. Deve-se deixar esse conceito completamente fora de um Ser realíssimo, sendo melhor atribuir-lhe meramente um entendimento intuitivo como uma perfeição suprema do conhecimento. Dessa intuição imediata do entendimento não possuímos agora nenhum conceito em absoluto, mas não se pode negar e nem provar se talvez a *alma separada*, como uma inteligência, poderia ter, ao invés da sensibilidade, uma intuição parecida por meio da qual ela poderia conhecer as coisas em si mesmas nas ideias da divindade.

O autor divide o conhecimento divino em *scientia simplicis intelligentiae*, *scientia libera* e *scientia media*. No que diz respeito à expressão "ciência" (*scientia*), trata-se de um termo inadequado quando aplicado a Deus. Pois em Deus não sou capaz de distinguir entre saber [Wissen], crença e opinião[144], uma vez que todo seu conhecimento é intuitivo e, consequentemente, seu conhecimento exclui toda opinião. Daí é desnecessário atribuir ao seu conhecimento o nome antropológico de ciência. É melhor o chamarmos

---

142. No primeiro livro da *Analítica dos conceitos*, lemos: "[c]omo nenhuma representação, exceto a intuição, se refere imediatamente ao objeto, um conceito nunca é referido imediatamente a um objeto, mas a qualquer outra representação (quer seja intuição ou mesmo já conceito)" (A 68, B 93).

143. Trata-se de uma crítica aparente ao (§ 872) da *Metaphysica* de Baumgarten: "Deus representa para si mesmo todo *nexu* de maneira distintíssima (§ 864). Ele possui a razão suprema [*summam rationem*] (§ 640). Sua razão é suprema, uma vez que seu entendimento é supremo e assim imutável [...]".

144. Essa importante distinção é bem conhecida na *Crítica*: "[a] crença ou a validade subjetiva do juízo, relativamente à convicção (que tem ao mesmo tempo uma validade objetiva), apresenta os três graus seguintes: *opinião*, *fé* e *ciência*. A *opinião* é uma crença, que tem consciência de ser insuficiente, tanto subjetiva *como* objetivamente. Se a crença apenas é subjetivamente suficiente e, ao mesmo tempo, é considerada objetivamente insuficiente, chama-se *fé*. Por último, a crença, tanto objetiva como subjetivamente suficiente, recebe o nome de *saber*" (A 822, B 850).

simplesmente de conhecimento [Erkentniss]. A divisão em si dificilmente se sustentaria se [107] a pensamos em Deus. Por *scientia simplicis intelligentiae*[145] o autor entende o conhecimento de todo o possível, enquanto, por *scientia libera*, o conhecimento de todo o efetivamente real. Mas em Deus não há qualquer diferença entre o possível e o real, uma vez que um conhecimento integral do possível é, ao mesmo tempo, um conhecimento do efetivamente real. O efetivamente real já está, por certo, compreendido no possível, pois o que é real deve, contudo, ser também possível. De outro modo, não seria real. Por isso, ao pensar todo o possível, Deus pensa dessa forma também todo o efetivamente real. A [1054] distinção entre *scientia simplicis intelligentiae* e *scientia libera* encontra-se, portanto, tão somente *em nossa* representação humana do conhecimento de Deus, mas não nesse conhecimento mesmo. A saber, posto que Deus conhece sua própria essência (*simplex intelligentia*), representamos que Ele também conhece simultaneamente, dessa forma, tudo que é possível, porque ele é o fundamento de todo o possível. Portanto, derivamos o conhecimento do possível de sua natureza e o denominamos *cognitio simplicis intelligentiae*. Por *scientia libera*[146] pensamos, no entanto, o conhecimento divino de todo o efetivamente real na medida em que, nesse conhecimento, Deus é simultaneamente consciente de sua livre escolha das coisas: pois, ou todas as coisas são reais *de acordo com a necessidade de sua natureza* – e este seria o princípio *da emanação* –, ou elas passam a existir por meio de *sua vontade* e este é o sistema da criação [108]. Ora, na medida em que Deus, no conhecimento de todo o possível, é ao mesmo tempo consciente de sua vontade livre em relação a todas as coisas possíveis que Ele tornou reais, pensamos nele uma *scientia libera*. Essa representação funda-se, portanto, no sistema de criação segundo o qual Deus é o autor de todas as coisas por meio de sua vontade. Mas também está de acordo com o princípio de emanação. Uma vez que tudo o que existe é real através da necessidade da natureza divina, Deus seria consciente de todas

---

145. Por definição, segundo a *Metaphysica*: "Deus conhece (§ 873) (I) todas as determinações de todas as coisas, na medida em que estas são consideradas mera possibilidade. Isto é CIÊNCIA [*SCIENTIA*] DO POSSÍVEL [literalmente CIÊNCIA DA INTELIGÊNCIA SIMPLES]" (*Metaphysica*, § 874).

146. Segundo o compêndio, "Deus conhece (§ 873) (II) todas as determinações do que é real (1) nesse mundo. Isto é CIÊNCIA LIVRE [...]" (*Metaphysica*, § 875).

as coisas não por ser consciente de sua própria escolha livre das coisas, mas por ser consciente de sua própria natureza como uma causa de todas as coisas. No fato de que Deus é um *ens entium*, um ser originário independente, funda-se todo o seu conhecimento. Pois se Deus não fosse a causa das coisas, então ou de modo algum Ele poderia conhecê-las, uma vez que não haveria nada em sua natureza que poderia lhe proporcionar conhecimento das coisas que lhe são exteriores, ou as coisas deveriam ter sobre Ele uma influência através da qual elas lhe concederiam uma marca de sua existência. Mas então Deus teria de ter um conhecimento sensível dessas coisas e, consequentemente, ser *passibilis*, algo que, contudo, contradiz a sua independência como um *ens originarium*. Por isso, se Deus deve conhecer as coisas sem a sensibilidade, Ele não pode conhecê-las senão sendo consciente de si mesmo como a causa de todas as coisas. E, com efeito, o conhecimento divino de todas as coisas não é outro do que [109] aquele conhecimento que Deus tem de si mesmo como uma força efetiva. O autor ainda divide a *scientia libera* em *recordatio acientiam visionis* e *praescientia*[147]. Mas essa divisão mais uma vez é elaborada segundo as representações humanas e não pode ser pensada no conhecimento divino em si. Para Deus, o Imutável, nada é passado [1055] ou futuro, uma vez que de modo algum Ele está no tempo. Ele conhece tudo de uma vez intuitivamente, independente se está presente ou não de acordo com nossa representação. Se Deus conhece tudo, também conhece nossas ações livres. Por certo, mesmo aquelas que ainda vamos realizar no futuro. Mas pelo fato de que Deus as prevê, a liberdade de nossas ações não é, dessa forma, suprimida e nem limitada, pois Ele prevê simultaneamente todo o nexo no qual todas as ações estão compreendidas, os motivos pelos quais a realizamos e os propósitos que esforçaremos para alcançar por meio delas. Ora, ao prever isso tudo, Deus não determina completamente e em absoluto que tenha de acontecer. Por meio de sua presciência de modo algum Ele torna necessárias nossas ações futuras, como alguns acreditaram equivocadamente, mas Ele vê tão somente que esta ou aquela ação acontecerá. Ademais, o conceito de presciência é

---

147. Por sua vez, "[a] ciência livre (da visão) [...] é conhecimento α) de coisas passadas por meio da RECORDAÇÃO DIVINA; β) de coisas presentes por meio da CIÊNCIA DA VISÃO; γ) de coisas futuras por meio da PRESCIÊNCIA" (*Metaphysica*, § 875).

antropomórfico e não pode, por isso, ser pensado no próprio Deus. Na verdade, não há a menor [110] dificuldade em representar como Deus conhece as ações futuras do ser humano. Compreender tanto um quanto o outro é necessário para nossa razão.

A chamada *scientia media*[148] ou o conhecimento daquilo que poderia acontecer em outros mundos possíveis à parte do aqui existente é uma distinção inútil. Pois se Deus conhece todo o possível, Ele conhece tal coisa tanto em si quanto *in nexu* e, consequentemente, conhece, justamente por isso, todos os mundos possíveis como um todo. Um conhecimento é livre se o objeto mesmo depende do conhecimento. Por isso nosso conhecimento não é livre, porque os objetos em si nos são dados e nosso conhecimento depende do objeto. Portanto, ele tem de se dirigir segundo a constituição dos objetos. Em Deus, ao contrário, o conhecimento é livre, uma vez que a existência do mundo depende desse conhecimento. O fato de que o conhecimento de Deus é, portanto, livre pressupõe que Deus é a causa do mundo *por liberdade* ou o autor do mundo.

Todos os erros pressupõem aparência e sedução. Eles não são uma mera deficiência do conhecimento, mas são uma consequência de obstáculos positivos à verdade[149]. Deus não conhece nada *a posteriori*. Nenhum objeto pode ter influência sobre Ele, pois Ele é independente, uma vez que é o [1056] Ser originário e, consequentemente, também *impassibilis*. Mas justamente pelo fato de que nenhum objeto [111] o influencia, nenhum objeto também pode enganá-lo. Deus é, portanto, *infallibilis*[150]. Provas tais que são levadas adiante

---

148. "Deus conhece todas as determinações do que é real (2) em outro mundo [possível]. Isto é CIÊNCIA MÉDIA" (*Metaphysica*, § 876).
149. Desde 1763, em *Uma tentativa de introduzir o conceito de grandezas negativas dentro da filosofia*, é possível notar o abandono da perspectiva leibniziana antes defendida em seu *Ensaio sobre algumas considerações sobre o otimismo* (1759). Kant compreende, desde então, que o vício não é uma ausência de bondade ou de perfeição, mas um *meritum negativo*, algo que, de fato, representa uma realidade efetiva. A supressão da obrigação, que caracteriza propriamente a natureza das ações viciosas, acontece através da *atuação real* das próprias *forças do ânimo* ao se opor a uma lei interna inata: "[e]ssa lei interna é um fundamento positivo de uma boa ação, e, se a consequência é zero, só pode ser porque aquilo que decorreria da simples consciência da lei foi suprimido. Aqui, portanto, há uma privação, uma oposição real, e não apenas uma ausência" (AA, II: 182). Para comentário, cf. CUNHA. *A gênese da ética de Kant* (2017).
150. Para Baumgarten, "[a]quele que não pode errar é INFALÍVEL [...] Logo, quando atribuímos a infabilidade máxima a Deus (§ 812), veneramos aquele que é incapaz

especificamente a partir de certos predicados convenientes a Deus são sempre melhores do que aquelas derivadas meramente a partir do conceito de um *ens realissimum*. Pois, muitas vezes, é difícil averiguar nesse último caso se algo é uma realidade pura.

O autor denomina a *scientia visionis* ou *liberam* um *analogon modi*[151], como se o conhecimento de uma coisa que é real contivesse mais do que o conhecimento do possível. Mas essa diferença da coisa na medida em que é, primeiro, possível e, então, real é apenas uma distinção tendo em vista as relações temporais e de modo algum diz respeito a Deus. O autor agora passa adiante para outro atributo de Deus, a saber, para a *sabedoria divina*. Mas ele se precipita dessa forma, uma vez que a sabedoria já pressupõe uma faculdade de apetição que, contudo, não foi demonstrada em Deus. Pois, como *summa intelligentia*, Deus possui *três* predicados que lhe atribuímos a partir da psicologia, a saber, *conhecimento*, *prazer* e *desprazer* e uma *faculdade de apetição*[152]. Por questão de economia, deveríamos nos poupar doravante desse tratamento da sabedoria de Deus. Entretanto, com o propósito de não abandonar a ordem apresentada pelo autor, já queremos tratar agora, mesmo que provisoriamente, de alguma coisa em relação a isso. Um ser que possui conhecimento tem de possuir os dois seguintes atributos [112]:

1) *perfeição teórica de seu conhecimento*

Nisso se incluiria a questão de que em qual medida o conhecimento é conhecimento comum ou ciência. Ambos não são convenientes a Deus, mas concernem meramente ao ser humano. Pois o

---

de confundir absolutamente as diversas e maiores verdades com qualquer falsidade" (*Metaphysica*, § 879).

151. Lemos em Baumgarten: "[o] conhecimento livre de Deus é uma de suas perfeições. E uma vez que é absolutamente necessário que o conhecimento livre de Deus seja o mais verdadeiro, convém a Deus que este mundo exista em e por si mesmo de maneira contingente. Por isso é absolutamente necessário que o conhecimento livre de Deus seja fundamental apenas de maneira contingente. Logo, o conhecimento livre de Deus é um modo análogo" (*Metaphysica*, § 881).

152. Observamos aqui a tradicional distinção das faculdades do ânimo apresentada na *Crítica da faculdade de julgar*. Ao versar sobre o sistema de todas as faculdades humanas, Kant afirma: "[p]odemos reduzir todas as faculdades do ânimo, sem exceção, às três seguintes: a *faculdade de conhecimento*, o *sentimento de prazer e desprazer* e a *faculdade de desejar*" (AA, V: 205-206).

conhecimento comum é um agregado, enquanto a ciência, em contrapartida, um sistema de conhecimentos. Ambos compreendem em si uma quantidade de conhecimentos apenas distinguindo-se no fato de que, no primeiro caso, eles estão aglomerados juntos sem qualquer princípio enquanto, no outro caso, estão ligados, de maneira comum, sob uma unidade. A perfeição teórica do conhecimento de Deus significa a *onisciência*.

2) *Perfeição prática* do conhecimento. Nisso se inclui:

a) *habilidade*, isto é, a perfeição no conhecimento para escolher os meios de acordo com os fins arbitrários que são ainda problemáticos.

b) *prudência*. Este é o conhecimento dos meios para fins dados [1057], na medida em que os meios para isso não se encontram totalmente em meu poder. Esses meios são seres racionais. Por isso, a prudência não é nada mais do que uma habilidade para servir-se de seres que agem livremente em vista de fins dados.

c) *sabedoria*[153], isto é, perfeição do conhecimento na derivação de todo fim a partir do sistema de todos os fins. O contentamento está baseado na unidade dos fins. Vemos [113] facilmente que as duas primeiras perfeições do conhecimento, a saber, a habilidade e a prudência, não podem ser predicadas de Deus, uma vez que são próximas demais do ser humano e, além disso, o que contém de real nelas já se encontra na onisciência. Como é possível, por exemplo, atribuir prudência a Deus, se Ele possui todas as perfeições relativas ao poder e, consequentemente, nunca podem ser dados a Ele fins para os quais os meios não estivessem completamente em seu poder! Está abaixo da dignidade da natureza divina pensar Deus como hábil e prudente. A sabedoria, ao contrário, não convém em sentido próprio a nenhum outro ser além de um Ser de perfeições supremas. Pois quem além dele conhece um sistema de todos os fins e está em

---

153. Como Baumgarten, Kant compreende a sabedoria [*sapientia*] como a capacidade de perceber a ligação geral dos fins e dos fins particulares. Segundo a própria definição do autor do compêndio: "SABEDORIA EM GERAL é a perspisciência de um nexo final. SABEDORIA EM PARTICULAR é a perspiciência de fins e PRUDÊNCIA é a perspiciência dos meios [...]" (*Metaphysica*, § 882).

condições de derivar daí cada fim? Mas se também predicamos a sabedoria do ser humano, não podemos entender por isso outra coisa do que a composição de todos os nossos fins com a moralidade. Pois a moral tem precisamente por objeto a consideração de como cada fim pode ser reunido com a ideia do todo de todos os fins e julga todas as ações como regras comuns. Portanto, na medida em que nosso conhecimento das ações humanas é derivado do princípio de um possível sistema de todos os fins, ele pode ser chamado de sabedoria humana. [114] Portanto, podemos também dar um exemplo *in concreto* de um entendimento supremo que infere o particular do todo: este é o nosso comportamento na moralidade[154], uma vez que também determinamos nesse caso o valor de cada fim, a partir da ideia da totalidade de todos os fins. Em contrapartida, não temos qualquer conceito do todo na noção de felicidade, mas *compomos a felicidade apenas de partes. E justamente por isso não podemos estabelecer também nossas ações de acordo com a ideia de felicidade, uma vez que um todo assim não pode ser pensado por nós* [1058]. Mas o ser humano tem uma ideia da totalidade de todos os fins, embora nunca possa alcançar completamente tal coisa e, por isso, ele mesmo não é sábio. Por conseguinte, a sabedoria divina não se distingue da sabedoria humana meramente por quantidade, mas mesmo por qualidade, assim como sua necessidade absoluta se distingue da existência de todas as outras coisas.

A sabedoria divina consiste também na concordância da escolha divina consigo mesma. Um plano de *escolha* que em sua realização produzisse colisões e por isso exigisse exceções não pode ser o mais perfeito[155]. Justamente por isso, o plano de Deus em relação à orde-

---

154. Kant busca aqui uma analogia entre a vontade moral dos seres humanos e a vontade de Deus. É certo que, na história do desenvolvimento de sua ética, uma reflexão acerca do problema do arbítrio divino foi de fundamental importância para o estabelecimento da doutrina do imperativo categórico. Sobre isso, lemos nas seguintes reflexões ao compêndio de filosofia prática de Baumgarten: "Deus não é o autor da lei moral mediante a sua vontade, mas a vontade (divina) é a lei moral, a saber, o protótipo da vontade perfeitíssima" (AA, Refl. 7.092; XIX: 247). "A vontade de Deus é o ideal (o protótipo, o padrão, o guia) da vontade perfeitíssima. Com efeito, dizer que Ele é o originador de toda obrigação significa dizer que a maior perfeição contém o fundamento da moralidade" (AA, Refl. 6.773; XIX: 157). Para comentários, cf. HENRICH. "Über Kants früheste Ethik". In: *Kant-Studien*, 54 (1963). • SCHNEEWIND. *A invenção da autonomia* (2001). • CUNHA. *A gênese da ética de Kant* (2017).

155. Certamente se trata aqui de uma crítica ao voluntarismo teológico. Em diversos lugares da obra de Kant observamos a rejeição da ideia voluntarista de que a

nação da natureza tem de se conectar [115] com a vontade divina como um todo. E é precisamente essa unidade completa na escolha do meio em relação a seus fins que é uma propriedade da sabedoria divina. Contudo, protelaremos o resto dessa discussão até o tratamento da vontade divina para o qual isso pertence.

O autor discute também sobre a *onisciência* divina[156] e a define como um atributo distinto do conhecimento divino. Mas, em Deus, de modo algum podemos assinalar especialmente o conhecimento para distingui-lo da crença, da opinião e da conjectura. Pois a última é eliminada totalmente em Deus, uma vez que Ele conhece tudo. Seu conhecimento [Erkenntniss] é um saber [Wissen], pois este saber decorre da onissuficiência do conhecimento. Justamente pelo fato de que não conhecemos integralmente as coisas, muitas vezes não está em nosso conhecimento um saber, mas uma crença. Em contrapartida, o conhecimento integral de Deus em relação a tudo é a onisciência.

Para concluir esse tratamento do conhecimento divino acrescentamos ainda uma observação que se relaciona à ideia platônica. A palavra ideia significa propriamente *simulacrum* e, justamente por isso, na filosofia humana, um conceito da razão na medida em que nenhuma experiência possível pode ser adequada a ela. Platão pensou as ideias divinas como os arquétipos das coisas de acordo com os quais essas coisas são estabelecidas, embora elas nunca [116] seriam colocadas como adequadas à ideia divina mesma. Por exemplo, a ideia divina do ser humano, enquanto arquétipo, seria a ideia mais perfeita do ser humano mais perfeito. Os indivíduos particulares, os seres humanos reais, seriam formados de acordo com essa ideia, embora nunca de modo que correspondessem [1059] completamente a ela. Como resultado, acusaram Platão de fazer passar por substâncias puras essas ideias em Deus. No segundo século, apareceu por fim uma seita conhecida como eclética que sonhou com a possibilidade *de poder participar dessas ideias divinas. E sobre isso apoiou-se*

---

moralidade é estabelecida em Deus tão somente por seu arbítrio, sem respeitar as verdades de seu entendimento. Para comentários, cf. CUNHA. "Wolff e Kant sobre obrigação e lei natural". In: *Transformação*, vol. 38, n. 3 (2015). • CUNHA. *A gênese da ética de Kant* (2017) • SCHNEEWIND. *A invenção da autonomia* (2001).
156. "ONISCIÊNCIA é a ciência de tudo [scientia omnium] [...]" (*Metaphysica*, § 889).

toda teosofia mística que, basicamente, não foi nada mais do que uma filosofia platônica corrompida.

Ora, depois de ter tratado o primeiro predicado da psicologia em relação a Deus, a saber, a faculdade de conhecimento ou o entendimento, o autor passa imediatamente à *vontade* de Deus que, assim como o entendimento é uma perfeição teórica, é uma perfeição prática. Mas aqui, de início, muitas dificuldades se mostram imediatamente quando se pergunta: Deus possui uma faculdade de apetição? E como ela é constituída? Todos os desejos são imanentes ou transcendentes. Isto é, eles referem-se à coisa mesma que os possui e permanecem nela ou referem-se a algo que está fora dessa coisa. Mas ambos os casos não podem ser pensados em um Ser de todos os seres. Em primeiro lugar, um Ser onissuficiente não pode [117] ter quaisquer desejos imanentes, justamente pelo fato de que é onissuficiente. Pois todo desejo dirige-se sempre a algo possível ou futuro. Mas Deus possui efetivamente todas as perfeições e, por isso, nada mais resta que Ele pudesse desejar como possibilidade futura. Tampouco é possível representar em Deus um desejo e um acordo com algo que lhe é exterior, pois de outro modo Ele precisaria da existência de outra coisa para preencher a consciência de sua própria existência. Isto, no entanto, é contra o conceito de um *ens realissimum*. A grande questão é, portanto, a seguinte: Como devemos pensar um ser mais perfeito como tendo desejo? As investigações seguintes nos conduzirão à resposta dessa pergunta. Todas as faculdades do ânimo são (1) *conhecimento*; (2) sentimento de prazer e desprazer, ou melhor, uma vez que a palavra sentimento parece significar algo sensível, *faculdade de comprazimento* [Wohlgefallens] e *desprazimento* [Missfallens]; (3) *faculdade de apetição*.

Entre todos os seres há apenas alguns que tem capacidade de representação. Na medida em que essas representações podem se tornar a causa dos objetos da representação ou de sua realidade, então aqueles são chamados de seres vivos. A faculdade de apetição é, portanto, a causalidade da capacidade de representação [1160] em vista da realidade de seus objetos. A vontade é a faculdade dos fins. O comprazimento não pode consistir, como o autor o define, na consciência [118] da perfeição[157], visto que a perfeição é a concor-

---

157. A concepção wolffiana segundo a qual o prazer ou o comprazimento é sempre um produto derivado de uma intuição do conceito ontológico de perfeição é resu-

dância da diversidade na unidade[158]. Pois eu não quero saber aqui em relação a que sinto um prazer, mas o que é o prazer mesmo[159]. O prazer mesmo não consiste na relação de minhas representações em vista do objeto, mas de outro modo na relação das representações em vista do sujeito na medida em que essas representações podem determinar o sujeito para o tornar real do objeto. Portanto, na medida em que a representação é a causa da realidade do objeto, ela é chamada de *faculdade de apetição*. Mas na medida em que ela determina, antes de tudo, o próprio sujeito ao desejo, chama-se *prazer*. Dessa forma se vê claramente que o prazer precede o desejo. O comprazimento com sua própria existência, quando esta é contudo dependente, chama-se *felicidade. A felicidade é, portanto, o contentamento com a minha própria existência dependente.* Mas o comprazimento completo com sua própria existência independente chama-se *acquiescentia in semetipso*[160] ou autossuficiência (*beatitudo*).

mida satisfatoriamente no (§ 655) da *Metaphysica* de Baumgarten: "[o] estado da alma decorrente da intuição da perfeição é prazer [*voluptas*] (comprazimento [*complacentia*]) e o estado da alma decorrente da imperfeição é desprazer [*taedium*] (desprazimento [*displicentia*])".

158. Para Baumgarten, "[s]e diversas coisas assumidas juntas constituem o fundamento suficiente de uma única coisa, elas concordam. A concordância em si é PERFEIÇÃO [...]" (*Metaphysica*, § 94). Da mesma forma, para Wolff, "[a] concordância na variedade constitui a perfeição de uma coisa" (*Metafísica alemã*, § 152). Ao alterar a sua orientação, Kant ganha espaço para avançar em sua compreensão de uma razão prática como faculdade *sui generis* e independente. Em um ensaio de 1763, *O único argumento possível para uma demonstração da existência de Deus*, a ideia de perfeição moral é desvinculada da sua tradicional acepção, de seu sentido teórico objetivo, para ser entendida como uma qualidade interna e *sui generis* da vontade: "[e]u despendi um longo tempo investigando cuidadosamente o conceito de perfeição, de forma geral e em particular". Este conceito "sempre pressupõe a relação de um ser dotado de conhecimento e desejo [...]; [c]onsequentemente, as possibilidades das coisas mesmas, que são dadas através da natureza divina, harmonizam com seu grande desejo. Nesta harmonia, todavia, existe o bem e a perfeição" (AA, II: 90-91). Essa reformulação vai ser o ponto de partida para o desenvolvimento da ética madura de Kant. Para comentários, cf. CUNHA. *A gênese da ética de Kant* (2017). • HENRICH. *Über Kants früheste Ethik* (1963). • SCHNEEWIND. *A invenção da autonomia* (2001).

159. A nova compreensão do conceito de perfeição leva Kant ao abandono da perspectiva consequencialista wolffiana em relação ao prazer, como uma decorrência condicionada de um conceito ontológico, para assumir uma posição imediatista na qual, ao contrário, o prazer é uma condição primeira para a realização ou a fruição do objeto. Esse ponto é especialmente importante por suas consequências no campo da filosofia prática e da estética. Especialmente interessante, em relação a isso, é a crítica kantiana à estética de Baumgarten na primeira "Introdução" da *Crítica da faculdade de julgar* (AA, V: 226-232).

160. Lemos no tratado escolástico: "[u]ma vez que Deus intui em si mesmo de maneira completamente distinta tanto o bom, o melhor e aquilo que é santíssimo

A beatitude de um ser consiste, dessa forma, no comprazimento com sua própria existência *sem qualquer necessidade* e, por isso, convém única e exclusivamente a Deus, pois só Ele é independente. Então, se a vontade de Deus deve ser representada por meio do entendimento, como a vontade de um Ser autossuficiente, disso resulta que, antes de tratar a vontade de Deus, tem de ser discutida, primeiramente, a faculdade do objeto [119] do comprazimento e desprazimento e então também a autossuficiência de Deus. Essa tentativa é nova, mas é fundada na sequência natural das ideias segundo a qual tem de ser exposto primeiro aquilo sem o qual a matéria em questão não pode ser conhecida claramente. Daí para responder aquela questão fundamental de como pode ter lugar em um Ser realíssimo uma faculdade de apetição e de como ela é constituída, teremos primeiro de tratar com a faculdade de prazer e desprazer de Deus e com a sua beatitude. Se deve ocorrer uma conexão entre o entendimento divino e a vontade, tem de ser mostrado como um Ser autossuficiente pode ser a causa de alguma coisa distinta fora dele. Pois é justamente daí que se deriva a sua vontade, por meio da qual Ele é o criador do mundo. Vemos que as coisas no mundo podem ser muito bem a causa de algo diferente delas mesmas, mas essa qualidade se relaciona não às coisas mesmas, mas tão somente à determinação de tais coisas. Não se relaciona às substâncias, mas à forma [1061]. Disso se segue que, em Deus, a causalidade por meio da qual Ele deve ser o autor do mundo, tem de ser de um tipo totalmente diferente. Assim de modo algum podemos pensar a causalidade de Deus, ou seja, a sua capacidade de tornar real as outras coisas exteriores a si, senão através de seu entendimento. Ou, em outras palavras, um Ser que é autossuficiente pode [120] ser a causa de outras coisas fora de si só por meio de seu entendimento. E é precisamente essa causalidade do entendimento de tornar real os objetos de sua representação que se chama vontade. A causalidade do Ser supremo em relação ao mundo ou a vontade através da qual Ele fez o mundo baseia-se em seu entendimento supremo e não pode se fundamentar em nada além disso. Pois pensamos o oposto do entendimento como uma raiz eterna atuando de maneira cega, uma *natura bruta*. Mas como a

---

(§ 866, 828), Ele deriva o mais puro prazer de si mesmo (§ 661). Isto é a aquiescência de Deus dentro de si mesmo [*acquiescentia in se ipso*] [...]" (*Metaphysica*, § 892).

vontade de Deus poderia se situar nessa causalidade? Sem entendimento, de modo algum ela pode ter uma faculdade para relacionar a si mesma – ou seja, seu próprio sujeito – com algo diferente de si ou de formar representações exteriores a Deus[161]. E apenas sob essa condição particular é possível, contudo, que algo possa ser a causa de outras coisas exteriores a si. Disso se segue, portanto, que um Ser onissuficiente só pode produzir as coisas exteriores a si através de sua vontade e não através da necessidade de sua natureza. A autossuficiência de Deus, ligada com seu entendimento, é *onissuficiência*. Pois ao conhecer a si mesmo, Ele conhece dessa forma todo o possível que está contido em si enquanto um fundamento. O comprazimento de um ser consigo mesmo, como um fundamento possível da produção das coisas, determina a causalidade. Podemos expressá-lo em outras palavras dessa forma: em Deus, a causa de sua vontade de que haja coisas fora dele consiste precisamente em seu autocontetamento supremo [121] na medida em que Ele é consciente de si mesmo como um Ser onissuficiente. Deus conhece a si mesmo, mediante seu entendimento supremo, como um fundamento onissuficiente de toda possibilidade. Ele possui o comprazimento supremo nessa faculdade ilimitada em vista de todas as coisas possíveis e esse contentamento consigo mesmo é justamente a causa pela qual Ele torna efetivamente real tudo que é possível. Portanto, em Deus, este é o desejo para produzir coisas exteriores a Ele. O produto de tal vontade será a maior totalidade de todo o possível, isto é, o *summum bonum finitum*, o mundo mais perfeito.

Se formamos tal [1062] representação de sua vontade, uma que seja adequada ao Ser supremo, desaparecem todas as objeções que são feitas frequentemente contra a possibilidade de uma vontade em um Ser autossuficiente. Pois todas essas objeções só vão contra o conceito antropomórfico da vontade de Deus. É dito, por exemplo, que um ser que deseja algo fora de si não pode ser satisfeito senão se aquilo que ele deseja existe efetivamente. A vontade ou o desejo em relação

---

161. Nesse ponto encontramos uma ambiguidade em relação ao termo "*ausser ihm*", uma vez que a partícula "*ihm*" em questão pode se referir tanto aos termos "faculdade" [Vermögen] quanto "sujeito", ambos substantivos neutros. As versões inglesa e espanhola fazem uma referência à "vontade divina", embora não aja concordância gramatical nesse caso. A versão francesa opta por referir-se ao termo "sujeito". Optamos por interpretar a partícula "*ihm*" como uma referência a Deus, algo subentendido no contexto.

a algo pressupõe, portanto, que o comprazimento ou o contentamento de um ser que possui tal desejo não pode ser completo senão por meio da existência de outras coisas. Ora, isso ocorre certamente em todo ser criado. Nesse caso, o desejo em relação a algo pressupõe sempre uma necessidade [122] pela qual desejo a coisa. Mas por que e qual a origem disso? *É justamente porque nenhuma criatura é autossuficiente*, mas cada uma delas necessita sempre de muitas coisas. Precisamente por isso ela não pode desejar nada fora de si, a menos que obtenha um grau mais elevado de autocontentamento por meio da produção daquilo que deseja. Mas em um ser que é independente e, portanto, autossuficiente, o fundamento de sua vontade e o desejo de que exista coisas fora dele encontra-se precisamente no fato de que ele reconhece em si a capacidade para tornar efetivamente reais as coisas fora dele[162]. Vemos assim, pois, que de acordo com a razão, mesmo em um Ser autossuficiente pode ter lugar, contudo, uma faculdade de apetição e vontade de modo que é, por certo, impossível pensar um ser que possui um autocontentamento supremo ligado a um entendimento superior, sem que fosse pensado nele, ao mesmo tempo, uma causalidade em relação aos objetos de suas representações. Obviamente o conceito antropomórfico de vontade tem de ser afastado, pois de outro modo surge, ao invés de concordância, uma vã contradição. Ora, mas antes de avançarmos para o nosso tratamento próprio da vontade divina, temos, antes de tudo, de tomar da *fisicoteologia* uma introdução para isso.

---

162. Em relação a isso, uma passagem de *O único argumento possível para uma demonstração da existência de Deus* é bastante esclarecedora: "[n]ela, [na vontade de Deus] nenhuma coisa exterior é propriamente fundamento de prazer e desprazer, pois ela não depende absolutamente de outra coisa e esse prazer puro não habita Aquele que por si mesmo é bem-aventurado porque o bem exista fora dele; ao contrário, esse bem existe porque a representação eterna de sua possibilidade e o prazer ligado a ela são um fundamento da satisfação do apetite" (AA, II: 201). Essa representação da vontade de Deus vai adquirir uma fundamental importância no que diz respeito à compreensão kantiana de uma razão prática, sobretudo, quando for interpretada em consonância ao conceito rousseaniano de vontade geral. Para comentário, cf. HENRICH. *Über Kants früheste Ethik* (1963). • SCHNEEWIND. *A invenção da autonomia* (2001). • CUNHA. *A gênese da ética de Kant* (2017).

TERCEIRA SEÇÃO
A FISICOTEOLOGIA

A questão a saber é: É possível inferir da ordem finalística [zweckmässigen] da natureza um autor inteligente da mesma? Em seus *Diálogos*, Hume faz uma objeção nada fraca contra isso. Ele diz: se aceitamos uma causa superior que, por meio de entendimento e liberdade, trouxe toda ordem à natureza, não é possível compreender como essa inteligência deveria ter todas as perfeições que seriam necessárias para a produção de tal harmonia e de onde seriam derivadas então todas essas excelências nesse Ser. Somos capazes de compreender isso tão pouco – ele afirma – quanto o modo como as perfeições no mundo teriam surgido sem a pressuposição de um autor inteligente. A força dessa objeção só é verdadeiramente sentida ao compreendermos como nos é absolutamente impossível afirmar a necessidade absoluta de um Ser originário superior ou conhecer de onde o próprio Deus provém. Ora, a seguinte questão fica igualmente sem resposta: De onde provêm todas as perfeições em Deus? Mas já mostramos, por outro lado, que também não somos capazes de discernir com nossa razão a existência de um ser cuja não existência é impossível – em uma palavra [124], uma existência absolutamente necessária. No entanto essa mesma razão ainda nos impele *a aceitar tal Ser como uma hipótese subjetivamente necessária para nós*, uma vez que, de outra maneira, não podemos especificar nenhum fundamento do porque uma coisa em geral é possível. Portanto, se mesmo para nossa razão especulativa é uma verdadeira necessidade ter de pressupor um Deus, ao considerar o fato de que tal coisa não pode ser provada apoditicamente, disso não resulta nada mais do que o fato de que *isso ultrapassa a capacidade de nossa razão*.

Ora, mas no que diz respeito à objeção humeana, a despeito de sua forte impressão, ela é, contudo, equivocada. Comparemos as duas hipóteses uma com a outra. A primeira é a seguinte: um ser sumamente perfeito é, por meio de seu entendimento, o autor do mundo. A segunda é: uma natureza eterna atuando de maneira cega é a causa de toda conformidade a fins e ordem no mundo. Deixe-nos ver se podemos admitir essa última. Mas podemos pensar, sem nenhuma contradição, que conformidade a fins, beleza e harmonia poderiam ter surgido no mundo de uma *natura bruta*, sendo que todas essas coisas devem ser predicados óbvios de um entendimento? Como poderia a natureza por si mesma concordar, através de uma diversidade de meios em união recíproca, com determinados propósitos finais? Encontramos no mundo, em toda parte, uma cadeia de causas e efeitos, de [1064] fins e meios, de regularidade [125] no nascer e no perecer: Como tudo isso poderia chegar por si mesmo no estado em que se encontra? Ou como poderia uma natureza toda poderosa atuando apenas de maneira cega ser a causa disso? Conformidade a fins nos efeitos pressupõe, por certo, sempre entendimento na causa. Ou alguma concorrência de contingências cegas está igualmente em condições de simplesmente produzir uma mariposa com uma estrutura em conformidade a fins? Hume disse: uma mera fecundidade está, certamente, em condições de produzir uma harmonia em seus efeitos. Vemos isso agora no mundo, de maneira clara, a partir do modo como as coisas surgem. Nós mesmos, enquanto seres inteligentes, somos engendrados sensivelmente por nossos pais e não criados através de seu entendimento. Certamente! Mas a totalidade de todas as coisas, o universo, é engendrada também por alguma causa fecunda? Que sofisma! Poderia então um ser composto que existe a partir de substâncias verdadeiras, tal como é o mundo, possuir um entendimento? Nos é possível pensar um entendimento distribuído? Dessa forma nos é certamente mais compreensível aceitar que um entendimento supremo e uma vontade projetou e executou todas as ordenações em conformidade a fins no mundo, em vez de aceitar que uma causa fecunda *sem nenhum* entendimento deve ter produzido tudo isso em virtude da necessidade de sua natureza. Não é possível pensar o último sem contradição, pois sem entendimento a natureza sequer tem, supondo que queiramos pensar um [126] Ser originário tal que atua de maneira cega, a capacidade de se reportar ao seu sujeito e às coisas fora dela. Ora, como poderia ela ter a causalidade ou a capacidade de tornar real coisas exteriores a ela e, além disso, coisas que estão de acordo com um plano? Mas se coisas no mundo são agora engendradas por fecundidade, trata-se, por certo, apenas das *formas* das coisas. No que diz respeito à sua origem primeira, as coisas mesmas que já estão contidas nos sentidos não poderiam ser produzidas de outra maneira senão por um Ser mediante liberdade e entendimento. Ao contrário, se aceitamos uma inteligência suprema que, por meio de sua vontade, causou o todo da criação, não é de tudo incompreensível como pode ter lugar na natureza uma ordem em conformidade a fins, já que a derivo, por certo, de um entendimento superior. Mas *como* este Ser superior [oberste] possui todas as perfeições suficientes ou *de onde* ele obteve tais perfeições, isso é resultado de sua necessidade absoluta que, decerto, devido às limitações de minha razão, eu não compreendo, mas que [1065], por isso mesmo, também não posso negar. Depois dessa introdução preliminar, agora passamos ao tratamento propriamente dito da vontade de Deus e seguimos o autor[163] nisso tendo em vista a ordem dos parágrafos.

Primeiramente, o autor discute a questão de que a faculdade de apetição em Deus não pode ser sensível. Isto é resultado do fato de que Deus, como um *ens originarium independens*[164] [127], não pode ser afetado por objetos. Mas tanto isso quanto o que o autor discute sobre a *acquiescentia Dei in semetipso*[165], nós já tratamos em mais detalhes anteriormente. Ora, mas se perguntamos – Em que consiste a vontade de Deus? –, podemos responder que consiste no fato de que o entendimento divino determina sua atividade para a produção do objeto que ele representa. No ser humano, o comprazimento é o prazer em um objeto. Então encontro, por exemplo, um comprazimento em uma casa, mesmo que a veja apenas no projeto. O comprazimento na existência do objeto chama-se, no entanto, *interesse*. Não posso predicar ambos de Deus. Ele não possui nenhum prazer e tampouco interesse, pois é autossuficiente e já tem um autocontentamento completo em sua própria existência independente. Ele não precisa de quaisquer coisas fora de si que poderiam aumentar sua beatitude. Podemos atribuir a Deus apenas um análogo

---

163. Uma referência à seção 3 do capítulo 4 da *Metaphysica* sobre *Theologia naturalis*, intitulado *Voluntas Dei*.
164. Ser originário independente.
165. Aquiescência de Deus em si mesmo.

de interesse, a saber, uma similaridade em termos de relação[166]. A relação entre o benefício que recebo de um ser afortunado que não precisa de mim e a vontade pela qual este ser me conferiu o benefício é a mesma que aquela que existe entre todo bem no mundo e a vontade de Deus que, de resto, tem sua natureza desconhecida para mim. Apenas sei suficientemente que sua vontade é *bondade pura* e isso me basta. Assim os estoicos pensavam o ideal de um sábio, como alguém que não sentia nenhuma compaixão pelo sofrimento, [128] mas cujo maior prazer estava em remediar todo sofrimento. Isso não é possível entre seres humanos, pois aqui deve ser acrescentado ainda um móbil ao bem que conheço, antes que eu possa produzir efetivamente esse bem. Isso acontece porque minha atividade é limitada e tenho, portanto, ao querer aplicar minhas forças para produzir um bem, de julgar primeiramente se, dessa forma, não poderia se esgotar minha capacidade de produzir outro bem. Aqui preciso, portanto, de certos móbeis que determinam minhas forças a esse ou aquele bem, já que não tenho a capacidade suficiente de produzir efetivamente todo bem que conheço. Ora, esses móbeis consistem em certas relações subjetivas por meio das quais se determina, depois de pressupor [1066] o comprazimento judicativo ou o conhecimento do bem, o meu comprazimento para escolher [wählendes][167]. Se fosse retirada essa relação subjetiva, suprimir-se-ia também minha escolha do bem. Algo completamente diferente acontece em Deus. Ele possui a força suprema ligada com o entendimento supremo. Posto que seu entendimento conhece a capacidade de tornar reais os objetos de suas representações, Ele é determinado *eo ipso* à atividade e à produção do bem e, decerto, à maior soma possível de todos os bens. Em Deus, portanto, apenas a mera representação do

---

166. Encontramos nas versões inglesa de A. Wood, na espanhola de A. del Rio e E. Romerales, e na francesa de W. Fink a expressão alemã *"eine Ähnlichkeit des Verhältnisses"* traduzida, respectivamente, por *"a similarity of relation"*, *"una semejanza de la relaciòn"* e *"une analogie de relation"*.

167. Trata-se aqui do importante problema moral da judicação e da execução discutido mais detalhadamente nas *Lições de ética*. Lemos, nessas *Lições*, no início de uma das seções sobre o princípio moral intitulada "Do princípio supremo da moralidade": "[t]emos primeiramente de considerar dois aspectos aqui: o princípio de judicação da obrigação e o princípio da execução ou realização da obrigação. [...]. Se a questão é o que é ou não moralmente bom, então esse é o princípio de judicação segundo o qual julgo a bondade da ação. Mas se a questão é o que me move a viver conforme essa lei, então esse é o princípio do móbil" (2008, p. 149; 1924, p. 44). Para comentário, cf. CUNHA. *A gênese da ética de Kant* (2017).

bem é necessária para tornar esse bem, em consequência, também [129] efetivamente real. Ele não precisa de ser impelido a isso, pois nele não há quaisquer móbeis particulares. Por certo, não é possível nele quaisquer relações subjetivas, uma vez que Ele já é, em si e por si mesmo, onissuficiente e possui beatitude suprema. Por isso, ao se falar sobre os motivos em Deus, não se pode compreender daí nada além do que o bem no objeto, embora sem nenhuma relação subjetiva em Deus[168], tal como se dessa maneira Ele esperasse por honra e glória. Pois isso não está de acordo com a dignidade de um Ser supremo bem-aventurado, mas, em vez disso, Deus conhece o bem possível por meio de seu entendimento e, ao mesmo tempo, sua capacidade de produzi-lo.

A vontade de Deus é *livre*. A liberdade da vontade é a capacidade de se determinar para a ação independente de *causae subjectae* ou impulsos sensíveis ou também a capacidade de querer *a priori*. Mas uma vez que em nós as inclinações são precisamente as condições subjetivas do autocontentamento, o conceito de liberdade humana está submetido a muitas dificuldades psicológicas. Pois o ser humano é um membro da natureza e pertence ao mundo dos sentidos e está, portanto, submetido também às leis dos fenômenos. Todos os fenômenos, na relação uns com os outros, são determinados por certas leis e a determinação de todos os acontecimentos na natureza sob leis universais constituem precisamente o *mecanismo* [130] da natureza. O ser humano, dessa forma, enquanto um membro da natureza, está submetido a esse mecanismo da natureza ou, no fim das contas, a um mecanismo psicológico. Ora, como suas ações podem ser pensadas como independentes dos acontecimentos naturais ou como *livres*?[169] O ser humano é, decerto, consciente de si mesmo

---

168. Nas lições de meados de 1760 intituladas *Filosofia prática de Herder*, podemos ler em outras palavras: "[n]a vontade de Deus, as leis subjetivas daquela vontade são idênticas às leis objetivas [...]" (AA, Herder, XXVII: 264). Cf. tb. as *Lições de ética* (2008, p. 127; 1924, p. 29). A compreensão entre os aspectos subjetivos e objetivos na vontade de Deus pode ter sido de fundamental importância para o desenvolvimento da doutrina do imperativo categórico. Para uma discussão a esse respeito, cf. CUNHA. *A gênese da ética de Kant* (2017).

169. A antinomia que se enuncia aqui, embora tenha raízes muito mais antigas no pensamento de Kant, pode ter sido o problema fundamental sobre o qual se estabeleceu todo o esforço em direção a uma *Crítica da razão pura*. Ora, pois se admitirmos que, de fato, foram motivações práticas que direcionaram, desde a virada rousseauniana de meados de 1760, os rumos do pensamento kantiano, pocomo um objeto intelectual, mas mesmo essa consciência possui também suas dificuldades com as quais [1067] se relaciona a psicologia. Elas não nos dizem respeito *aqui*, pois em Deus elas desaparecem por completo. Deus é completamente distinto do mundo, *não tendo absolutamente qualquer ligação com espaço e tempo*. Não está, dessa maneira, submetido às leis dos fenômenos e, em geral, nem determinado por nada. Consequentemente, cai por si só o fato de que sua vontade deveria ser determinada por meio de outras coisas, enquanto móbeis. Tampouco são possíveis nele inclinações que alterem seu estado, pois Ele é autossuficiente. Por isso, se desejamos pensar o conceito de liberdade divina purificado de toda limitação, a liberdade consiste em nada mais do que a independência completa de sua vontade tanto de coisas externas quanto de condições internas. Ora, assim como não precisamos temer que esse conceito de liberdade divina possa estar exposto a alguma dificuldade psicológica, já que esta diz respeito tão somente à liberdade humana, tampouco podemos evitar, por outro lado, o defeito de que esse conceito não pode ser representado *in concreto* [131]. Pois de onde podemos retirar um exemplo para tornar tal noção clara diante de nossos olhos? Por certo, uma liberdade desse tipo não convém a mais ninguém além de Deus. Mas, de maneira geral, é o caso que, ao purificarmos os predicados divinos de todas as negações, não temos nenhum meio para pensá-los *in concreto*, uma vez que todas as condições sensíveis são suprimidas. Ora, pelo fato de que tal conceito não pode ser elucidado por um exemplo, poderíamos talvez muito bem suspeitar que a ideia mesma fosse obscura ou até mesmo falsa. Mas onde pode ser introduzido um conceito *a priori* e, portanto, com certeza apodítica, não é necessário temer nenhum erro aí, mesmo que a incapacidade de nossa razão – e ainda de qualquer razão – nos proíba de representar um caso desses *in concreto*. Ora, que a vontade de Deus deve ser absolutamente livre é provado pelo fato de que, se não fosse assim, Deus não poderia ser *ens originarium*, isto é, em outras palavras,

---

demos pressupor que, ao resolver o conflito da razão consigo mesma, o idealismo transcendental foi tão somente o meio pelo qual foi possível confirmar ao sujeito a possibilidade da liberdade prática. Cf. VELKLEY. *Freedom and the End of Reason*: On the Moral Foundation of Kant's Critical Philosophy (1989). • SCHMUCKER. *Die Ursprünge der Ethik Kants in Seinen Vorkritischen Schriften Und Reflektionen* (1961). • CUNHA. *A gênese da ética de Kant* (2017). • BECKENKAMP. *Introdução à filosofia crítica de Kant* (2017).

que não poderia ser Deus. Pois, enquanto *prima causa mundi*, sua vontade tem de ser independente de todas as coisas, uma vez que não há, por certo, nada que enquanto móbil poderia determiná-lo a alguma coisa. Tampouco poderia, estando em posse da autossuficiência suprema, surgir nele inclinações para alguma coisa. Convém a Deus, portanto, tanto a liberdade transcendental[170], que consiste em uma espontaneidade absoluta, quanto a liberdade prática[171] ou a independência de sua vontade de impulsos sensíveis. Aquela [131], a saber, a espontaneidade absoluta das ações, de modo algum pode ser provada em consideração [1068] ao ser humano e, por certo, nem sua possibilidade ser conhecida, uma vez que nós, seres humanos, pertencemos ao mundo e somos afetados pelas coisas. Mas, em Deus, ela pode ser pensada sem a menor dificuldade. Isso se aplica do mesmo modo à liberdade prática, que já deve ser igualmente pressuposta no ser humano, caso contrário toda a moralidade deve ser suprimida. O ser humano age segundo a ideia de uma liberdade[172], *como se ele fosse livre e* eo ipso *ele é livre*. Essa capacidade de agir consistentemente de acordo com a razão tem de acontecer absolutamente em Deus, uma vez que todos os impulsos sensíveis são impossíveis nele.

---

170. Como Kant escreve na *Crítica da razão pura*, "[...] temos de admitir uma causalidade, pela qual algo acontece, sem que a sua causa seja determinada por uma outra causa anterior, segundo leis necessárias, isto é, uma *espontaneidade absoluta das* causas, espontaneidade capaz de dar início *por si* a uma série de fenômenos que se desenrola segundo as leis da natureza e, por conseguinte, uma liberdade transcendental, sem a qual, mesmo no curso da natureza, nunca está completa a série dos fenômenos pelo lado das causas" (A 447, B 475).

171. Ainda segundo a *Crítica da razão pura*: "Aquele que pode ser determinado independentemente de impulsos sensíveis, portanto por motivos que apenas podem ser representados pela razão, chama-se *livre-arbítrio (arbitrium liberum)* e tudo o que se encontra em ligação com ele, seja como princípio ou como consequência, é chamado *prático*" (A 802, B 830). No entanto, podemos observar que, tanto na *Fundamentação da metafísica dos costumes* quanto na *Crítica da razão prática*, Kant dispensa um esforço muito maior para explicitar os aspectos negativos e positivos da liberdade. Além de uma capacidade de independência em relação aos impulsos sensíveis, a liberdade prática é identificada com autonomia, ou seja, a capacidade de se determinar pela própria lei: "[e]ssa independência é liberdade em sentido negativo, enquanto essa legislação própria da razão pura e, como tal, prática, é liberdade em sentido positivo" (AA, *Kpv*, V: 33).

172. Trata-se de uma clara referência à tentativa de fundamentação da liberdade prática que seria apresentada em 1785 na terceira seção da *Fundamentação da metafísica dos costumes*: "[t]odo ser que não pode agir senão *sob a ideia da liberdade* é por isso mesmo, em sentido prático, verdadeiramente livre, quer dizer, para ele valem todas as leis que estão inseparavelmente ligadas à liberdade, exatamente como se a sua vontade fosse definida como livre em si mesma e de modo válido na filosofia teórica" (IV: 448) [Trad. de Paulo Quintela (Ed. 70, 1986)].

Levanta-se decerto uma objeção contra isso, a saber: Deus não pode decidir diferente do que decide. Consequentemente, ele não age livremente, mas segundo a necessidade de sua natureza[173]. Mas o ser humano pode agir de maneira diferente. Por exemplo, ao invés de ser beneficente em um caso, ele pode também não ser. Mas justamente aí se encontra, no ser humano, uma deficiência de sua liberdade, posto que *nem sempre* ele age de acordo com sua razão. Em Deus, no entanto, não se trata de uma necessidade de sua natureza se Ele não pode decidir nada diferente do que decide, mas, de outro modo, de liberdade verdadeira, posto que Ele não decide nada diferente do que está de acordo com seu entendimento supremo. O fatalismo predica de Deus uma necessidade cega que contradiz o conceito de uma [133] inteligência suprema. Nesse sentido, essa opinião equivocada merece certamente o nome de fatalismo assim como denominamos acaso um acidente cego. O fatalismo surge *do fato de que não se diferencia a necessidade cega da natureza da necessidade física e prática*. O fatalista baseia-se, de fato, em exemplos nos quais Deus não agiu senão de acordo com uma necessidade da natureza, por exemplo, que Deus criou o mundo dessa maneira há muitos anos e não fez nada por toda longa eternidade que precedeu a Criação. Isso – diz o fatalista – não pode ser explicado de outra maneira senão pressupondo que Deus teve de criar o mundo precisamente naquele momento. Mas como é antropomórfica essa representação! Em Deus, não é possível pensar os anos e nem o tempo. De modo algum Ele está no tempo e incluir sua atuação nas condições do tempo significa pensar contrariamente ao conceito de Deus.

O autor refere-se à divisão da vontade divina em *voluntas antecedens et consequens*[174]. *Voluntas antecedens* relaciona-se ao

---

173. Trata-se da objeção voluntarista que, diante dos wolffianos, é melhor representada pela crítica do proeminente teólogo e filósofo alemão Christian A. Crusius. Para Crusius, a vontade de Deus não pode ser dirigida a partir de um critério racional como aquele apresentado por Leibniz, na escolha do melhor dos mundos possíveis. Submeter o agir de Deus a essas condições limitaria as escolhas do Ser Originário diante da ordem das possibilidades. Se Deus precisa escolher entre o conjunto das melhores possibilidades, Ele, com efeito, não seria livre. Qual liberdade existe quando se pode escolher apenas uma opção? Dessa forma, para Crusius, no ato de criação, Deus é livre não devido à sua capacidade de reconhecer e escolher o melhor, mas porque o arbítrio divino cria as possibilidades e delibera a bel-prazer. Para comentários, cf. SCHNEEWIND. *A invenção da autonomia* (2001). CUNHA. *A gênese da ética de Kant* (2017).

174. Segundo a definição que o próprio Baumgarten apresenta na *Metaphysica*, "[a] VONTADE DE DEUS, na medida em que deseja os objetos da ciência livre ou as coi-

objeto de minha vontade de acordo com conceitos universais. Por exemplo, o rei quer tornar seus súditos felizes pelo fato de serem seus súditos. [1069] *Voluntas consequens* diz respeito ao objeto de minha vontade em sua determinação completa. Por exemplo, o rei quer recompensar seus súditos apenas na medida em que eles são súditos dignos. De ambos [134] os tipos de vontade, o conceito humano de tempo, de acordo com o qual uma vontade precede enquanto a outra a segue, deve ser removido e, se aplicado nesse último caminho a Deus, é adequado à majestade de um Ser supremo. Esta divisão da vontade está fundada em todo ser racional. Mas, em Deus, toda sucessão tem de desaparecer. No ser humano, a *voluntas antecedens* é a orientação provisória da vontade [vorläufige Willensmeinung], enquanto *voluntas consequens* a resolução. Em Deus, ao contrário, a *voluntas antecedens* já se encontra sempre no decreto e se refere apenas àquilo que o objeto tem em comum com outras coisas que Deus não quer.

Que tudo que acontece no mundo está em conformidade com o decreto divino fica claro porque, se não fosse assim, não existiria. Mas se queremos discernir os motivos da vontade divina, saber o que havia no mundo, o porquê de Deus tê-lo ordenado assim, e discernir os fins de sua vontade, chegamos certamente à conclusão de que sua vontade é *imprescrutável*[175]. Partindo da analogia de uma vontade perfeita, podemos decerto utilizar alguma coisa desses propósitos para nosso benefício particular. Mas tais juízos podem ser apenas problemáticos e não podem nos convir de maneira apoditicamente certa. Pois seria presunção, isto é, uma intromissão no direito sagrado de Deus, querer determinar precisamente que isso ou aquilo é, ou deve ter sido, um fim [135] na produção de certa coisa. Em alguns casos, a vontade sábia de Deus e seu propósito são óbvios. Por exemplo, toda a estrutura do olho humano mostra-se como um sábio meio para o propósito da visão. Mas, para nossa razão, é algo impossível de decidir se encontramos em certa coisa o próprio fim

---

sas reais do universo, é redutivamente chamada CONSEQUENTE; e na medida em que se dirige ao universal e às coisas reais de outro universo, é redutivamente chamada de ANTECEDENTE" (*Metaphysica*, § 899). Leibniz faz uma discussão introdutória sobre isso nos § 23-25 da primeira parte da *Teodiceia*.

175. Lemos no compêndio: "VONTADE cujas causas impulsivas são incompreensíveis é IMPRESCRUTÁVEL" (*Metaphysica*, § 900).

ou apenas uma consequência de fins superiores que constituem a conexão de todos os fins. Pois a pressuposição de que tudo tem sua utilidade e seu bom propósito no mundo – se isso deve ser constitutivo – vai muito além daquilo que até agora a observação pode nos autorizar. Mas, enquanto um princípio regulador, essa pressuposição serve muito bem para estender nosso discernimento e, por isso, pode ser sempre útil à razão sem nunca causar prejuízos[176] [1070]. Pois, se pressupomos mil intenções sábias do autor do mundo, podemos fazer uma série de descobertas por esse caminho. Em todo caso, não pode resultar nenhum erro disso, exceto o fato de encontrarmos, onde esperamos uma conexão teleológica (*nexus finalis*), uma mera conexão mecânica ou física (*nexus effectivus*) por meio da qual sentimos, em um caso assim, falta de uma maior unidade, mas não arruinamos a unidade da razão em seu uso empírico. No *nexus effectivus*, o fim é sempre o último enquanto o meio é primeiro, mas no *nexus finali* o propósito sempre precede o uso dos meios. Então [136], por exemplo, é um *nexus effectivus* o fato de um doente alcançar, através de medicamentos, o seu fim, a saúde. Em contrapartida, é um *nexus finalis* o fato de o doente pressupor, primeiramente, o propósito de se tornar saudável antes que se apliquem os meios para isso. Da vontade de Deus, conhecemos apenas o propósito condicionado, por exemplo, o fato de que, se seres humanos existem, devem enxergar e, por isso, seus olhos têm de ser constituídos dessa e não de outra maneira, mas nunca o propósito final, por exemplo, porque os seres humanos existem em geral. Certamente podemos estar seguros de que os seres humanos são fins em si mesmos e não a consequência de propósitos ainda mais elevados. Pois a última hipótese rebaixaria os seres racionais. Mas, no fim das contas, este é também o único caso no qual podemos estar certos disso. No que diz respeito às outras coisas do mundo, no entanto, é impossível conhecer se sua existência era o propósito final de Deus ou se estas coisas eram necessárias apenas como um meio para propósitos ainda mais elevados.

---

176. Trata-se aqui de uma referência à discussão apresentada no *Apêndice à dialética transcendental*: "[o] princípio regulador exige que se pressuponha absolutamente, isto é, como resultante da essência das coisas, a unidade sistemática como *unidade da natureza*, que não é conhecida de maneira simplesmente empírica, mas que é pressuposta *a priori*, embora ainda de forma indeterminada" (A 693, B 721). Anos à frente, na *Crítica da faculdade de julgar*, como uma progressão de sua perspectiva, Kant vai conceber a ideia dos juízos reflexionantes teleológicos.

O conhecimento de que, a partir da constituição primeira da natureza, pode-se inferir um princípio superior como inteligência suprema mostra em geral a possibilidade e a necessidade de uma fisicoteologia. Por certo, essa tese de que tudo o que é bom e em conformidade a fins deriva de Deus já poderá ser chamada de uma fisicoteologia universal. Mas se achamos que uma grande parte da ordem e da perfeição na natureza deveria ser derivada, segundo leis universais, da essência mesma de todas as coisas [137], de modo algum excluímos dessa forma tais leis da soberania divina, pois mesmo essas leis universais sempre pressupõem um princípio de conexão recíproco de toda possibilidade. Que a vontade de Deus se dirige a fins é um predicado psicológico e aqui sua vontade nos é incompreensível em vista de sua natureza e imprescrutável em vista de seus propósitos. Os demais predicados de sua vontade eram *ontológicos*. Agora nos resta ainda os *morais* [1071].

SEGUNDA PARTE [138]

A TEOLOGIA MORAL

PRIMEIRA SEÇÃO
DOS ATRIBUTOS MORAIS DE DEUS

O conceito de Deus não é uma noção da natureza e não é necessário do ponto de vista psicológico. Pois na psicologia e no conhecimento da natureza, ao perceber a beleza e a harmonia, de modo algum posso apelar imediatamente a Deus. Essa é uma espécie de razão preguiçosa que gostaria de poder ser dispensada de toda investigação ulterior que, a partir de causas naturais, descobre também efeitos naturais. Aqui tenho de seguir, ao contrário, um método que possa promover a cultura de minha razão. Tenho de investigar, na própria natureza, as causas próximas das quais derivam aqueles efeitos. Dessa forma, posso chegar a conhecer as leis universais de acordo com as quais tudo acontece no mundo. Anteriormente, me vi necessitado a admitir como hipótese um ser que [139] contém em si mesmo o fundamento dessas leis universais. Mas, mesmo sem essa hipótese, posso ainda fazer grandes progressos na física sempre que me esforço a descobrir todas as causas intermediárias. A fisicoteologia não me dá também nenhum conceito determinado de Deus como um Ser onissuficiente, mas apenas me ensina a reconhecê-lo como um ser muito grande e imensurável. Mas dessa maneira não me satisfaço suficientemente em relação ao que preciso conhecer de Deus. Pois posso ainda questionar se não seria possível talvez outro ser que tenha ainda mais força e conhecimento do que este reconhecido primeiro princípio da natureza. No entanto, um conceito indeterminado de Deus de modo algum me é útil. Em contrapartida, o conceito de Deus é um conceito *moral e praticamente necessário,* pois a moral contém as condições do comportamento dos seres racionais sob as quais eles podem ser unicamente *dignos de felicidade.* Essas condições, esses deveres, são apoditicamente certos, pois são fundados necessariamente na natureza de um ser racional livre. Apenas sob essas condições, tal ser pode tornar-se digno de [1072] felicidade. Ora, se não é para esperarmos nenhum estado no qual uma criatura, que se comportou de acordo com as leis eternas e imediatas de sua própria natureza e tornou-se dessa forma digno de felicidade, tivesse também de ser participante de tal felicidade e se [140] da boa conduta não tivesse de seguir consequentemente nenhum bem-estar, então haveria uma contradição entre o curso da natureza e a moralidade. A experiência e a razão nos mostram, no entanto, que no curso presente das coisas a estrita observância de todos os deveres moralmente necessários *nem sempre está ligada ao bem-estar*, mas que muitas vezes a honestidade mais digna de honra e a retidão são mal compreendidas, desprezadas, perseguidas e pisadas pelo vício. Por conseguinte, tem de existir um Ser que *rege o mundo de acordo com a razão e com as leis morais* e que tenha estabelecido, no curso das coisas futuras, um estado no qual a criatura que tenha se mantido fiel à sua natureza e digna de uma felicidade duradoura através da moralidade deva também ser realmente participante dela. *Pois, de outro modo, todos os deveres subjetivamente necessários, que, enquanto um ser racional, sou obrigado a cumprir, perdem sua realidade objetiva.* Por que eu deveria me tornar digno da felicidade por meio da moralidade, se não há um Ser que possa me proporcionar essa felicidade? Assim, sem Deus, eu teria de ser um fantasista[177] [Phantast] ou um malfeitor[178]. Eu teria de negar a minha própria natureza e seus princípios morais eternos. Teria de deixar de ser um ser humano racional. A existência de Deus não é, por conseguinte, como na fisicoteologia, meramente uma hipótese para [141] fenômenos contingentes, mas, ao contrário, aqui na moral, é *um postulado necessário para leis irrefutáveis da minha própria natureza.* Pois a moral não mostra meramente que temos necessidade de um Deus, mas nos ensina também que Ele já se encontra na natureza da coisa [Sache] e que a própria ordem das coisas [Dinge] nos conduz a Ele. Com toda certeza, esta proposição tem de estabelecer firmemente, antes de tudo, que os deveres morais são fundados necessariamente

---

177. As traduções inglesa e francesa optam nesse ponto por "visionário". Certamente esse trecho nos remete à crítica kantiana ao entusiasmo e ao fantasismo apresentada no opúsculo de 1766, *Sonhos de um visionário elucidados pelos sonhos da metafísica*.
178. Certamente estamos diante de uma referência a Rousseau, para quem a moralidade seria irracional sem a pressuposição da existência de Deus: "[s]e a Divindade não existisse, apenas o mau raciocinaria e o bom não seria mais do que um insensato" (*Oeuvres complètes*, 1856, p. 225).

na natureza de toda razão e, por conseguinte, tem para mim uma obrigatoriedade [Verbindlichkeit] apoditicamente certa. Pois se eles se baseassem meramente em um sentimento ou no prospecto da felicidade de modo que, por meio do seu preenchimento, eu já me tornasse [1073] *feliz* – não meramente *digno da felicidade*, mas precisamente dessa forma já participante dela –, então, no curso da natureza, o bem-estar já existiria como efeito da boa conduta e eu não teria de levar em conta nem, em primeiro lugar, um estado futuro de felicidade, e nem aceitar um Ser que pudesse me auxiliar a alcançá-la. Mas daquela tese de Hume que quer derivar toda moralidade de sentimentos morais particulares, a moral já demonstra de modo suficiente a falta de fundamento e a experiência vai contra a tese de que aqui a virtude já é suficientemente recompensada. Os deveres da moral são, portanto, apoditicamente certos, porque me são impostos pela própria razão. E lhes faltaria todos os móbeis [142] capazes de me mover para agir, de acordo com eles, como ser humano racional, se não houvesse nenhum Deus e nenhum mundo futuro.

Ademais, a moral é a única que me dá um conceito *determinado* de Deus. Ela me ensina a reconhecê-lo como um Ser que possui toda perfeição, pois o Deus que deve julgar se sou digno de felicidade de acordo com princípios da moralidade e que, nesse caso, deve me tornar realmente participante dela, tem de conhecer ainda os mais ocultos estímulos do meu coração, uma vez que aquilo que é principal na avaliação de minha conduta depende justamente disso. Mas Ele também tem de ter em seu poder a natureza por inteiro para ser capaz de, no curso dela, ordenar para mim, segundo um plano, a felicidade futura. Por último, Ele tem de ordenar e conduzir os efeitos dos distintos estados de minha existência. Em suma, Ele deve ser *onissuficiente, onipotente, eterno e não estar no tempo.*

Um Ser, pelo qual se concede a realidade objetiva aos deveres morais, deve possuir sem qualquer limitação as três perfeições morais que se seguem, a saber, *santidade, bondade* e *justiça. Esses atributos constituem o conceito moral de Deus por inteiro.* Eles pertencem *juntos* a Deus, mas devem ser adequadamente *separados uns dos outros segundo nossas representações.* De acordo com a moral, reconhecemos Deus como *legislador santo,* como [143] *mantenedor benevolente do mundo* e como um *juiz justo.* Devemos pensar a santidade da lei como *o primeiro*, embora nosso interesse nos induza normalmente a colocarmos a bondade acima disso. Só que a bondade sempre pressupõe uma condição restritiva [1074] sob a qual os seres humanos podem tornar-se dignos dela e de sua felicidade decorrente. Essa condição é que eles se comportem de acordo com as leis morais; tal condição, no entanto, já precisa por isso ser pressuposta caso o bem-estar deva ser resultado desse comportamento. O princípio primeiro da legislação tem de ser absolutamente *santo* e não permitir nada que seja vício ou pecado, nem declará-los menos puníveis. Pois a norma deve ser eterna para nós, não se afastando em nenhum aspecto do que está de acordo com a moralidade. A *bondade*[179], por sua vez, é uma ideia especial cujo objeto é a felicidade, da mesma forma que o objeto da santidade não pode ser outro senão a boa conduta estrita, a virtude suprema. A bondade em e por si mesma é sem limites, mas na repartição da felicidade ela deve se expressar de acordo com *a proporção da dignidade do sujeito*. E *essa limitação da bondade por meio da santidade* na repartição é precisamente a justiça[180]. Não posso pensar o juiz como bondoso, de modo que ele pudesse perdoar e abrandar em alguma medida a santidade da lei. Pois, dessa forma, ele não seria, por certo, um juiz que pondera e compartilha a felicidade de maneira exata de acordo com [144] a medida na qual o sujeito se tornou digno dela através da boa conduta. A justiça do tribunal tem de ser inflexível e implacável. Encontramos um símbolo disso em um governo ordenado de um país, apenas com a diferença de que, nesse caso, legislação, governo e tribunal de justiça são encontrados em pessoas diferentes, enquanto que em Deus eles estão contudo combinados. Em um Estado, o legislador deve ser soberano, alguém de quem pessoa alguma pode se subtrair. O administrador dessas leis, que provê e recompensa proporcionalmente àquele que, através do

---

179. De acordo com a definição do compêndio, "BONDADE (benevolência [*benignitas*]) é a determinação da vontade para fazer o bem ao outro [...] Deus deseja conferir benefícios aos outros. Logo, Ele é sumamente bondoso [...]" (*Metaphysica*, § 903-904).

180. Em paralelo ao manual de Baumgarten: "[a] bondade proporcional em direção a pessoas ou espíritos é a justiça [...] Deus é sumamente (§ 812) justo (§ 904). Quando dizemos que Deus é justíssimo, veneramos a sua suma bondade (§ 904) que é proporcionalíssima (§ 894), e a mais preparada para conferir o maior número de benefícios sobre as pessoas de acordo com o mais distinto, infalível e maior conhecimento vivo dos graus de perfeição ou imperfeição em cada espírito" (*Metaphysica*, § 906).

cumprimento da lei, se tornou digno de sua bondade, tem de estar subordinado ao primeiro, uma vez que precisa proceder precisamente segundo as leis do mesmo. O juiz, por último, tem de ser bastante justo e verificar se a repartição da recompensa também está de acordo com o mérito. Separadas disso todas as representações humanas, o conceito puro é justamente o que constitui as perfeições morais de Deus. Basicamente, essa ideia de uma função divina tripla já é bastante antiga e parece ser o fundamento de quase todas as religiões. Os hindus então pensaram em Brahma, Vishnu e Shiva; os persas em Ormuz, Mitra e Arimã; os egípcios em Osíris, Iris e Hórus; os godos antigos e alemães em Odin, Freia e Thor, como três seres poderosos que constituem uma divindade; aos quais [145] convêm ao primeiro a legislação do mundo, ao segundo, o governo do mundo e, ao terceiro, a justiça do mundo.

A razão nos conduz a Deus como um legislador santo. Nossa inclinação à felicidade deseja-o como um governante bondoso do mundo, e nossa consciência representa-o diante de nossos olhos como um juiz justo. Aqui se vê as necessidades e ao mesmo tempo os motivos de pensar Deus como santo, bondoso e justo. A felicidade é um sistema de fins contingentes, porque eles só são necessários de acordo com a diversidade dos sujeitos. Pois cada um não pode ser participante da felicidade a não ser na medida em que tenha se tornado digno dela. Mas a moralidade é o sistema absolutamente necessário *de todos os fins* e é precisamente a concordância com a ideia de um sistema de todos os fins o *fundamento da moralidade de uma ação*[181]. Por isso uma ação é *má* se a universalidade do princípio a partir do qual ela é realizada é contrária à razão. A teologia moral nos convence da existência de Deus com uma certeza muito maior do que a fisicoteologia. Pois a última nos ensina tão somente que, para explicar fenômenos contingentes, temos necessidade da existência de um Deus como hipótese tal como foi mostrado suficientemente na parte da cosmologia que trata de fins contingentes. Mas a moral nos conduz a um princípio de *fins necessários* sem o qual estes não seriam mais que mera quimera [146].

---

181. Assim como nas *Lições de ética* de meados de 1770, vemos aqui, em meados de 1780, Kant tentando alcançar uma formulação definitiva do imperativo categórico.

A *santidade*[182] é a absoluta ou ilimitada perfeição da vontade. Um Ser santo não deve ser afetado pela menor inclinação contrária à moralidade. Para Ele, deve ser impossível querer algo que fosse contrário às leis morais. Nesse sentido, não há nenhum Ser santo além de Deus, pois toda criatura tem sempre algumas necessidades e, ao querer satisfazê-las, também inclinações que nem sempre concordam com a moralidade. Dessa forma o ser humano *nunca* pode ser *santo, mas muito bem virtuoso*, pois a virtude consiste justamente na autossuperação[183]. Também pode ser chamado de santo, no entanto, aquele que, ao reconhecer algo como moralmente mal, o repudia. Esse conceito de santidade, contudo, não é suficientemente digno da coisa mesma que deve [1076] designar. Por isso é sempre melhor não chamarmos uma criatura de perfeitamente santa, independente de quão perfeita seja. Pelo menos, não no mesmo sentido de que Deus o é. Pois Deus é, por assim dizer, a lei moral mesma, embora pensada como personificada.

A *bondade* é o comprazimento imediato no bem-estar de outros. Com exceção de Deus, não há em parte alguma uma bondade total-

---

182. Em Baumgarten, lemos: "santidade [*Sanctitas*] é a realidade de um ser em que todas as imperfeições são realmente negadas. Assim, santíssimo é aquele cuja realidade nega todas as suas imperfeições. Ora, por meio da totalidade de todas as realidades máximas em Deus são negadas todas as suas imperfeições (§ 142, 808). Logo, Deus é santíssimo" (*Metaphysica*, § 828).

183. Trata-se da caracterização do conceito de virtude que desde os anos mais iniciais toma lugar nas obras kantianas, aquela noção de virtude que se remete, em acordo com a própria concepção wolffiana, a uma ética da luta. Na *Metafísica dos costumes*, ao apresentar a *doutrina da virtude*, Kant deixa clara a necessidade de vencer o "adversário da intenção moral", um esforço que, *em nós*, se manifesta como "*virtude*" (*virtus, fortitudo moralis*) (AA,VI: 380). Ao olhar para trás, no período pré-crítico, somos capazes de perceber a mesma característica na gestação do próprio conceito kantiano de virtude. Percebemos isso já na *História natural universal*, onde Kant concebe a constituição física dos seres humanos, considerando a sua distância em relação ao Sol, como "a causa da letargia que mantém as capacidades da alma em uma lassidão e debilidade impotentes", sendo ela "[...] a fonte não só do vício, mas também do erro" (AA, I: 357), o que, no entanto, não permite "negar aquela capacidade pela qual ele [o ser humano] está na posição de resistir aos estímulos sensíveis, a não ser que em vez disso sua inércia prefira se deixar levar por eles" (AA, I: 366). No mesmo contexto, na *Nova dilucidatio*, é a própria noção de virtude que se mostra como o meio pelo qual Deus, através "de advertências, de ameaças, de encorajamentos", busca a compensação que consiste em produzir o bem e conduzir o mundo à perfeição, respeitando "a liberdade humana" (AA, I: 405). Nas *Anotações nas observações do sentimento do belo e do sublime*, a virtude já é análoga à força: "[u]ma vez que a virtude mostra força, ela deve ser adequada para estados bélicos, mais para Roma do que para Cartago" (AA, XX: 98) (AA, XX: 45). Nas *Observações*, ela é uma motivação fundada sobre *princípios e, por isso, a única a ser sublime*: "apenas a virtude é sublime" (AA, II: 215). Para comentários, cf. CUNHA. *A gênese da ética de Kant* (2017).

mente pura e completa. Pois toda criatura tem necessidades que a limitam em sua inclinação de fazer os outros felizes. De fato, para fazer uso dessa inclinação, de modo algum a criatura poderia levar em consideração seu próprio bem-estar. Mas Deus é a bondade independente, que não é limitada por nenhum fundamento subjetivo, porque Ele não tem quaisquer necessidades, embora a aplicação de sua bondade seja limitada *in concreto* pela constituição do objeto para o qual ele quer demonstrá-la. Essa bondade é algo positivo, mas a *justiça* é fundamentalmente apenas uma perfeição negativa, uma vez que ela limita aquela bondade na medida em que não nos tornamos indignos dela. Essa justiça consiste, por conseguinte, *na combinação da bondade com a santidade*. Poder-se-ia chamá-la, em outras palavras, de uma bondade verdadeira. A razão levanta objeções[184] contra essas perfeições morais de Deus cuja força tem levado muitos homens à loucura e os feito cair em desespero. Exatamente por isso essas objeções têm sido, há muito tempo, objeto de extensas investigações filosóficas. Dentre outros, Leibniz tentou enfraquecê-las ou, mais ainda, eliminá-las na *Teodiceia*. Desejamos examinar agora, com atenção, essas objeções e testar nossas forças contra elas.

A primeira objeção é contra a *santidade* de Deus. Se Deus é santo e odeia o mal [Böse], de onde então vêm o *mal moral* [Böse], este objeto de aversão de todos os seres racionais e fundamento da aversão intelectual? [147]

A segunda objeção é contra a *bondade* de Deus. Se Deus é bondoso e quer que os seres humanos sejam felizes, de onde então vem o *mal físico* [Übel] no mundo, que é afinal um objeto de aversão para todos que são acometidos por ele e constitui o fundamento da aversão física?

A terceira objeção é contra a *justiça* de Deus. Se Deus é justo, [1077] de onde então vêm a *repartição desigual* do bem e do mal no mundo que de modo algum coloca-se em comunhão com a moralidade?

---

184. Em um opúsculo publicado em 1791 no periódico mensal *berlinische Monatsschrift*, intitulado "Sobre o fracasso de todas as tentativas filosóficas na *Teodiceia*", Kant discute essas três objeções aos atributos morais do conceito de Deus que são retiradas "daquilo que no mundo não está adequado a nenhum fim [aus dem Zweckwidrigen]" (8: 256). Para comentário, cf. CUNHA. *Kant e a defesa da causa de Deus* (2018).

No que diz respeito à primeira objeção – a saber, de onde vem o mal moral no mundo –, uma vez que no fim das contas a única fonte originária de tudo é santa, tal argumento adquire sua força especialmente quando se considera que nada pode acontecer senão devido a uma primeira predisposição produzida pelo próprio criador. Mas como? Teria o próprio Deus santo colocado na natureza do ser humano a predisposição para o mal [Bösen]?[185] Como o ser humano não pode conciliar essas duas coisas, há muito tempo ele tem se inclinado a aceitar um ser originário mal que teria, por assim dizer, extraído de uma fonte originária santa uma parte de todas as coisas, imprimindo sua própria essência ali. Mas esse maniqueísmo[186] entra em conflito com a razão humana que nos conduz a apenas um único Ser de todos os seres e Ele não pode ser pensado senão como sumamente santo. Como? Ora, deveríamos derivar também o mal de um Deus santo? As seguintes considerações vão nos dar uma explicação sobre isso. Antes de mais nada, devemos notar que o ser humano é, entre o conjunto das criaturas, precisamente aquele que tem de trabalhar para extrair suas perfeições e, por conseguinte, também a bondade de seu caráter a partir de si mesmo. Por isso Deus lhe concedeu talentos e capacidades, mas deixou em seu poder o modo de aplicá-las. Ele criou o ser humano livre, mas também lhe deu instintos animais. Concedeu-lhe sentidos que ele tem de dominar e moderar pelo cultivo de sua razão. Então, uma vez criado, o ser humano foi certamente perfeito segundo sua natureza no que diz respeito à sua predisposição, embora ainda

---

185. Na *Religião nos limites da simples razão*, Kant argumenta a favor do fato de que o mal na natureza humana, bem diferente de uma qualidade intrínseca, não pode ser visto senão como uma propensão para inverter, em relação às máximas, os móbeis em vista da lei moral: "[a] proposição 'o homem é *mau*', segundo o que precede, nada mais pode querer dizer do que: ele é consciente da lei moral e, no entanto, acolheu em sua máxima a deflexão ocasional a seu respeito. 'O homem é mau por natureza' significa tanto como: isto aplica-se a ele considerado em sua espécie; não como se tal qualidade pudesse deduzir-se do seu conceito específico (o conceito de um homem em geral) (pois então seria necessária), mas o homem, tal como se conhece pela experiência, não se pode julgar de outro modo, ou: pode pressupor-se como subjetivamente necessário em todo o homem, inclusive no melhor. Ora, visto que esta própria inclinação se deve considerar como moralmente má, portanto, não como disposição natural, mas como algo que pode ser imputado ao homem, e, consequentemente, deve consistir em máximas do arbítrio contrárias à lei" (AA, VI: 32) [Trad. de Artur Morão (Ed. 70, 1992)].
186. No texto original, lemos *Mechanismus*. Certamente trata-se de um erro de grafia.

fosse sem cultivo no que concerne à educação dessas predisposições. O ser humano tem de ser a si mesmo grato tanto pelo cultivo de seus talentos quanto pela bondade de sua vontade. Tal criatura, equipada com grandes capacidades, cuja aplicação é confiada a si mesmo, é de fato de alguma importância. Pode-se esperar muito dela, mas, por outro lado, não é para temê-la menos. Talvez ela possa se elevar acima de toda uma legião de anjos destituídos de vontade, mas pode igualmente talvez até descer abaixo dos animais irracionais. Ora, se ela deseja dar início ao seu cultivo, saindo de seu estado bruto e libertando-se do instinto, qual será então a sua sorte? Passos falsos e tolices. E a quem [150], além de si mesma, ela tem de agradecer por isso? Essa maneira de pensar concorda totalmente com a história mosaica que retrata exatamente isso em um caminho sensível. O ser humano aparece no paraíso como um filho mimado da natureza, grande [1078] em suas predisposições, mas bruto em seu cultivo. Então ele vive sem perturbação, conduzido por seus instintos até que, finalmente, ele se sente como um ser humano e, para dar prova de sua liberdade, *sofre a queda*[187]. Ora, ele não é mais um animal, mas *tornou-se* um ignorante. Ele segue adiante em cultivar-se, mas a cada novo passo comete também passos em falso e, não obstante, aproxima-se assim da ideia da perfeição de um ser racional que talvez possa ser alcançada por ele depois de milhões de anos. No mundo terreno, tudo é apenas progresso[188]. Assim, a bondade e a felicidade também não são aqui nenhuma posse, mas tão somente o caminho para a perfeição e o contentamento. Pode-se por isso considerar o mal [Böse] no mundo

---

[187]. Assim como em seu ensaio de 1786, *Começo conjetural da história humana*, aqui fica evidente que o início da história do mal também é o início da história da liberdade humana: "[a]ssim, o primeiro passo para fora daquele estado de natureza foi, da perspectiva moral, uma *queda*, cujas consequências físicas foram uma multiplicidade de males jamais conhecida em relação à vida, portanto, foi um castigo. Dessa forma, a história da *natureza* inicia com o bom [*vom Guten*], pois é *obra de Deus*, a história da *liberdade* inicia com o mau [*vom Bösen*], pois é *obra do homem*" (AA, VIII: 115) [Trad. de Joel Klein (*Ethica*, vol. 8, n. 1, 2009)].

[188]. Eis uma das premissas básicas da filosofia da história de Kant que será apresentada pouco tempo à frente no *Começo conjetural*: "[o] resultado da mais antiga história da humanidade tentada através da filosofia é o seguinte: contentamento com a providência e com o curso das coisas humanas em sua totalidade, o qual não vai do bom para o mau, mas se desenvolve gradualmente do pior para o melhor; e cada indivíduo é chamado pela natureza a participar daquele progresso, tanto quanto está em suas forças" (AA,VIII: 123).

como *incompletude no desenvolvimento do germe para o bem*. De modo algum o mal *tem um germe particular*, pois é *mera negação*[189] e consiste tão só na *limitação do bem*. Não é nada mais do que a incompletude do desenvolvimento do germe para o bem a partir do estado sem cultivo. *Mas a bondade tem um germe, pois é autossuficiente*. Essas predisposições para o bem, que Deus colocou nos seres humanos, tem de ser, no entanto, desenvolvidas primeiramente, antes que o bem possa vir à tona, a partir do próprio ser humano. [151] Ora, posto que o ser humano possui simultaneamente muitos instintos que pertencem à sua natureza animal – e precisa tê-los caso queira continuar como ser humano –, então a força dos instintos o seduzirá a se entregar a eles e *surge o mal*. Ou melhor, quando o ser humano começa a usar sua razão, ele decai em tolices. *Não é possível pensar um germe particular para o mal, mas a origem do mal está no desenvolvimento primeiro de nossa razão em direção ao bem*. E, no progresso da cultura, o que resta do estado sem cultivo também é um mal. O mal é então inevitável e, de tal maneira, Deus realmente quer o mal?

De modo algum. Mas Deus quer a *abolição* do mal *por meio do desenvolvimento todo poderoso do germe para a perfeição*. Ele quer a eliminação do mal através do progresso em direção ao bem. O mal também não é *um meio para o bem*, mas surge como um *produto derivado*, quando o ser humano tem de lutar com suas próprias limitações e seus instintos animais. O meio para o bem encontra-se *na razão*. Este meio é o esforço para se libertar do estado sem cultivo. Ao dar início [152] a esse processo, o ser humano primeiramente usa [1079] sua razão a serviço dos instintos. Enfim, ele passa a desenvolvê-la *por causa de si mesma*. Dessa forma o mal surge, primeiramente, quando sua razão já se desenvolveu o bastante *ao ponto* dele reconhecer sua obrigação. *Paulo* já dizia que o pecado é uma

---

189. Nesse ponto, Kant mostra-se, de algum modo, em referência à tese escolástica de que o mal consiste em negação ou privação. De acordo com Baumgarten, "[s]e quando uma coisa é posicionada, a imperfeição também é posicionada, então trata-se do mal (§ 142). Assim, negações são um mal. Quando estas são negações em um sentido estrito, são mal metafísico, de modo que quando tal coisa é posicionada, uma imperfeição absolutamente necessária é posicionada (§ 142). Ou se eles são privações, trata-se do mal contingente (o mal físico em amplo sentido), que, quando é posicionado, a imperfeição que é em si mesma contingente é posicionada" (*Metaphysica*, § 144).

consequência da lei[190]. Finalmente quando o ser humano tiver se desenvolvido completamente, *o mal chegará ao fim por si mesmo*. Ora, se o ser humano reconhece sua obrigação em direção ao bem e, mesmo assim, faz o mal, ele é *merecedor de punição*, uma vez que, por certo, poderia superar seu instinto. Mesmo os instintos lhes foram implantados para o bem de modo que se o ser humano, no entanto, os excede, a culpa disso é sua e não de Deus.

Por conseguinte, está *justificada* por meio disso a santidade de Deus, porque, em tal caminho, toda espécie do gênero humano deve finalmente alcançar a perfeição. Mas se nos perguntamos de onde vem então o mal nos indivíduos do gênero humano, ele justifica-se, assim como se perguntássemos de onde vem a parte no todo, devido às limitações absolutamente necessárias nas criaturas. Ora, o gênero humano deveria ser uma classe de criaturas que deveria, em virtude de sua natureza, se desatar e se livrar de seus instintos, um desenvolvimento durante o qual surgem também muitos tropeços e vícios. Mas tudo isso deveria *suceder um dia em um magnífico resultado*, embora talvez apenas depois [153] de algumas punições sofridas por seu desvio. Mas se quiséssemos ir mais longe, perguntando agora por que Deus criou a mim ou o ser humano em geral, isso já seria *presunção*, posto que isso significa o mesmo que perguntar por que Deus fez a grande cadeia das coisas naturais completa e interdependente levando em conta a existência de uma criatura como o ser humano. Por que Ele não preferiu deixar nela uma *lacuna*? Por que não preferiu fazer do ser humano um anjo? Mas ainda assim ele seria um ser humano? A objeção de que se Deus tem em seu poder as ações dos seres humanos e as dirige segundo leis universais, Ele é também o autor das más ações, é transcendental e não vem ao caso aqui, mas pertence à psicologia racional, onde se é tratada a liberdade do ser humano. Contudo, mostraremos a seguir, na doutrina da providência, como se deve compreender a afirmação de que Deus concorre para as ações livres dos seres humanos.

A outra objeção, que é derivada do *mal físico* que existe no mundo, vai contra a *bondade* de Deus. Queremos investigar, portanto, de onde vem o mal físico no mundo. Temos decerto a ideia de um todo

---

190. "Mas foi a lei que me fez saber o que é pecado. Pois eu não saberia o que é a cobiça se a lei não tivesse dito: 'Não cobice'" (Rm 7,7).

completo do bem-estar e do contentamento supremo, mas não podemos citar um caso *in concreto* no qual essa ideia da [154] felicidade fosse realizada *totalmente*. Há dois tipos de felicidades:

1) Uma do tipo que consiste *na satisfação dos desejos*

Mas desejos sempre pressupõem necessidades pelas quais desejamos algo e, portanto, também as dores e os males físicos. Mas também é possível pensar em:

2) Uma felicidade como possibilidade, *destituída de todos os desejos, consistindo meramente na fruição*

Seres humanos que quisessem ser felizes assim seriam os seres humanos mais inúteis no mundo, uma vez que lhes faltaria absolutamente todos os móbeis para a ação, os quais consistem precisamente nos desejos. Basicamente, não somos nem mesmo capazes de formar um conceito adequado de uma felicidade senão daquela *que é um progresso em direção ao contentamento*. Daí o incômodo diante da maneira de viver de homens que não fazem quase nada além de comer, beber e dormir. Não virá à mente de nenhum ser humano, que sente em si força e impulso para agir, o desejo de trocar seu estado com essa suposta felicidade, mesmo que tenha que lutar contra todos os tipos de incômodos. Por isso os romancistas sempre deixam que seus heróis sejam retirados do palco quando, após muitas dificuldades superadas, lhes é finalmente permitido descansar, pois [155] são conscientes de não serem capazes de retratar uma felicidade como mera fruição. Ao contrário, é precisamente o trabalho, a dificuldade, o esforço, o prospecto da tranquilidade, o empenho para alcançar esse ideal, que já nos é a felicidade e a prova da bondade divina. Em uma criatura, a *medida* da felicidade também não pode ser determinada *segundo um único momento* de sua existência. De outro modo, o propósito de Deus é a felicidade das criaturas *em sua inteira duração*. O mal físico é apenas uma instituição[191] *particular para levar os seres humanos à felicidade*. Conhecemos muito

---

[191]. Na tradução inglesa, lemos, nesse ponto, "*arrangement*". Na francesa, "*stade*" e, em espanhol, "*disposición*".

pouco do resultado dos sofrimentos, dos fins de Deus em relação a eles, da constituição de nossa natureza, do estado de felicidade [Glücklichsein] mesmo, de modo a podermos determinar a medida da felicidade da qual [1081] o ser humano é capaz aqui no mundo. Basta que esteja em nosso poder fazer com que a maior parte dos males nos seja inofensiva, tornando, por certo, a Terra um paraíso e nos fazendo *dignos* de uma felicidade ininterrupta. Por isso o mal físico já é necessário aqui para que o ser humano aprenda a adquirir um desejo e uma aspiração por um estado melhor, aprendendo ao mesmo tempo a se esforçar para tornar-se digno dele[192]. Se o ser humano tem de morrer um dia, não deve encontrar apenas doçura aqui. Ao contrário, a soma, a totalidade *facit* de seus sofrimentos e alegrias, deve colocar-se [156] por fim em uma proporção. É possível pensar um melhor plano para o destino humano?

A terceira objeção é contra a *justiça* de Deus e tem por objeto a pergunta: Por que aqui não há proporção entre boa conduta e bem-estar? Se investigarmos isso mais profundamente, chegaremos à conclusão de que a desproporção entre ambos não é tão grande e que no fim *a honestidade é a melhor postura*. Apenas não podemos nos deixar cegar pelo brilho externo que, muitas vezes, envolve o vicioso. Quando olhamos em seu interior, lemos consistentemente, como diz Shaftesbury[193], a confissão de sua razão: *Você é, contudo, um patife!* A inquietação da sua consciência o atormenta incessantemente[194]. Repreensões torturantes o importunam de uma hora para

---

192. No já citado artigo de 1791, "O fracasso de todas as tentativas filosóficas na *Teodiceia*", Kant parece rejeitar essa premissa, pelo menos em sentido teórico, argumentando que é bastante incompreensível, partindo das razões especulativas através das quais a *Teodiceia* pretende fundar suas pretensões cognitivas, como e porque Deus pode decretar uma fase de testes para os seres humanos antes de conceder-lhes a felicidade (AA, VIII: 260).

193. Anthony Ashley Cooper (1671-1713), conhecido como Conde de Shaftesbury, foi um dos moralistas ingleses que tiveram forte influência na gênese das concepções éticas de Kant. Encontramos uma referência kantiana positiva ao autor já no *Anúncio do programa de suas lições do inverno de 1765-66* (AA, II: 311) e também na *Dissertação* de 1770 (II: 396). É provável que Kant tenha conhecido Shaftesbury por meio de duas das traduções de Spalding lançadas em 1745 e 1747.

194. Kant também rejeita esse argumento no artigo de 1791. Para a justiça de Deus, é comum o argumento da correspondência, segundo o qual todo o crime traz consigo a sua punibilidade. Assim, cada crime por si mesmo supostamente conduziria a uma punição correspondente por meio da repreensão interna da consciência. Mas, a esse respeito, não é possível ser indiferente à falibilidade da consciência moral, pois onde falta integridade, falta também o algoz para aplicar os castigos. E mesmo que

a outra e toda a sua felicidade aparente é apenas autoenganação e ilusão. Não obstante, não se pode negar que muitas vezes a pessoa mais justa, ao se considerar as circunstâncias externas da felicidade, parece ser um brinquedo da fatalidade. Mas toda moralidade despareceria, isto é, toda boa conduta por obedecermos à razão, se nosso verdadeiro valor tivesse de ser determinado segundo o curso das coisas e dos destinos com os quais nos deparamos. Toda conduta moral converter-se-ia *em uma regra de prudência*. O egoísmo seria o móbil de nossas virtudes. Mas renegar [157] sua própria tranquilidade, suas próprias forças e suas próprias vantagens quando as leis morais eternas nos exigem, *só isso é a verdadeira virtude, que é merecedora de uma restituição futura*! Ora, e se não houvesse nenhuma desproporção entre moralidade e prosperidade aqui nesse mundo, de modo algum nos restaria [1082] uma oportunidade de sermos verdadeiramente virtuosos[195].

---

as censuras tenham algum efeito, elas logo são balanceadas e compensadas pelos prazeres sensíveis. "Contudo, onde falta este modo de pensar e com ele a integridade, ali falta também o verdugo para os crimes cometidos; e o criminoso, se ele puder escapar das punições externas aos seus crimes, debocha sobre o medo dos justos de serem atormentados pelas próprias repreensões" (AA, VIII: 261).

195. Contra esse argumento, Kant afirma em seu artigo sobre a *Teodiceia* de 1791 que o sofrimento não poderia ser simplesmente um meio para elevar o valor da virtude ou, em outras palavras, um amolador da virtude, se no fim não se pudesse ter uma garantia da harmonia entre causas e efeitos. Distintamente, o que a experiência nos mostra é que o mal-estar não se manifesta para que a virtude se fortaleça, mas porque se age virtuosamente contra o amor de si. "Assim, contra essa solução argumenta-se: que o mal-estar, enquanto amolador da virtude, preceda ou acompanhe a virtude e que ambos sejam representados como estando em permanente acordo moral; esse seria o caso apenas se, ao menos no final da vida, a virtude fosse coroada e o vício punido; mas se até mesmo esse final fracassa absurdamente, assim como a experiência oferece muitos exemplos a esse respeito, então parece que o sofrimento dos virtuosos não ocorreu para que a sua virtude fosse pura, mas por que ela o foi (pois era contrária às regras do prudente amor-de-si [Selbstliebe]). Isso é exatamente o oposto da equidade, tal como o ser humano dela pode fazer um conceito" (AA, VIII: 261-262). Para comentários, cf. CUNHA. "Kant e a defesa da causa de Deus". In: *Studia kantiana*, vol. 13, n. 19 (2015) [Trad. de Joel Klein].

SEGUNDA SEÇÃO
DA NATUREZA E CERTEZA
DA CRENÇA MORAL

Probabilidade no conhecimento pode ocorrer apenas nas coisas do mundo. Pois uma coisa da qual quero ter um conhecimento provável tem de ser homogênea. Isto é, deve ser de uma mesma espécie em relação a alguma outra cujo conhecimento é certo. Conheço com probabilidade, por exemplo, que a Lua tem habitantes, uma vez que descobri muitas similaridades entre ela e a Terra, tais como montanhas, vales, mares e talvez até mesmo atmosfera. O conhecimento da habitabilidade da Lua é, por isso, *provável*, porque vejo com certeza que, em diversos aspectos, a Terra lhe é homogênea e concluo daí que também, nesse aspecto, a Lua lhe será semelhante. Mas se o discurso é sobre uma coisa que de modo algum está presente no mundo, não há nenhuma homogeneidade e, consequentemente, também nenhuma probabilidade. Por isso não posso dizer igualmente que é provável que haja um Deus. Essa expressão já não seria adequada à dignidade desse conhecimento e é tampouco apropriada devido ao fato de que não pode ser pensada nenhuma analogia entre Deus e o mundo. Nesse caso, ou tenho de ser totalmente modesto em relação ao conhecimento de algo ou estar completamente convicto de sua existência [159].

Toda convicção é de dois tipos: dogmática ou prática. A primeira tem de ser alcançada *a priori* mediante meros conceitos e ser apodítica. Já vimos, no entanto, que por esse caminho, por meio da mera especulação, não podemos estar convictos com certeza da existência de um Deus. No máximo, o interesse especulativo de nossa razão nos compele a pressupor tal Ser como uma hipótese subjetivamente necessária. Mas, em nenhum caso, ela tem a capacidade suficiente *de demonstrá-lo*. Nossa necessidade leva-nos a tal desejo, mas nossa razão não pode abarcá-lo. A partir da existência do mundo e de seus fenômenos contingentes, posso decerto inferir algum ser originário superior, mas não posso conhecer suficientemente sua natureza e constituição. Contudo, resta-nos ainda um outro tipo de convicção, a saber, *a prática*. Este é um campo especial que nos apresenta perspectivas muito mais satisfatórias [1083] do que, por certo, pode nos proporcionar a árida especulação. Pois da mesma forma que uma pressuposição a partir de fundamentos subjetivos é uma mera hipótese, em contrapartida, *uma pressuposição a partir de fundamentos objetivos é um postulado necessário*. Ora esses fundamentos objetivos são *teóricos*, como na matemática, ou *práticos*, como na moral. Pois uma vez que eles se fundam na natureza de nossa essência como criaturas racionais e livres, os imperativos morais são da mesma evidência e certeza [160] de que, afinal de contas, são capazes as proposições matemáticas que se originam, do mesmo modo, na natureza das coisas. Por conseguinte, é um postulado prático necessário em consideração a nossos conhecimentos práticos precisamente o que é um axioma em consideração aos especulativos. Pois o interesse prático que temos na existência de Deus como um sábio governante do mundo é *o mais supremo* interesse que pode haver, posto que, ao suprimir esse princípio, temos de renunciar ao mesmo tempo a toda prudência e honestidade e agir contra nossa própria razão e nossa consciência.

Tal teologia moral proporciona-nos, além da certeza convincente que obtemos dessa forma da essência de Deus, ao mesmo tempo, também a grande vantagem de nos dirigir *à religião*, ao ligar consistentemente o pensamento de Deus à nossa moralidade, tornando-nos, desse mesmo modo, seres humanos *melhores*. Essa crença moral é um postulado prático por meio do qual aquele que o nega é conduzido *ad absurdem practicum*. *Absurdem logicum* significa absurdo nos juízos, enquanto *absurdum practicum* é quando se demonstra que aquele que nega esse ou aquele fato deveria ser um patife. E esse é o caso com a crença moral. Esta crença moral não é como se minhas opiniões ocorressem apenas hipoteticamente, isto é, a partir de pressuposições que se fundam em fenômenos contingentes. Por conseguinte, se [161] inferimos a partir da contingência do mundo um autor primeiro, trata-se apenas de uma hipótese, embora ela nos seja necessária como explicação e, por isso, uma opinião, embora altamente provável. Mas tais pressuposições que decorrem de dados absolutamente necessários, como na moral e na matemática, não são meras opiniões, mas exortações de uma crença consistente[196]. Assim, essa crença não é nenhum saber e salve-nos que não seja! Pois a sabedoria divina revela-se justamente *no fato de que não sabemos, mas temos de acreditar que* [1084] *Deus existe*. Supondo que pudéssemos alcançar, pois, através da experiência (embora não se possa pensar a possibilidade disso), um saber da existência de Deus dessa ou daquela maneira ou pudéssemos nos certificar realmente disso, assim como por meio da intuição, então toda a moralidade desapareceria. O ser humano representaria Deus em cada uma de suas ações, ao mesmo tempo, como alguém que recompensa ou se vinga. Essa imagem imprimir-se-ia de forma completamente arbitrária em sua alma. No lugar dos motivos morais entraria a esperança de recompensa e o medo de punição. O ser humano *seria virtuoso a partir de impulsos sensíveis*.

Quando o autor fala da *sinceridade*[197] de Deus, tal expressão está bem abaixo da dignidade do Ser supremo. Pois as perfeições negativas [162], como é a sinceridade, que consiste no fato de Deus não ser dissimulado, só podem ser predicadas de Deus na medida em que *acontecesse de alguém poder negá-las*. Mas sinceridade e veracidade já estão contidas no conceito de um Deus, de modo que aquele que quisesse rejeitar esses atributos deveria negar também a Deus mesmo. Ademais, elas já se encontram em sua santidade e de acordo com isso certamente Deus não pode mentir. E por que então uma rubrica especial e uma classificação para os *corollaria*? Se, por certo,

---

196. Na *Crítica da razão pura*, esclarece-se, em relação a isso, que "[c]omo há leis práticas que são absolutamente necessárias (as leis morais), se essas leis pressupõem, necessariamente, qualquer existência como condição da possibilidade da sua força obrigatória, essa existência tem de ser *postulada*, porque o condicionado, donde parte o raciocínio para concluir nesta condição determinada, é ele próprio conhecido *a priori* como absolutamente necessário. Em relação às leis morais, haveremos de mostrar que não só pressupõem a existência de um Ser supremo, mas também, sendo absolutamente necessárias de outro ponto de vista, o postulam legitimamente, conquanto na verdade, só de um modo prático" (A 633-634, B 661-662).

197. Lemos no compêndio que "SINCERIDADE é a bondade ligada ao que é significado na própria mente e isto é supremo (§ 812) em Deus (§ 904), uma vez que Ele é o mais preparado para significar à própria mente em todas as coisas tanto quanto sua suprema sabedoria recomenda" (*Metaphysica*, § 919).

queremos enumerar sinceridade e veracidade, em especial, como atributos de Deus, seria melhor que as definíssemos como aquelas em virtude das quais Deus *nos* exige sinceridade e veracidade. Portanto nos resta os três atributos morais de Deus já tratados: a santidade, a bondade e a justiça.

Podemos pensar a *justiça* de Deus de duas maneiras, a saber: uma justiça de acordo com a ordem da natureza ou uma justiça de acordo com um decreto particular. Mas do mesmo modo que ainda não somos instruídos em relação ao último tipo e nem podemos, de acordo com o primeiro, harmonizar os acontecimentos com a santidade e a bondade, é nosso dever *persistir em uma justiça que nos compartilha, segundo o curso das coisas, o que merece as nossas ações*. Essa justiça [163] de Deus segundo a ordem da natureza consiste no fato de que Deus já colocou – no curso das coisas e em seu plano universal para o mundo – como o estado do ser humano, em vista do todo de sua existência, deve ser proporcional ao grau de moralidade que ele alcançou. Com a boa conduta, um dia, estará ligado inseparavelmente [1085] ao bem-estar, assim como a corrupção moral à punição. Ao aperfeiçoamento moral nessa vida se seguirá o aumento da moralidade na outra, assim como à deterioração moral nessa vida uma grande decadência da moralidade na outra vida. O ser humano continuará o desenvolvimento e a predisposição de suas capacidades depois da morte e pode também esperar, por conseguinte – caso já tenha se esforçado aqui para agir moralmente bem, alcançando gradativamente alguma habilidade nisso –, continuar sua formação moral lá, assim como, por outro lado, caso ele já tenha agido aqui contra as leis eternas e necessárias da moralidade e se deteriorado gradativamente através de frequentes transgressões, tem de temer que sua corrupção moral aumentará ainda mais lá. Ao menos, ele não tem nenhuma razão para acreditar que acontecerá lá uma mudança súbita. Ao contrário, a experiência de seu estado no mundo e a ordem da natureza em geral lhe dá provas claras de que sua deterioração moral e, com ela, as punições essencialmente necessárias, assim como [164] seu aperfeiçoamento moral e seu inseparável bem-estar, continuarão indefinidade, isto é, eternamente.

Habitualmente se divide a justiça de Deus em *justitia remunerativa*[198] e *punitiva*[199], de acordo com as quais o mal é punido e o bem recompensado. Mas as recompensas que Deus nos concede decorrem não de sua justiça, mas de sua bondade. Pois se elas nos fossem compartilhadas em virtude de sua justiça, não poderia haver nenhum *praemia gratuita*, mas teríamos de ter um direito de exigi-las e Deus teria de estar obrigado a nos dá-las. A justiça não dá nada a ninguém gratuitamente, mas a cada um apenas a recompensa *merecida*. Ora, mesmo se observamos constantemente ainda todas as leis morais, não podemos fazer nada mais do que o nosso dever [Schuldigkeit]. Por isso também nunca podemos esperar recompensa da justiça de Deus. Seres humanos podem, certamente, possuir mérito *uns em relação aos outros* e exigir recompensa baseados em sua justiça recíproca, mas não podem dar nada a Deus e, por isso, também terem qualquer direito de ser recompensados por Ele[200]. Por conseguinte, se de acordo com aquela sublime e comovente passagem "aquele que se compadece do pobre, presta-se ao Senhor"[201], aqui o mérito que temos pelo desafortunado é posto na conta da bondade divina e o próprio Deus [1086] considerado por isso como nosso devedor. É representado [165] que na medida em que Deus nos firma uma promessa, também estamos autorizados a exigir o que Ele nos prometeu e esperar o cumprimento disso a partir de sua justiça. Todas as promessas do tipo, em que uma pessoa promete à outra um benefício completamente destituído de mérito, parecem não conter em si precisamente a obrigação de conceder realmente ao outro o prometido. Ao menos, elas não concedem nenhum direito de exigi-lo. Pois elas ainda

---

198. Por definição: "RECOMPENSA [*PRAEMIUM*] (remuneração) é um bem contingente concedido a uma pessoa por causa de um bem moral. A JUSTIÇA em conceder recompensas é REMUNERATÓRIA" (*Metaphysica*, § 907).

199. Por sua vez, "PUNIÇÃO [*POENA*] é um mal contingente infligido a uma pessoa por causa do mal moral" (*Metaphysica*, § 908). "A JUSTIÇA em infligir punições é PUNITIVA [*vindicativa, ultrix, vindicatrix, nemesis*] e concerne a Deus" (*Metaphysica*, § 910).

200. Em consonância ao problema aqui exposto, lemos nas *Lições de ética*: "[s]e, decerto, não temos que esperar de Deus nenhum pagamento como mérito, podemos de fato esperar uma *praemia gratuita*, que podem ser não obstante consideradas como pagamento, particularmente em relação aos outros seres humanos diante dos quais praticamos boas ações" (2008, p. 181-182; 1924, p. 65). Para comentário a respeito desse ponto, cf. CUNHA. *A gênese da ética de Kant* (2017).

201. "Ser bondoso com os pobres é emprestar ao Senhor, e Ele nos devolve o bem que fazemos" (Pr 19,17). Também: "[e]u afirmo a vocês que isto é verdade: quando vocês fizeram isso ao mais humilde destes meus irmãos, foi a mim que fizeram" (Mt 25,40).

permanecem, contudo, sempre benefícios que nos dizem respeito de forma não meritória e por isso trazem a marca da bondade, não da justiça. Em Deus, não há para nós, portanto, nenhuma *justitia remunerativa*, mas todas as recompensas que Ele quer nos proporcionar são derivadas de sua bondade. Sua justiça ocupa-se, por outro lado, apenas de punições[202]. Estas são *poenae correctivae, exemplares* ou *vindicativae*. As primeiras acontecem *ne peccetur*, enquanto a última *quia peccatum est*. Mas todas as *poenae correctivae* e *exemplares* têm sempre por fundamento as *peonae vindicativae*. Pois um inocente nunca pode ser punido como exemplo para outros sem que tenha merecido a punição. Daí que tanto as punições corretivas que têm como propósito a melhoria do próprio sujeito punido quanto aquelas que, em virtude da culpa, são impostas como advertência aos outros, estão de acordo com as regras da justiça. Elas devem ser, ao mesmo tempo, punições *vingativas*. A expressão [166] *poenae vindicativae*, assim como *justitia ultrix*, é, decerto, demasiadamente dura. Pois não é possível pensar vingança em Deus, uma vez que vingança pressupõe sempre a sensação de uma dor por meio da qual alguém é impelido a fazer algo similar ao ofensor. Pode-se, por isso, considerar melhor as punições da justiça divina pelos pecados cometidos como *actus* da *justitia distributiva*, isto é, uma justiça do tipo que limita a bondade em sua repartição *segundo as leis da santidade*. Mas que devam existir tais *poenae vindicativae*, observa-se pelo fato de que elas constituem unicamente o que é próprio da justiça, e se quiséssemos suprimi-las, tampouco poderíamos aceitar o atributo da justiça em Deus. Pois as *peonae correctivae* e *exemplares* são, na verdade, ações da bondade, uma vez que exigem dessa forma o melhor do ser humano individual que, através delas, precisa se aperfeiçoar, ou do povo inteiro para o qual o castigo deve servir de advertência[203]. Como

---

202. Baumgarten define a justiça punitiva de Deus como "a suprema justiça, uma vez que é a mais adequada para punir de maneira sumamente proporcional todos os pecados de todos os pecadores" (*Metaphysica*, § 910).

203. Esse ponto de vista se tornará insustentável mais tarde, ao se mostrar como contrário ao valor intrínseco da personalidade moral, como observamos nos *Princípios metafísicos da doutrina do direito*: "[a] *pena judicial* (*poena forensis*), que se diferencia da *natural* (*poena naturalis*) porque nesta última o vício castiga a si mesmo e o legislador de modo algum a leva em consideração, nunca pode servir meramente como meio para fomentar outro bem, seja para o próprio *delinquente* seja para a sociedade civil, mas sim tem de ser infligida contra ele apenas *porque ele cometeu o crime*. Pois o homem nunca pode ser manipulado como mero meio para os propósitos de um outro, nem ser contado entre os objetos do direito real, sendo

então podemos colocar nelas a essência da justiça divina? A justiça divina deve limitar, por certo, a bondade [1087] de modo a distribuir o bem *de acordo com a dignidade* do sujeito, mas ela mesma não deve ser bondade. A justiça, por conseguinte, não vai impor punições ao criminoso para alcançar o melhor para ele e para os outros dessa forma, mas unicamente com o propósito de punir o delito pelo qual ele transgrediu as leis e se tornou indigno da felicidade [167]. Antes, essas punições retributivas devem se tornar óbvias apenas levando em conta a nossa existência por inteiro e elas só podem ser corretamente determinadas e estimadas de acordo com isso. *Daí a ideia majestosa de um julgamento universal do mundo.* Lá, diante de todo mundo, revelar-se-á em que medida o gênero humano tornou-se *digno* de uma felicidade destinada ou indigno dela pela transgressão das leis morais santas. Ao mesmo tempo, a consciência, esse juiz incorruptível em nós, colocará diante dos olhos de cada qual o conjunto completo de sua vida terrena e o convencerá da justiça da sentença. E então deve resultar também nesse julgamento, de acordo com a constituição de nosso esforço aqui no mundo, o progresso eterno do bem em direção ao melhor ou um interminável retrocesso do mal em direção ao ainda pior.

Ora, do mesmo modo, a *longaminidade*[204] de Deus consiste precisamente no fato de que Ele executa suas punições do mal só depois de ter dado ao criminoso a oportunidade de se corrigir. Mas, depois disso, sua justiça será implacável. Pois não é possível pensar em um juiz *que perdoa!*[205] Ao contrário, ele deve considerar estritamente toda conduta de acordo com as leis da santidade e compartilhará com cada um apenas a medida da felicidade que é proporcional à sua dignidade. Basta que possamos esperar que, já nessa vida, a bondade de Deus [168] nos concederá a capacidade de poder observarmos as leis da moralidade com o propósito de, dessa forma, nos tornarmos dignos da

---

protegido contra isso por sua personalidade inata mesmo quando possa ser condenado a perder a civil" (AA, MS, VI: 331) [Trad. de Clélia Martins (Vozes, 2013)].

204. "Longaminidade [*longanimitas*] (a paciência do juiz) é a justiça que não pune a menos que veja a melhor ocasião. Deus conhece infalivelmente a melhor oportunidade para todas as punições (§ 889, 879)" (*Metaphysica*, § 916).

205. Em paralelo às *Lições de ética*, "[l]evanta-se a pergunta se podemos esperar, a partir da bondade de Deus, por meio de nossos pedidos intensos e súplicas, o perdão de todos os vícios? Não! Não se pode imaginar um juiz benevolente. Isto é uma contradição. Um juiz tem de ser justo" (2008, p. 266-267; 1924, p. 133).

felicidade. Deus, enquanto o Todo benevolente, pode nos tornar dignos de seus benefícios. Mas nos tornar, por conseguinte, participantes da felicidade sem que nos tornemos dignos dela em virtude de nossa moralidade é algo que Ele, o Justo, não é capaz de fazer.

A *imparcialidade*[206] de modo algum está incluída nos atributos que podem ser predicados particularmente de Deus, uma vez que, ao já se encontrar no conceito de um Deus santo, ninguém pode duvidar que tal atributo lhe convém. A imparcialidade de Deus consiste no fato de que Ele não possui um favorito, pois isso pressuporia nele uma predileção que, no entanto, é uma imperfeição humana, [1088] como, por exemplo, quando os pais amam preferencialmente um de seus filhos que, contudo, não se destaca especialmente dos outros. Por isso não se pode pensar de Deus que Ele devesse escolher preferencialmente um sujeito em particular a outros sem considerar sua dignidade, pois isso seria uma representação antropomórfica. Mas se ocorre, contudo, que uma nação se esclareça mais cedo do que a outra e se aproxime da destinação do gênero humano, isso diz respeito (longe de provar que Deus tivera um interesse particular nisso, preocupando-se em favorecer preferencialmente esse povo), ao contrário, ao plano mais sábio de uma [169] providência universal que, no entanto, não estamos em condições de vislumbrar. Pois, tanto no reino dos fins quanto no reino da natureza, Deus governa precisamente de acordo com leis *universais* que, no entanto, em nosso entendimento míope, não parecem estar em conexão. O ser humano está, decerto, acostumado a considerar qualquer tipo de boa fortuna que lhe ocorre, mesmo que não merecida, como um testemunho especial de favorecimento da providência divina. Pensa ser um homem tanto melhor, quanto mais feliz ele é. No entanto, isto é só uma característica do amor-próprio, que pode nos persuadir, de bom grado, que seríamos também de fato dignos da felicidade que desfrutamos.

A *equidade*[207] também é um atributo que está abaixo da majestade do Ser supremo, pois podemos pensar a equidade propriamente

---

206. Em definição tirada do compêndio, "IMPARCIALIDADE [*IMPARTIALITAS*] é aversão para decidir a partir de estímulos aparentes. Em Deus, de fato, nem estímulos e muito menos aparências são possíveis [...] Ele é imparcialíssimo" (*Metaphysica*, § 917).
207. Por sua vez, segundo a *Metaphysica*, "EQUIDADE é justiça imparcial. Deus, o sumamente Justo e Imparcial, é sumamente equitativo" (*Metaphysica*, § 918).

apenas entre os seres humanos. A saber, equidade é a obrigação oriunda do direito do outro, na medida em que esta obrigação não está ligada com a competência de coagir os demais[208]. Ela distingue-se, dessa forma, do direito estrito no qual posso coagir o outro ao cumprimento de sua obrigação. Se, por exemplo, prometi dar a um serviçal um certo abono, tenho de pagá-lo de qualquer maneira. Mas supondo uma época mais dispendiosa em que o serviçal não é capaz de sobreviver com o salário acordado, nesse caso, segundo o direito estrito, não tenho nenhuma obrigação de lhe acordar mais para seu sustento do que lhe tinha prometido. Ele também não pode [170] me coagir a isso, uma vez que não tem uma força obrigatória maior como fundamento de seu direito. Mas é, afinal, equitável que eu não o deixe morrer de fome, mas lhe dê um aumento suficiente na proporção de que precisa para que possa sobreviver. Diante do tribunal [Richterstuhle] da consciência, o que devo ao outro meramente por equidade também é válido como um direito estrito. E mesmo que eu fosse considerado por todos os seres humanos como justo, porque cumpri tudo aquilo para o qual posso ser coagido e para o qual [1089], portanto, tenho obrigação externa, minha consciência ainda me reprovará se violo as regras da equidade. Deus julga-nos segundo nossa consciência. Aqui na Terra, ela é o seu representante[209].

Atribui-se a Deus a *imortalidade* absoluta[210], isto é, a impossibilidade de perecer. Esta é atribuída, com razão, única e exclusivamente a Ele como uma consequência da necessidade absoluta de sua existência. Mas a expressão imortalidade é inadequada porque é uma mera negação de uma representação antropomórfica. De modo geral, é dig-

---

208. As *Lições de ética* ensinam, em relação ao tema, que "[a] equidade é um direito que, no entanto, não concede nenhuma autorização para coagir o outro. É um direito, mas não um direito compulsório" (2008, p. 438; 1924, p. 269). Em paralelo, na *Metafísica dos costumes*, Kant acredita que "se pode pensar um direito em sentido *amplo* (*ius latum*) em que a competência para coagir não pode ser determinada por nenhuma lei. Esses direitos, verdadeiros ou supostos, são dois: a *equidade* e o *direito de necessidade*, o primeiro deles admitindo um direito sem coerção" (AA, VI: 233-234).
209. Em paralelo às *Lições de ética*: "[...] todas as disposições e ações que não podem ser conhecidas externamente pertencem ao *forum internum*, pois o *forum externum humanum* não pode julgar segundo disposições. Então, a consciência moral é o representante do *fori divini*" (2008, p. 207; 1924, p. 84).
210. O autor do compêndio comenta que "[u]ma vez que a vida suprema de Deus é absolutamente necessária, porque é sua essência em si e sua existência, Deus não é apenas imortal, mas o *único que tem imortalidade* absoluta" (*Metaphysica*, § 922).

no de nota que, na teoria do conceito de Deus, temos de nos manter cuidadosamente livres e purificados de todas as ideias humanas, muito embora, do ponto de vista prático, possamos pensar momentaneamente os predicados de Deus de uma maneira humana e apresentá-los a outros, quando tais pensamentos de Deus obtenham, dessa forma, mais força e vigor para nossa moralidade [171]. Mas no presente caso pode-se fazer melhor uso da expressão *eterno* em vez de imortal, uma vez que é mais nobre e mais apropriado à dignidade de Deus.

Quando o autor louva a Deus como *sumamente feliz*[211], faz com que seja necessário que investiguemos o verdadeiro conceito de felicidade com o propósito de ver se lhe é conveniente. O prazer com nosso estado chama-se bem-estar [Wohlfahrt]. Na medida em que este prazer diz respeito ao todo de nossa existência, chama-se felicidade. Consequentemente, trata-se *do prazer em nosso estado como um todo*. O prazer *em nossa própria pessoa chama-se autocontentamento*. Mas como a liberdade constitui aquilo que é próprio em nós, consequentemente, o prazer em nossa liberdade ou na constituição de nossa vontade também é autocontentamento. Se esse autocontentamento estende-se à nossa *existência por inteiro*, chama-se *beatitude*. Essa distinção entre autocontentamento e felicidade é tão necessária quanto importante. Pois é possível ser feliz sem ser bem-aventurado, muito embora também pertença a uma felicidade perfeita (autocontentamento) *a consciência de nossa própria dignidade* ou o autocontentamento. No entanto, o autocontentamento pode acontecer sem a fortuna, uma vez que a boa conduta, ao menos nessa vida, nem sempre está ligada ao bem-estar [Wohlbefinden]. O autocontentamento surge da moralidade, enquanto que, por outro lado, a felicidade depende das condições *físicas*. Nenhuma criatura tem, em seu poder, as forças naturais [172] de modo a ser [1090] capaz de fazê-las concordar com seu autocontentamento. Por isso não podemos atribuir a nenhuma criatura o grau supremo de autocontentamento ou, em outras palavras, a beatitude[212]. Mas seremos capazes

---

211. Para Baumgarten, "Deus é sumamente (§ 812) feliz (§ 923, 787), uma vez (1) que não somente toda corrupção e toda miséria estão ausentes nele (§ 813), mas elas não podem de fato existir nele nem física (§ 859) e nem moralmente (§ 902) [...]" (*Metaphysica*, § 924).
212. Como nos explica Baumgarten, "[e]m Deus a suprema perfeição metafísica e física está conjugada com a suprema perfeição moral (§ 806, 859) por meio de sua

de ser felizes se todo nosso estado é de tal espécie que podemos ter um comprazimento nele. Contudo, na vida presente, *dificilmente* a felicidade mesma *será nosso destino* e os estoicos realmente exageraram bastante ao acreditarem que aqui a virtude está combinada, de maneira consistente, com o bem-estar. O mais infalível testemunho contra eles é a experiência.

A fortuna humana *não é posse*, mas *progresso para a felicidade*. No entanto, o autocontentamento pleno, a consciência consoladora da retidão, é um bem que nunca pode nos ser roubado, independente de como nosso estado externo possa ser. E, de fato, bem acima de toda fortuna da terra, é predominante o pensamento de que, como seres humanos moralmente bons, tornamo-nos dignos de uma felicidade futura ininterrupta! Este prazer interno em nossa própria pessoa, decerto, nunca compensará a perda de um estado externo de felicidade[213], mas, com prospecto no futuro, poderá nos confortar mesmo na vida mais dolorosa. Ora, se a questão é se podemos atribuir, com razão, a felicidade a Deus [173], então, primeiramente, visto que toda fortuna só se refere ao estado externo, deve ser levantada a questão se podemos pensar Deus *em um estado*. Temos de ver aqui, antes de tudo, o que é um *estado*[214]. A definição ontológica de um estado é a coexistência das determinações mutáveis de uma coisa junto com o permanente. Por exemplo, em um ser humano é uma determinação permanente que ele seja um ser humano, enquanto o mutável, por outro lado, é se ele é erudito ou ignorante, rico ou pobre. Ora, essa coexistência de suas determinações mutáveis, como a riqueza ou a pobreza, junto com o permanente nele, ou seja, com sua humanidade, constitui seu estado. Mas em Deus *tudo é*

---

retidão suprema (§ 901). Ele é distintissimamente consciente dessas perfeições (§ 866), e então as desfruta (§ 892) com prazer supremo. Ele é beatíssimo (§ 787)" (*Metaphysica*, § 923).

213. É nesse sentido que Kant critica, ao discutir sobre as doutrinas antigas do sumo bem, a doutrina estoica de Zenão em suas *Lições de ética*: "[a] a consciência da dignidade da felicidade ainda não acalenta os desejos do homem, e se o homem não satisfaz os seus desejos, quando, também, sente em si mesmo que é digno, ele ainda não é feliz" (2018, p. 101; 1924, p. 12).

214. Como é perceptível, Kant segue literalmente, nesse ponto, a definição de Baumgarten: "[u]m suposto [*Suppositum*] contingente é determinado por meio de modos e relações (§ 184, 200). Assim, partes fixas ou intrinsecamente imutáveis (§ 107, 132) coexistem nele com partes mutáveis (§ 133). Esse modo de coexistência é um estado. Logo, um suposto contingente possui um estado. Um estado de coisas unidas é união" (*Metaphysica*, § 205).

permanente. Como então determinações mutáveis que existem junto com o permanente de sua essência poderiam ser pensadas nele? Ou como poderíamos pensar Ele, o Eterno, em um estado? Mas se não é possível predicar nenhum estado de Deus, também não é possível atribuir-lhe nenhuma felicidade. A suprema beatitude, o maior autocontentamento possível consigo mesmo, no entanto, lhe convém, e, decerto, em um sentido tal que nenhuma criatura pode igualmente se gabar de uma proximidade. Pois, nas criaturas, [1091] muitos objetos sensíveis externos sempre têm influência em seu prazer interno. Em contrapartida, Deus é completamente independente de todas as condições físicas. Ele é consciente de si mesmo como a *fonte* de toda beatitude. Ele é, por assim dizer, [174] a lei moral mesma personificada. Por isso é também o único bem-aventurado.

Para concluir a teologia moral, é digno de nota ainda o fato de que os três artigos da crença moral – *Deus, a liberdade da vontade humana* e *um mundo moral* – serem os únicos nos quais nos é permitido nos transferir em pensamento, para além de toda experiência do mundo dos sentidos, aceitando e acreditando em algo em sentido prático para o qual, ao contrário, não temos fundamentos suficientes na especulação. Entretanto, por mais necessário e confiável que esse procedimento seja em referência à nossa moralidade, não estamos autorizados, contudo, a adentrarmos mais além nessa ideia e nos aventurarmos em nossa especulação ali no lugar que concerne apenas ao nosso conhecimento prático. Ao fazermos isso, *somos entusiastas* [Schwärmer]. Pois aqui estão assinalados claramente os limites de nossa razão e aquele que se atreve a ultrapassá-los é punido pela própria razão por sua audácia com desprazer e erro. Mas ao permanecer dentro desses limites, nossa recompensa por isso será o fato de nos tornarmos seres humanos sábios e bons [1091].

TERCEIRA SEÇÃO
DE DEUS SEGUNDO A SUA CAUSALIDADE

A causalidade de Deus ou sua *relação com o mundo* pode ser considerada a partir de *três* aspectos:

1) *In nexu effectivo*, na medida em que Deus em geral é a causa do mundo e o mundo é um *effectus* dele.
2) *In nexu finali*, na medida em que Deus quis, por meio da produção de um mundo, alcançar certos propósitos. Deus é considerado, nesse caso, como o autor do mundo, isto é, como uma causa do mundo de acordo com um propósito.
3) *In nexu morali*. Nesse caso, conhecemos Deus como o soberano do mundo.

[1092]

1 De Deus como causa do mundo

Pode-se enquadrar aqui, nas seguintes classes, todos os conceitos entre os quais, alguma vez, os seres humanos pensaram Deus como a causa do mundo:

1) Representou-se o mundo como se fosse Deus. Isto é o *panteísmo* dos antigos e o *espinozismo* da época moderna. Pode-se, no geral, chamar isso de *systema inhaerentiae*.
2) Ou pensou-se Deus como um *ens* extramundanum, mas, no que diz respeito à sua causalidade,

a) ou tentaram esclarecê-la de acordo com a necessidade de sua natureza – este é o *systema emanationis*[215], que é *crassior*, sistema no qual se imaginou que as substâncias no mundo foram originadas por meio de divisão, embora isso seja absurdo; ou é *subtilior*, sistema no qual se considerou, em geral, a origem de todas as substâncias como uma emanação a partir de Deus;

b) ou de acordo com sua liberdade – este é o *systema liberi arbitrii*[216], no qual Deus é representado como o criador do mundo.

O sistema de emanação do tipo sútil no qual Deus é considerado, segundo a necessidade de sua natureza, como a causa das substâncias, tem contra si um argumento [Grund] da razão que o coloca por terra de uma só vez. Esse argumento é retirado da natureza de um Ser absolutamente necessário e consiste no fato de que as ações que um Ser absolutamente necessário realiza de acordo com a necessidade de sua natureza nunca podem ser senão ações internas que pertencem à sua própria essência absolutamente necessária. Pois, de modo algum, podemos pensar que tal Ser, de acordo com a necessidade de sua natureza, possa produzir algo exterior a si mesmo que não fosse também absolutamente necessário. Mas como algo pode [177] ser pensado como absolutamente necessário sendo produzido a partir de outro? Se for contingente, entretanto, como pode então ter emanado de uma natureza absolutamente necessária? Todas as ações que um tal Ser pratica, de acordo com a necessidade de sua natureza, são imanentes e podem concernir tão somente a sua própria essência. As outras coisas exteriores a Ele, no entanto,

---

215. Baumgarten destaca as razões pelas quais o sistema de emanação é impossível, razões essas que serão compiladas por Kant um pouco à frente: "CRIAÇÃO POR EMANAÇÃO seria a atualização do universo a partir da essência de Deus. Nesse modo de criação, (1) o mundo não teria sido atualizado a partir do nada (§ 926), uma vez que ser necessário é de fato a essência de Deus (§ 109, 816). O que vai contra (§ 926) (2) ou à essência de Deus por inteiro ou parte dela poderia ser mutável no universo (§ 370); o que vai contra (§ 839) (3) a parte de Deus seria posicionada fora de Deus (§ 388) e Deus seria um composto (§ 225), o que vai contra (§ 838). Em muitos aspectos, é claro que a criação por emanação é impossível (§ 7)" (*Metaphysica*, § 927).

216. Como Kant fará a seguir, Baumgarten também demonstra sua aceitação do sistema por liberdade: "[...] No entanto, Deus criou impassivelmente [*impassibiltis*] este universo (§ 851) por meio de uma espontaneidade suprema (§ 895) em um ato de criação livre em sua execução (§ 897). Logo, Ele é sumamente livre (§ 898)" (*Metaphysica*, § 932).

só podem ser produzidas a partir dele [1093] *per libertatem*. Caso contrário, não são coisas externas a Ele, mas coisas que pertencem à sua própria essência absolutamente necessária e que estão nele. Esse argumento provoca a resistência da razão contra o sistema de emanação no qual Deus é considerado a causa do mundo de acordo com a necessidade de sua natureza, descobrindo ao mesmo tempo a causa da relutância que alguém sente frente a esse sistema, mesmo que nem sempre seja possível desenvolver isso com clareza. Totalmente diferente é quando vemos uma coisa nascer de outra no próprio mundo segundo a necessidade de sua natureza. Pois aqui causa e efeito são homogêneas, como, por exemplo, na geração de animais e plantas. Mas querer pensar Deus como homogêneo com o universo é absurdo, porque contradiz o conceito de *ens originarium*, o qual, como mostramos antes, deve estar isolado do mundo. Resta, portanto, para nossa razão, tão somente o sistema de causalidade oposto, a saber, o *systema per libertatem*.

2 De Deus como autor do mundo

Como *autor mundi*, Deus pode ser pensado[178]:

1) meramente como autor da forma das coisas, e nesse caso consideramos Deus tão somente como o *arquiteto* do mundo; ou
2) também como autor da matéria das substâncias do próprio mundo, e então Deus é o *criador do mundo*.

No mundo mesmo nascem e perecem apenas as formas das coisas. As substâncias mesmas são permanentes. Por exemplo, a maçã nasce devido ao fato de que a árvore empurra e sintetiza as seivas em suas hastes. Mas a própria seiva: de onde a árvore a obtém? Do ar, da terra, da água, e assim por diante. Essa matéria também permanece na maçã, mas existe em uma composição diferente, em uma outra forma. Outro exemplo é em relação ao perecimento. Quando removemos, por exemplo, o flogisto do ferro, toda a sua forma é alterada. Ele decompõe-se em pó e, para os olhos comuns, já não é mais ferro. Mas a substância do ferro permanece inalterada. Pois ao se inflamar novo flogisto dentro dele, a forma antiga é restaurada e o pó de ferro ganha consistência. Essa forma é contingente. Suas alterações testemunham isso. Por isso tem de ter um *autor* que primeiramente a constituiu. Mas as substâncias no mundo, ainda que não percebamos nelas quaisquer alterações, são tão contingentes quanto as formas. Isso torna-se claro a partir [1094] de um *commercium* recíproco, no qual elas [179], como partes de um mundo como um todo, colocam-se umas em relação às outras. De fato, na antiguidade, a matéria ou a matéria-prima, a partir da qual todas as formas das coisas surgiram, foi assumida consistentemente como eterna e necessária. Por isso Deus foi considerado meramente como *arquiteto* do mundo e a matéria como material mediante o qual Ele formou todas as coisas. Basicamente, portanto, assumiu-se dois princípios: *Deus* e a *natureza*. Isso servia para empurrar excelentemente a maior parte dos males [Übel] no mundo para as propriedades originárias da matéria sem prejuízo à sabedoria e à bondade do arquiteto. No entanto, a matéria teria de ser culpada pelos males porque tinha colocado, por meio de suas propriedades naturais eternas, alguns obstáculos contra a vontade de Deus, que queria moldá-la de acordo com seu propósito. Mas essa opinião foi rejeitada com razão, depois que as ideias filosóficas tornaram-se mais purificadas e determinadas. Pois se compreendeu que quando a matéria provocara, dessa maneira, o mal [Übel] no mundo devido à sua inadequação a certos propósitos, ela poderia, por outro lado, também ser a autora de muitos bens por meio de sua adequação e conveniência a outros propósitos e que, por conseguinte, poderia ser bem difícil determinar qual parte tem Deus, como arquiteto, e a matéria, como matéria-prima, em relação ao bem e ao mal no mundo. Ideias indeterminadas desse tipo não servem para nada na teologia. Por fim, observa-se também a contradição [180] de que substâncias sejam eternas e necessárias e, não obstante, tenham de ter um *influxum mutuum* umas com as outras. Essa confusão e esse absurdo, de que portanto o mundo como um todo tenha de existir a partir de muitas coisas necessárias, conduziu finalmente a razão humana à pista da *criação* a partir do nada, da qual os antigos dificilmente tiveram o menor conceito. Agora passou-se a considerar a matéria mesma como um produto da vontade livre de Deus e a pensar Deus não simplesmente como o arquiteto do mundo, mas ao mesmo tempo como seu criador. Mas por muito tempo a ideia de uma matéria independente ainda persistiu na cabeça dos filósofos [Weltweisen] e também dos próprios ortodoxos. Daí veio o alarde e o fervor contra aqueles que se aventuraram a explicar a ordem e a beleza do mundo em partes a partir das leis universais da natureza, como se houvesse medo de que, dessa forma, a ordenação do mundo fosse arrancada da suprema [1095] soberania divina. Mas não se poderia acreditar nisso senão pensando a matéria como independente de Deus e como um princípio coordenado. Em contrapartida, se assumimos que as substâncias também têm obtido sua origem a partir de Deus, a matéria é tida como subordinada a Deus e todas as suas leis encontram, em última instância, sua origem nele. Essa criação a partir do nada parece, contudo, contradizer a proposição metafísica: *ex nihilo nihil fit*[217]. Essa proposição só pode ser verdade, no entanto, em relação ao que é mais supremo no mundo mesmo [181]. Aqui pode-se dizer com razão que não pode surgir nenhuma substância que já não existisse previamente antes. E é apenas *isso* que quer dizer a proposição acima. Mas se estamos falando da origem do todo do mundo – e essa criação mesma não é pensada como um acontecimento no tempo, uma vez que o tempo por certo começou a princípio *com ela* –, então não há qualquer dificuldade em pensar que o universo inteiro surgiu através da vontade de um ser extramundano, mesmo que nada existisse antes. Devemos apenas nos resguardar de não confundir aqui os conceitos de tempo, de origem e de início, pois assim só se causa confusão. Temos também de reconhecer que essa produção de substâncias e, por conseguinte, a possibilidade de uma criação, não pode ser compreendida pela razão humana na medida em que não estamos em condições de indicar um caso *in concreto* no qual a origem de uma substância pode nos ser colocada diante dos olhos. Em geral, a questão de como uma substância pode ser produzida a partir de outra, seja por emanação ou por liberdade e, contudo, ainda ser uma substância subsistente por si mesma, traz muitas dificuldades que, em parte, podem muito bem permanecer insolúveis. Mas isso não é nem de longe um fundamento suficiente para duvidar do sistema mesmo de tal criação, visto que a matéria se coloca aqui de tal maneira que nós, limitados às representações sensíveis, provavelmente nunca alcançaremos [182] um discernimento claro dela. É suficiente sentirmos, de uma maneira diferente, a necessidade de assumir tal acontecimento e acreditar firmemente

---

217. A partir do nada, nada se faz.

nele. E então toda razão especulativa tem de reconhecer sempre que essa ideia é a mais racional entre todas e a mais adequada ao seu próprio uso.

A criação ou o fazer existir [Wirklichmachung] a partir do nada relaciona-se meramente às substâncias. A forma das substâncias surge, por mais diferenciadas que elas sempre possam ser, a partir das modificações particulares de sua composição. Por isso chamamos toda substância que surge do nada de *criatura*. Se, portanto, tanto a substância quanto a sua forma vêm de Deus, permanece-nos contudo ainda a questão: [1096] Não podemos pensar também uma substância como *creatrix*[218] de outras? Nesse caso a resposta é absoluta. Não! Pois todas as substâncias, como partes de um mundo como um todo, estão em um *commercio* recíproco e possuem uma influência mútua uma em relação às outras. Uma substância atua, dessa forma, sobre a outra e cada uma sofre também o efeito da outra. Se não fosse assim, de modo algum elas poderiam constituir juntas um todo e ser partes dele. Mas se é assim, é impossível pensar como uma substância poderia ser autora de outra que, contudo, além de atuar sobre ela, também sofre seu efeito. Mas isso é uma *contradictio in adjecto*. Por exemplo, se alguém [183] constrói uma casa, em cujo desabamento ele mesmo morre, poder-se-ia pensar que ele seria aqui a causa de seu próprio padecimento. Por meio da composição dos materiais de construção, no entanto, ele erigiu por certo apenas uma simples forma, mas não produziu ele mesmo a substância, a matéria. E justamente a coisa, da qual ele próprio não foi autor nem causa, exerceu sua influência sobre ele, causando-lhe a morte. Por isso, não se pode pensar, em Deus, uma influência recíproca com o mundo. Ele atua em todas as coisas, mas não pode sofrer o efeito de qualquer outra coisa. A criação não pode ter sido concluída senão em um único instante, de uma só vez. Pois, em Deus, só é possível pensar um único ato infinito, uma única força contínua que concluiu em um instante o mundo como um todo e o conservou na eternidade. Através desse ato, muitas forças naturais foram, por assim dizer, derramadas neste mundo como um todo, forças que, de acordo com leis universais, o formaram pouco a pouco.

---

218. Criadora.

A criação relaciona-se, como já observamos acima, tão somente com as substâncias. Por isso, quando se diz que a criação do mundo aconteceu de uma só vez, é para se entender somente a criação de substâncias. Ora, essas substâncias também permanecem sempre constantes e seu número não aumenta e nem diminui. Deus cria *apenas uma vez*. Dessa forma, não se pode afirmar que Deus está criando um mundo *agora* e, a saber, na compreensão que estamos assumindo aqui, novas substâncias, embora possam surgir muitas *novas* [184] *formas do mundo*, que são compostas de diferentes maneiras a partir da matéria ora disponível. Basicamente, em Deus, pode-se pensar em apenas uma única ação, uma vez que nele não se encontra nenhuma sucessão. Não obstante, a esse ato pode-se conceder infinitamente muitas diferentes relações e expressões de acordo com a constituição dos sujeitos com os quais se relacionam e de fato elas existem [1097]. Por isso, para nós, a força divina pode ser não tão visível, em um dado momento, quanto é sentida por nós em outro.

Deus não age de outra forma a não ser *livremente*. Pois nele nada tem uma influência que poderia movê-lo em um caminho ao invés de outro. Em um Ser absolutamente necessário, todas as determinações que poderiam impeli-lo a ações diferentes daquelas que Ele deseja de acordo com a sua liberdade suprema são suprimidas. Por isso Ele também criou o mundo de acordo com uma vontade livre. Que este mundo criado por Deus é o *melhor* de todos os mundos possíveis, torna-se claro pelos seguintes motivos: se um mundo ainda melhor fosse possível do que aquele que Deus quis, também deveria ser possível *uma vontade ainda melhor* do que a divina. Pois, indiscutivelmente, afinal, a vontade melhor é a que escolhe o melhor. Se é possível uma vontade ainda melhor, é igualmente possível um ser que poderia expressar essa vontade melhor[219]. E este ser seria, por

---

219. Kant baseia seu argumento, sobretudo, em dois parágrafos da *Metaphysica* de Baumgarten: "Deus decretou a criação do mundo (§ 933) em sua vontade sumamente proporcional (§ 894). Assim, Ele decretou a existência desse mundo de acordo com o grau de bondade reconhecido nele (§ 926). Em sua vontade sumamente proporcional, Ele não decretou a existência de outro mundo (§ 379). Logo, Deus não reconheceu tanta bondade na existência de outro mundo quanto na existência desse mundo (§ 70). Ora, o conhecimento de Deus é sumamente distinto e infalível em grau máximo (§ 879). Logo, a existência desse mundo, escolhido em detrimento de todo o resto (§ 697), é a melhor existência de um mundo que pode haver (§ 187)" (*Metaphysica*, § 934). Lemos também em outro parágrafo: "[p]osicionada a existência desse mundo, é posicionada também a suprema perfeição que pode existir em

conseguinte, melhor e mais perfeito do que Deus. Mas isso é [183] uma contradição, pois em Deus é *omnitudo realitatis*. Há mais sobre esse assunto em meu ensaio acerca de algumas considerações sobre o otimismo[220].

Podemos rejeitar sumariamente com Leibniz todas as objeções que foram feitas contra essa teoria a partir da existência dos muitos males no mundo, afirmando que a nossa Terra é apenas uma parte do mundo, mas toda parte deve ser em si e por si imperfeita, uma vez que apenas o universo por inteiro deve ser o melhor. Por conseguinte, é impossível determinar se os males não pertencem mesmo ao melhor dos mundos de acordo com o plano do todo[221]. Pois aquele que exige que nossa Terra deva estar livre de todos os males e que, portanto, seja completamente boa, age justamente como se quisesse que uma parte pudesse ser o todo. Graças sejam dadas aos astrônomos que, mediante as suas observações e conclusões, elevaram

---

um mundo (§ 187, 934). O mundo mais perfeito é aquele no qual é posicionada a suprema perfeição possível em um mundo (§ 185). Logo, este mundo é o mais perfeito de todos os possíveis" (*Metaphysica*, § 934).

220. Trata-se aqui de uma referência a um opúsculo de 1759 intitulado *Ensaio de algumas considerações sobre o otimismo*. Neste ensaio, Kant apresenta uma defesa de Leibniz e uma crítica aberta ao voluntarismo teológico. Segundo ele, "[a] razão para a escolha que dá existência a esse mundo não foi sua particular superioridade interna, mas, em vez disso, sua harmonização a um grau mais elevado com as propriedades divinas [...] e a perfeição absoluta" (AA, II: 34). Kant acredita que "mesmo que fosse possível ao Ser supremo ter sido capaz de escolher de acordo com a noção fictícia de liberdade que alguns têm colocado em circulação e ter escolhido o pior em detrimento ao que era melhor como resultado de um desconhecido capricho absoluto, Ele nunca teria agido assim [...]" (AA, II: 34). "Se alguém fosse tão ousado a ponto de afirmar que a Suprema Sabedoria poderia achar o pior melhor do que o melhor, ou que a bondade suprema deve preferir um bem menor ao maior, que estava igualmente ao seu alcance, eu não deveria perder meu tempo em tentar uma refutação" (AA, II: 34). Kant, porém, já havia se debruçado sobre o tema do otimismo alguns anos antes, como podemos observar em suas mais antigas reflexões de metafísica, as chamadas *Reflexões sobre o otimismo*, de 1753-1754. Para tradução, cf. CUNHA. "A importância das reflexões sobre o otimismo para o desenvolvimento intelectual kantiano". In: *Studia kantiana*, vol. 13, n. 18, 2015. Para comentários, cf. HENRICH. *Über Kants früheste Ethik* (1963). • SCHNEEWIND. *A invenção da autonomia* (2001). • CUNHA. *A gênese da ética de Kant* (2017).

221. Nas *Reflexões sobre o otimismo*, de 1753-1754, Kant prefere o otimismo de Pope, para quem "tudo o que existe é bom", ao otimismo de Leibniz. O problema, para Kant, reside no fato de que quando Leibniz admite a existência do mal no mundo como resultado da imperfeição metafísica das coisas, como algo à parte da aprovação de Deus, ele estabelece as regras da perfeição como divergentes umas em relação às outras, minando a possibilidade de se aceitar o argumento físico-teleológico, o argumento "por excelência", segundo o jovem Kant, a favor da existência de Deus.

nosso conceito do universo além de nosso pequeno círculo mundano e, dessa forma, não apenas propiciaram a extensão de nossos conhecimentos, mas também nos ensinaram modéstia e precaução na avaliação do todo. Pois certamente se nosso globo terrestre já fosse o mundo em seu todo, seria difícil reconhecê-lo como o melhor e sustentar isso com convicção, uma vez que aqui, francamente falando, a soma da dor poderia *muito bem estar equilibrada* à soma do bem. Mas mesmo na própria dor se situam móbeis para a ação e, por isso, poderíamos chamá-la até mesmo de benéfica. Assim, em alguns lugares pantanosos, as moscas mutuca são [188], para algumas pessoas, um chamado da natureza para drenar os charcos e, no propósito de se livrar dessas desagradáveis convidadas, fazê-los cultiváveis. Se uma ferida recebida não nos provocasse dor, impulsionando-nos dessa forma a nos preocuparmos em curá-la, poderíamos sangrar até a morte por sua causa. No entanto, podemos conhecer essa teoria do melhor dos mundos igualmente pelas máximas da razão, independente de toda teologia, sem que, em sua demonstração, se tenha necessidade de recorrer, de antemão, à sabedoria do criador. E, decerto, da seguinte maneira: é preciso admitir, na natureza organizada em seu todo, uma máxima necessária para nossa razão de que em todo animal e planta não há a menor coisa que seja inútil e sem propósito, mas que, na verdade, tudo contém o meio mais adequado a certos propósitos. Isso é um princípio estabelecido da história natural que também será confirmado, nesse caso, por meio de experiências realizadas. Se essas experiências são deixadas de lado, o campo das descobertas permanece fechado aos anatomistas. A cultura de nossa própria razão nos impele a aplicar e aceitar essa máxima. Ora, se no todo da natureza organizada, embora irracional, há algo que se organiza da melhor maneira, é de esperar o mesmo na parte mais nobre do mundo, na natureza racional. Mas, de acordo com a harmonia necessária na qual tudo [187] está ligado em uma unidade sob um princípio superior necessário, essa mesma lei também será válida para as criaturas organizadas e para o reino mineral. Então, por conseguinte, podemos e temos de aceitar, por motivo da razão, que tudo no mundo é estabelecido em vista do melhor e o conjunto de tudo que existe é o melhor possível. Assim como na ciência da natureza, esta teoria tem influência também na moral. Uma vez que não posso ter certeza do fato de que as leis sob as quais subsiste o curso inteiro da natureza são as melhores, também tenho de duvidar se, em tal mundo, o verdadeiro bem-estar estará ligado um dia com minha dignidade de ser feliz. Mas se este mundo é o melhor, minha moralidade se mantém firme e seus móbeis adquirem novamente sua força. Nesse sentido, posso igualmente ter certeza de que, no melhor dos mundos, é impossível que a boa conduta possa existir sem o bem-estar e que, mesmo que em uma parte da minha existência o curso das coisas não me conceda nenhuma evidência disso, contudo, se este mundo tem de ser [1099] o melhor, deve ser considerado como algo certo em minha existência como um todo. Pois assim *nossa razão prática* toma um grande interesse nessa teoria e a reconhece, por sua própria conta, sem tomar a teologia como fundamento, como uma pressuposição necessária. Como, no melhor dos mundos, o melhor pode tomar lugar como consequência adicional do progresso para o bem moral, [188] já está claro a partir da nossa já mencionada teoria sobre a origem do mal [Bösen].

Do fim da criação. Pode-se pensar um duplo fim da criação. Primeiramente, um fim objetivo que se situa na perfeição graças ao qual o mundo se fez um objeto da vontade divina. E então uma subjetiva: Qual foi contudo o móbil – se podemos nos expressar assim – que poderia mover o próprio Deus a produzir um mundo? A última parte trata desse último fim. O primeiro deles é o objeto de nossa presente investigação.

Ora, qual é a perfeição graças à qual o mundo foi criado por Deus?[222] Não poderemos encontrar esse fim nas criaturas irracionais. Pois aqui tudo é tão somente um meio para propósitos mais altos que podem ser alcançados a partir do uso correto daqueles meios. A verdadeira perfeição do mundo como um todo se situará no uso que as *criaturas racionais* fazem de sua razão e liberdade[223]. Apenas nesse caso os fins *absolutos* podem ser estabelecidos, uma vez que

---

222. Baumgarten acredita que "[...] o fim de Deus ao criar o mundo foi a perfeição das criaturas" (*Metaphysica*, § 945). No parágrafo seguinte, ele acrescenta: "[o] fim de Deus ao criar o universo foi a perfeição das criaturas tanto quanto é possível no mundo (§ 945, 944). Logo, os fins de Deus são todas as coisas úteis às criaturas (§ 336), e tudo que é utilizado por elas (§ 338)" (*Metaphysica*, § 946).
223. Kant certamente corrigiria a definição de Baumgarten nos seguintes termos: "O fim de Deus ao criar o mundo foi a perfeição *moral* das criaturas".

para esses propósitos é sempre exigido razão. Ora, mas qual é o uso correto que a criatura racional deve fazer da vontade? Um uso tal que esteja sob o princípio do sistema de todos os fins. Um sistema universal de todos os fins é possível apenas segundo a ideia de moralidade. Portanto, também o uso [189] legítimo de nossa razão será só aquele que é realizado segundo a lei moral. A perfeição do mundo consiste dessa forma no fato de que ele é congruente com a moralidade, sob a qual é possível única e exclusivamente um sistema de todos os fins.

É possível pensar um *duplo* sistema de todos os fins, *por meio da liberdade ou segundo a natureza das coisas*. Um sistema de todos os fins por meio da liberdade é alcançado segundo os princípios da moral e é a perfeição moral do mundo. Apenas na medida em que criaturas racionais podem ser consideradas como membros desse sistema universal, elas possuem um valor pessoal. Pois uma boa vontade é algo bom em e por si mesmo e, portanto, algo *absolutamente* bom. Tudo o mais é só algo condicionalmente bom. Por exemplo, sagacidade e saúde são algo bom apenas sob certa condição, a saber, de seu uso correto. Mas a moralidade, por meio da qual um sistema de todos os fins se torna possível, concede à criatura racional em e por si mesma um valor ao torná-la um membro nesse grande reino de todos os fins. A possibilidade de um sistema universal de todos os fins desse tipo *dependerá única e exclusivamente da moralidade*. Pois apenas na medida em que todas as criaturas racionais agem de acordo com essas leis eternas da razão, elas podem estar sob um princípio comum e constituir juntas um sistema de fins. Se, por exemplo, todas [200] as pessoas dizem a verdade, é possível entre elas um sistema de fins. Mas na medida em que apenas um mente, seu fim já não mais está em conexão com os outros. Também, por isso, a regra universal, de acordo com a qual a moralidade é julgada em uma ação, é sempre essa: Se todos os seres humanos agirem desse modo, poderia eventualmente haver então uma conexão de todos os fins?[224] O sistema de todos os fins segundo a natureza das coisas é alcançado junto com a dignidade de ser feliz das criaturas

---

[224] Mais uma clara tentativa de formulação do imperativo categórico precedido de uma tentativa de apresentar o teste de consistência e contradição partindo do exemplo da mentira.

racionais e é a perfeição física do mundo. Desse modo, o estado da criatura adquire um valor excepcional. Sem isso a criatura racional poderia, decerto, ter por si mesma um valor excelente, mas seu estado poderia ainda ser sempre ruim e *vice-versa*. Mas se ambas – perfeição física e moral – estão *ligadas*, trata-se do melhor dos mundos. O fim objetivo de Deus na criação era, portanto, a perfeição do mundo, mas não meramente a felicidade das criaturas[225], pois isso constitui tão somente a perfeição física. Faltaria aí, no entanto, afinal, a perfeição moral ou a dignidade de ser feliz. Ou deveria haver alguma perfeição do mundo se seus membros estivessem banhados em prazer e volúpia, embora estivessem consequentemente conscientes de que eram *indignos* de sua própria existência?

Mas, para além dos fundamentos objetivos do comprazimento em uma coisa e em sua constituição, [191] há ainda fundamentos *subjetivos* do prazer na existência de uma coisa. Ambos precisam ser bem distinguidos. Pois, a partir de fundamentos objetivos, posso sempre achar muito boa uma coisa, cuja existência não tem, no entanto, para mim qualquer importância. Aqui me faltaria, portanto, os fundamentos subjetivos de meu prazer ou, em uma palavra, o interesse. Muitas vezes, é justamente isso que acontece com os motivos morais, que, quando são objetivos, obrigam-me decerto a fazer algo, mas ainda [1101] não me conferem forças e móbeis para tanto. Pois, para realizar as ações, reconhecidas como boas e justas, me são exigidos ainda certos motivos subjetivos que me impelem a colocá-las em prática. Não é suficiente apenas que eu julgue o ato como nobre e belo, mas que a minha escolha também seja determinada de acordo com isso. Ora, então poder-se-ia ainda perguntar: Teria Deus, na criação de um mundo, além de fundamentos objetivos de sua perfeição, ainda um móbil subjetivo que o tenha determinado à escolha desse mundo e se Ele o teve, qual era? Em Deus, além das leis objetivas, não é possível pensar nenhum móbil! O prazer, que Ele possui na perfeição de um objeto, na ideia, combinado com a consciência de si mesmo como um fundamento suficiente de toda perfeição, já determina

---

225. Em paralelo ao compêndio, "[a] prosperidade e a beatitude, ou a felicidade, dos espíritos é útil para a glória de Deus (§ 787, 942), para sua celebração e para a religião (§ 947, 336). Logo, a prosperidade e a beatitude, ou a felicidade dos espíritos, tanto quanto possível no melhor mundo, foram os fins da criação (§ 946, 942)" (*Metaphysica*, § 948).

sua causalidade. Pois, se antes dele tornar uma coisa real, um prazer subjetivo [192] na existência dessa coisa tivesse de ser acrescentado nele enquanto um móbil da causalidade, então por certo uma parte de sua beatitude dependeria da existência da coisa na qual Ele se interessa. Pois o prazer na perfeição da coisa mesma, na ideia, ainda não seria tão forte ao ponto de mover Deus a produzir o objeto, mas Deus teria necessitado ainda de um interesse particular que a coisa viesse a existir de fato. Este interesse não aconteceria se a coisa, por mais perfeita que pudesse ser na ideia, não existisse realmente. Consequentemente, Deus teria precisado da existência de um mundo para ter uma beatitude completa. Mas isso contradiz a sua perfeição suprema. Por isso devemos distinguir entre *voluntas originaria* e *derivativa*. A última tem necessidade de móbeis particulares que a determinam à escolha de um bem. Por isso o ser humano pode, por exemplo, a partir de fundamentos objetivos, achar uma ação bastante nobre, mas protela contudo a sua realização porque acredita não ter quaisquer motivos subjetivos particulares para isso. Ao contrário, uma vontade completamente perfeita a executa meramente *porque é boa*. A perfeição da coisa que ela quer produzir já é motivo suficiente para que, de fato, coloque-a em prática. Deus criou assim um mundo, porque Ele tinha um comprazimento supremo na perfeição suprema do mundo, no qual todas as criaturas racionais [193] deveriam ser participantes da felicidade na medida em que se tornassem dignas dela. Em suma, tanto por causa da perfeição física quanto da perfeição [1102] moral do mundo. Por isso não se pode dizer que, em Deus, o motivo pelo qual Ele criou o mundo *é meramente a felicidade das criaturas,* como se Deus pudesse justamente ter prazer em ver os seres exteriores a si felizes sem que também fossem dignos disso. Mas o entendimento infinito de Deus reconheceu *a possibilidade de um sumo bem exterior a si mesmo,* no qual a moralidade seria o princípio máximo. Ele era ao mesmo tempo consciente de ter todo o poder para trazer à realidade este mundo como o mais perfeito entre todos os mundos possíveis. O comprazimento nessa consciência de si mesmo como fundamento onissuficiente foi tão somente aquilo que determinou sua vontade para tornar real tal sumo bem infinito. Assim, é melhor dizer que Deus criou o mundo por causa de sua honra, na medida em que Ele pode ser honrado pelo fato de que se presta obediência às suas leis sagradas. Então o que significa honrar a Deus? Não significa o mesmo que servi-lo? Mas de que maneira podemos servi-lo? Certamente, não de maneira que se queira conquistar seu favor por meio de todos os tipos de louvores, pois estes são, no melhor dos casos, apenas meios para preparar e elevar nossos próprios corações às boas disposições, mas única e [195] exclusivamente *seguindo a sua vontade* e observando suas leis santas e mandamentos[226]. *Por isso moralidade e religião estão ligadas o mais proximamente possível* e distinguem-se uma da outra apenas porque, *na primeira*, os deveres morais devem ser praticados como princípios de todo ser racional, que deve agir como membro de um sistema universal de fins, enquanto, *na segunda*, os deveres morais devem ser considerados como mandamento de uma vontade suprema perfeita, uma vez que as leis da moralidade são basicamente as únicas que concordam com a ideia de uma perfeição suprema.

O mundo como um todo é considerado como um sistema universal de todos os fins, tanto através da natureza quanto da liberdade. Essa doutrina dos fins se chama teleologia. Mas assim como há um sistema físico dos fins no qual todas as coisas naturais, como meios, têm sua relação com certos fins, há igualmente um sistema prático dos fins, isto é, um sistema segundo as leis da vontade livre no qual todas as criaturas racionais relacionam-se entre si como meios e fins recíprocos. O primeiro é o objeto da *theologia physica*, enquanto o segundo é considerado a *theologia practica seu pneumatica*[227]. Aqui todas as criaturas racionais são em si mesmas consideradas como meios possíveis para alcançar os fins obtidos pelas criaturas racionais e, dessa maneira, [195] o mundo não é apresentado apenas *in nexu effectivo*, de acordo com a conexão das causas e seus efeitos, como uma máquina, mas *in nexu finali*, como um sistema de todos os fins. Aqui, na *theologia practica*, vemos que as criaturas

---

226. Em paralelo às *Lições de ética*: "[a]ssim os homens esforçam-se para serem agradáveis a Deus, mediante louvores e eulogias, enaltecendo-o como um grande Senhor [...] eles juntam todos os seus pecados em uma pilha e os colocam diante dos pés de Deus. Suspiram e acreditam honrá-lo através disso sem compreender que o pequeno louvor de vermes como nós é um insulto para Deus. Eles não compreendem que não são capazes, em absoluto, de louvar a Deus. Honrar a Deus é, não obstante, cumprir seus comandos de bom grado e não elevá-lo com louvores" (2008, p. 158-159; 1924, p. 49-50).

227. "[...] A ciência dos fins divinos nas criaturas é TELEOLOGIA. É física na medida em que exibe os fins dos corpos e PNEUMÁTICA na medida em que exibe os fins do espírito" (*Metaphysica*, § 946).

racionais constituem o *centro* da criação, mediando o qual tudo no mundo se relaciona. Tais criaturas, no entanto, relacionam-se entre si como meios recíprocos. Então, por mais desordenada e destituída de finalidade que a história nos pinte a conduta humana, isso não deve nos fazer deixar de acreditar contudo que o gênero humano está consequentemente fundado *em um plano universal* de acordo com o qual, apesar de todo o mal uso de sua liberdade, *se alcançará finalmente a maior perfeição possível do mesmo*. Pois até agora vimos, por certo, *tão somente partes particulares e fragmentos*!

Para concluir as considerações sobre Deus, o Criador do mundo, resta solucionar o problema cosmológico, sobre se Ele criou o mundo *no tempo ou a partir da eternidade*. Não seria uma contradição interna criar o mundo a partir da eternidade? Pois se o mundo fosse por certo eterno como Deus, como poderia ser depende dele? No entanto, se eternidade significa aqui um tempo infinito, incorro em um *regressus in infinitum* e cometo um absurdo. Deverá então a criação do mundo ser pensada só no tempo? [196] Também não. Pois se eu digo que o mundo teve um começo, afirmo justamente o fato de que haveria ainda um tempo *antes* da origem do mundo, uma vez que todo começo de uma coisa é o fim de um tempo passado e o primeiro instante de um tempo subsequente. Mas se, antes que o mundo existisse, já houvesse igualmente um tempo, este deveria ser um tempo vazio. Mais uma vez um absurdo! E o próprio Deus deveria estar nesse tempo! Ora, como é possível a razão ajudar a si mesma a sair do conflito de suas ideias? Onde está a causa dessa ilusão dialética? No fato de que considero uma mera *forma da sensibilidade*, uma mera condição formal, um fenômeno, a saber, o *tempo*, como uma determinação do *mundus noumenon*. Todos os fenômenos são certamente apenas acontecimentos no tempo, mas se quero colocar sob a regra do tempo a atuação das substâncias mesmas que são o substrato dos fenômenos e, com efeito, também de minha representação sensível, então cometo um erro [1104] evidente, uma μετάβασις εἰς ἄλλο γένος[228]. Pois confundo coisas que não estão interligadas umas com as outras. Minha razão reconhece aqui sua fraqueza ao elevar-se sobre toda experiência e se ela está certamente em condições de mostrar que todas as objeções do oponente são infrutíferas

---

228. *Metabasis eis allo genos* é uma passagem indevida de um gênero ao outro.

e vãs, por outro lado, ela é também muito fraca para constituir algo com certeza apodítica.

Da providência

A atuação do começo do mundo é a *criação*[229]. A atuação de sua duração é a *conservação*[230]. Ambas dizem respeito apenas às substâncias. Pois daquilo que adere a elas como algo contingente não posso dizer nem que foi criado e nem conservado. É bom, do mesmo modo, fazermos a distinção dos conceitos de Deus como Arquiteto do mundo e de Deus como Criador. Essa distinção é tão significativa quanto aquela entre acidente e substância. Em Deus, só se pode pensar propriamente um único ato que, no entanto, nunca pode cessar, mas que se expressa sem qualquer mudança ou interrupção. Pois nele não tem lugar nenhuma sucessão de estados e, com efeito, nenhum tempo. Como poderia, pois, uma força ser atuante nele apenas por um certo tempo e depois então cessar ou ser novamente interrompida? A mesma força divina que atuou [actuirte] no começo do mundo atua, portanto, também continuamente em sua duração. E a mesma força que foi requerida para a criação das substâncias atua também em sua conservação. Se, por conseguinte, todas as substâncias perduram tão somente por meio de um *actus divinus* contínuo, parece como se, dessa forma, elas fossem privadas de sua própria substância. Mas a expressão *subsistentia* (subsistência) é basicamente a razão da dificuldade e da aparente contradição. Não podemos [197] substituí-la, decerto, por uma expressão mais conveniente, porque a linguagem não possui uma, embora possamos evitar o equívoco por meio de uma explicação. Uma substância ou uma coisa subsistente por si mesma é uma tal *quod non indiget subjecto inhaerentiae*, isto é, que existe sem ser um predicado de outra coisa.

---

229. "Atuar algo a partir do nada é CRIAR. Logo, Deus é o criador desse universo" (*Metaphysica*, § 926).

230. "Este mundo dura (§ 299), mas em nenhum momento independentemente (§ 930). Logo, não pode durar nem mesmo um momento, a menos que seja causado por algo fora de si (§ 307). Logo, uma força fora do mundo produz a sua duração em qualquer momento (§ 210). Este é Deus (§ 855, 839). Logo, Deus produz a duração no universo a qualquer momento. A atualização da duração é CONSERVAÇÃO. Logo, Deus é o conservador desse universo" (*Metaphysica*, § 950). "Conservação é o influxo contínuo de Deus (§ 950, 895), e é real (§ 212), pois nada finito pode efetuar a própria existência" (*Metaphysica*, § 951).

Eu sou, por exemplo, uma substância, porque tudo o que eu faço relaciona-se a mim, sem ter a necessidade de outro a quem se pudesse atribuir minhas ações como inerentes nele. Mas, apesar disso, eu ainda posso sempre precisar da existência de outro ser para poder existir. Este ser pode ser o autor da minha existência e duração, sem ao mesmo tempo se tornar e ser o autor de minhas ações. Por isso devemos distinguir cuidadosamente substância e acidente de causa e efeito. Pois a relação entre ambas é completamente diferente. Algo pode ser *causatum alterius*[231], ou seja, ter a existência [Dasein] do outro como necessária para a sua própria existência [Existenz] e, por conseguinte, ainda assim, subsistir por si mesmo. Subsistir e existir *originarie* precisam, no entanto, ser bem distinguidos um do outro. Pois o primeiro seria contraditório se algo que existe *originarie* tivesse de, contudo, existir como *causatum alterius*. Isso seria, antes de qualquer coisa, uma definição falsa de uma substância tal como esboçou de fato o bondoso Espinosa em grande dependência dos teoremas cartesianos [199], em que se compreendia como uma substância uma coisa do tipo *quod non indiget existentia alterius*[232]. O resultado de tudo isso é decerto incompreensível, embora não contraditório, como substâncias perduram por meio da força divina.

Concursus significa a causalidade das *causarum*. A saber, muitas causas podem se unir para produzir um efeito. Se isso acontece, concorrem nesse caso várias *concausae*. Dessas causas cooperantes, nenhuma delas deve ser suficiente para produzir por si mesma o efeito, pois, de outro modo, seria desnecessária a união com outra que deve lhe conceder o *complementum ad sufficientiam*. Mas onde existe uma *causa solitaria*, uma única causa, não há nenhum *concursus*. Primeiramente, para um *concursus* são exigidas várias causas, mas essas causas tem de ser além disso também *concausae*, isto é, coordenar-se, e não ser subordinadas umas às outras. Pois se elas são subordinadas umas às outras e constituem uma série de causas, uma corrente, na qual cada uma delas é um membro particular, então cada uma delas também é a causa completa da próxima, ainda que todas juntas tenham seu fundamento comum na primeira. Mas então seriam, se consideradas cada uma por si, contudo, *causae*

---

231. Causado por outro.
232. Que não precisa da existência de outra.

solitariae, e não haveria nenhum *concursus*. Para que isso aconteça, as causas que se unem umas com as outras têm de ser coordenadas e uma deve complementar o que falta à outra em sua [200] capacidade de produzir de tal modo que apenas por meio de sua união comum o efeito é produzido. Aplicando isso a Deus, esclarece-se primeiramente que Ele não concorre para a existência das substâncias, pois estas em nada [1106] contribuem para a sua duração e, portanto, não podem elas mesmas atuar como *concausae*, em união com Deus, para sua própria conservação[233]. Aqui acontece apenas uma subordinação de causas de modo que todas as substâncias têm em Deus seu fundamento como a prima causa, uma vez que elas mesmas, por certo, enquanto matéria, também são criadas por Ele. Mas justamente por isso não há aqui nenhum *concursus*, pois, do contrário, as substâncias teriam de estar coordenadas com Deus. Da mesma forma, nenhum *concursus* de Deus toma lugar nos acontecimentos naturais. Pois justamente pelo fato de que se trata de acontecimentos naturais, já se pressupõe que sua causa primeira próxima está na própria natureza, que, portanto, deve ser suficiente por si mesma para realizar esses acontecimentos, embora essa causa, como todas as causas naturais, esteja fundada em Deus como causa primeira. Mas um *concursus* de Deus nos acontecimentos do mundo não é impossível, uma vez que é sempre plausível pensar que uma causa natural não seja por si mesma suficiente para produzir certo efeito. Nesse caso, então, Deus lhe concederá um *complementum ad sufficientiam*. Mas sempre que Ele pratica tal ação, está realizando *eo ipso* um *milagre*. Chamamos de milagre, pois, se [201] *a causa de um acontecimento é sobrenatural*. Como o seria se o próprio Deus atuasse como concausa para a produção desse milagre? Por isso, se atribuímos a Deus coincidências e direcionamentos particulares nos acontecimentos no mundo, estamos precisamente predicando dele muitos milagres.

Ora, mas como é com as ações livres? Pode-se estatuir delas um *concursus divinus*? A razão especulativa não é capaz de compreen-

---

[233]. Diferente de Kant, para Baumgarten, "[...] Deus concorre mediatamente, como causa eficiente, para todas as ações das substâncias finitas (§ 314, 320)" (*Metaphysica*, § 954). Tratar-se-ia nesse caso da "CONCORRÊNCIA FÍSICA DE DEUS", ou seja, "a conservação de todas as forças do universo em sua própria atividade", que "se estende para todas as ações das substâncias" (*Metaphysica*, § 958).

der, nem a experiência de demonstrar, como uma criatura em geral pode ser livre. Mas nosso interesse prático nos exige a pressuposição de que poderíamos agir de acordo com a ideia de liberdade[234]. Mas se é verdade que nossa vontade pode decidir algo independente de todas as causas naturais, de modo algum é possível conceber como Deus concorre para nossas ações sem prejuízo de nossa liberdade e como Ele poderia concorrer em nós mesmos como uma concausa [Mitursache] de nossa vontade[235]. Pois, nesse caso, não seríamos *eo ipso* os autores de nossas ações, ao menos não completamente. Esta ideia de liberdade é, decerto, uma tal que pertence ao mundo inteligível do qual nada conhecemos além do fato de que existe e que, portanto, também não sabemos de acordo com quais leis ele é governado. Mas embora nossa razão não possa negar a possibilidade de tal *concursus*, ela compreende contudo que tais [1107] efeitos seriam milagres [202] no mundo moral tanto quanto a concausa [Mitwirkung] nos acontecimentos do mundo sensível seriam milagres de Deus[236].

A *onipresença* divina está proximamente ligada com a *conservação*. Ela consiste, por certo, justamente na atuação imediata de Deus para a duração de todas as coisas do mundo[237]. Essa onipresença divina é, em primeiro lugar, imediata. Ao conservá-las, Deus atua nas substâncias não por meio de causas intermediárias [Mittelursachen], pois, se assim fosse, mais uma vez as substâncias teriam de ser seus efeitos. Consequentemente, uma substância teria de atuar para a conservação da outra e assim uma dependeria da outra. Mas que uma substância no mundo não pode ser a causa da existência de outra já foi mostrado anteriormente, quando se tratou da impossibilidade de que substâncias, que, em um mundo, se colocam *in comercio* umas com as outras, pudessem contudo ter criado umas às outras.

---

234. Mais uma vez o ponto de vista que seria apresentado, em 1785, na terceira seção da *Fundamentação da metafísica dos costumes*.

235. Baumgarten, em contrapartida, acredita que "Deus [...] concorre moralmente para algumas ações nesse universo" (*Metaphysica*, § 960).

236. De acordo com o compêndio, "concurso divino sobrenatural que é acrescentado ao concurso especial é sumamente especial e é possível em si (§ 475), e hipoteticamente (§ 860), e é real neste mundo sempre que alguma ação neste mundo não puder ser realizada tão bem por meio do concurso especial de Deus (§ 498, 935)" (*Metaphysica*, § 962).

237. Em paralelo à *Metaphysica*, "Deus é próximo a toda mônada nesse mundo, intimamente presente a todo corpo (§ 955), em cada momento, e isso em relação às ações de todas as criaturas (§ 954). Logo, Deus é sumamente onipresente".

Tão impossível quanto isso é o fato de que substâncias possam contribuir com algo para a duração recíproca de sua existência ou para sua conservação. Pois criação e conservação são um e o mesmo ato. Ademais, a onipotência de Deus é a presença mais íntima[238]. Isto é, Deus conserva o que é substancial, o intrínseco das substâncias mesmas. Pois é justamente isso o necessário para sua duração e, se esse aspecto intrínseco e essencialmente substancial das coisas no mundo não fosse atualizado incessantemente por Deus, as coisas teriam que deixar de existir. É possível pensar uma presença [203] que é decerto imediata, mas não íntima. De acordo com os teoremas newtonianos, temos um exemplo disso na atração de todas as coisas em relação umas às outras no mundo que também se atraem imediatamente, ou, como ele se expressa, através do espaço vazio e, consequentemente, atuam reciprocamente umas em relação às outras, estando essas coisas, em seu conjunto, consequentemente na presença de todas as outras, embora não de uma maneira íntima. Pois nesse caso há meramente uma influência recíproca, isto é, uma atuação em seu estado ou uma modificação de suas determinações mutáveis umas em relação às outras. Mas uma presença íntima é a atuação da duração do substancial mesmo nas coisas. Por isso não podemos, como faz o autor[239], contudo, chamar também de conservação uma influência constante nas substâncias, pois justamente por ser uma influência poder-se-ia dizer[240] que Deus conserva apenas o estado das substâncias, isto é, suas determinações mutáveis, mas não as substâncias mesmas. Afirmar-se-ia, com efeito, que a matéria seria independente de Deus. A onipresença de Deus é, portanto, *imediata* e *íntima*, embora não *local*, pois é impossível que uma coisa possa estar em dois ou até mesmo em mais lugares ao mesmo tempo [1108], uma vez que, então, ela deveria ser exterior a si mesma, o que é uma contradição. Vamos supor, por exemplo, que A estivesse em a, então A está completamente em a. Caso se diga que ele também está em b, então não está completamente nem em a e nem em b, mas só uma parte dele

---

238. "O concurso imediato de Deus é sua presença [...]. Aquilo que é proximamente presente a todas as substâncias e a cada parte de cada uma delas chama-se PRESENÇA ÍNTIMA dessas coisas. Ora, Deus é proximamente presente em todas as partes substanciais de todos os corpos nesse universo" (*Metaphysica*, § 955).
239. "Conservação é o influxo contínuo de Deus" (*Metaphysica*, § 951).
240. Segundo as consequências do pensamento do autor.

está em cada um dos domínios. Por isso, quando se quer afirmar que Deus [204] está em todos os lugares, ter-se-ia de pensá-lo como um *compositum* e como uma massa estendida por todo o mundo, algo como o ar. Mas então Deus também não estaria por inteiro em nenhum lugar do mundo, mas em todos os lugares apenas em partes assim como toda a atmosfera não está em nenhum lugar da Terra, mas em cada lugar está apenas uma quantidade de partículas de ar. Mas se Deus é o espírito mais perfeito, de modo algum Ele pode ser pensado no espaço. Pois o espaço é tão somente uma condição dos fenômenos [Erscheinungen] sensíveis das coisas. Newton disse, em algum lugar, que o espaço é o *sensorium* da onipresença divina. Ora, pode-se pensar decerto tal *sensorium* no ser humano, onde se instala a sede da alma e concorrem todas as expressões sensíveis, mas isso seria também simultaneamente o órgão da alma, de onde ela distribuiria suas forças e efeitos para todo corpo. No entanto, tal representação da onipresença divina é extremamente inadequada, pois dessa forma Deus seria considerado como a *alma do mundo*, enquanto o espaço seu *sensorium*. Mas isso contradiz o conceito da independência de Deus. Pois se Deus fosse a alma do mundo, teria de estar *in commercio* com o mundo e com todas as coisas dele, isto é, Ele deveria não apenas atuar nas coisas, mas também receber os seus efeitos. Ao menos, não possuímos nenhum outro conceito de alma do que aquele de uma inteligência que está unida a um corpo [205], de modo que ambos influenciam um ao outro *reciprocamente*. Ora, qualquer um pode compreender facilmente como tal coisa concorda pouco com a impassibilidade de um Ser supremo. É melhor dizer, embora essa expressão também não seja completamente adequada, que o espaço é um fenômeno [Phänomenon] da onipotência de Deus, expressão que, no entanto, não pode ser evitada por causa da carência de palavras na língua para designar tais pensamentos e muito menos expressá-los com clareza. O espaço, no entanto, é tão somente um fenômeno [Erscheinung] de nossos sentidos e uma relação de coisas entre si. A relação das próprias coisas só se torna possível na medida em que Deus as conserva por estar presente imediatamente e intimamente nelas, determinando o lugar delas por meio de sua onipresença. É nessa medida que Ele mesmo é a causa do espaço e o espaço um fenômeno [Phänomeno] de sua onipresença. A onipresença [1109] de Deus não é, com efeito, local, mas virtual. Isto é,

Deus atua com sua força de maneira constante e, por toda parte, em todas as coisas, conservando dessa forma as substâncias mesmas e governando também o seu estado. Mas é necessário nos guardarmos, *cuidadosamente, contra todo entusiasmo* nessa representação, porque embora certamente essa onipresença se expresse em cada um por meio da atuação mesma de sua existência, ninguém pode sentir isso ou saber ao certo que Deus está atuando nesse ou naquele caso. Pois como posso experienciar e sentir algo que é a causa da minha própria [206] existência? Por certo, se concernisse meramente a uma mudança de meu estado, seria bem possível sentir algo assim. Mas na medida em que se trata de uma atuação em minha existência mesma, não é possível nenhuma experiência disso. Isto é de grande importância, sendo uma precaução que *previne o delírio e a desilusão dos fanáticos.*

Caso se estabeleça um *concursus divinus* tanto em relação às coisas quanto em relação aos acontecimentos no mundo, denomina-se isso geralmente de *concursus physicus*. Mas, pelo que já foi dito anteriormente sobre a concausa de Deus, é possível reconhecer de antemão como é inadequado o uso dessa expressão em vez de falar de conservação divina. Pois como posso considerar as substâncias como *concausae* que, em vista de sua própria preservação, concorrem com Deus, considerando por certo que elas não estão coordenadas com Ele, visto que dependem completamente dele como uma causa *solitaria absolute prima*? Eu não estaria afirmando com isso justamente que a existência dessas substâncias não teria sido atuada por Deus e que, por conseguinte, elas não precisariam dele, enquanto uma única causa para a sua duração, mas apenas como uma causa concorrente? É igualmente equivocado supor o *concursus Dei* nos acontecimentos naturais. Pois, em tais acontecimentos, deve ser possível pensar sempre uma *causa proxima*, que atua segundo as leis da natureza mesma. Caso contrário, não se trata *eo ipso* de nenhum acontecimento natural. Também não é possível pensar como Deus, enquanto [207] uma *causa prima* da natureza como um todo, deveria *contudo* atuar em cada acontecimento particular da natureza *especialmente* como *concausa*. Por certo, esses acontecimentos simplesmente seriam vários milagres, pois cada caso, no qual o próprio Deus atua imediatamente, é uma *exceção da regra da natureza*. Ora, se Deus tivesse de concorrer em cada acontecimento particular da natureza como *concausa*, tais seriam sempre exceções das leis da natureza ou, ao contrário, não haveria em absoluto nenhuma ordem da natureza, uma vez que de modo algum os acontecimentos se sucederiam de acordo com regras universais, mas em cada caso Deus deveria conceder-lhes um *complementum ad* [1110] *sufficientiam* quando algo tivesse que se realizar segundo a sua vontade[241]. Que imperfeição do mundo esta que de modo algum pode se associar com um sábio Autor!

Mas no que diz respeito ao *concursus moralis* ou o livre concurso de Deus nas ações livres dos seres humanos, de modo algum podemos certamente compreendê-lo por causa da natureza da liberdade, embora ele não possa ser considerado, contudo, como algo impossível. Pois caso se pressuponha que todo ser racional pode agir por si mesmo até mesmo contra o plano de Deus e, consequentemente, é totalmente livre de todo o mecanismo natural, então é bem possível que Deus, com o propósito de fazer, não obstante, o uso da liberdade das criaturas racionais de acordo com sua vontade suprema, também pode concorrer para a sua moralidade [208].

A *providência* [Vorsehung] é em Deus um único ato. Mas podemos pensar esse ato como tendo três funções particulares, a saber: *providência* [Providenz], *governança* e *direção*. A *providência* divina[242] consiste na instituição de certas leis de acordo com as quais o curso do mundo tem de se desenvolver. O *governo*[243] é a conservação do curso do mundo segundo essas leis e a *direção* divina[244]

---

241. Por isso, como Kant expõe em seu escrito de 1763, *O único argumento possível para uma demonstração da existência de Deus*, a natureza é constituída de maneira perfeita por Deus, de modo universal, por meio de suas leis mecânicas (ou de leis morais), dispensando intervenções diretas da vontade de Deus para corrigir anomalias na ordem do mundo (AA, II: 110-111). Para comentários, cf. CUNHA. *A gênese da ética de Kant* (2017).

242. Em Baumgarten, "a providência de Deus é a ação pela qual Deus concede os maiores bens a muitas criaturas tanto quanto pode sua bondade suprema [...], e ao produzir as melhores leis para o seu Estado [*civitatique*] (§ 973, 974), Deus exerce a providência (§ 903, 920) por meio de causas impulsivas em direção à beatitude [*beatitatem*]" (*Metaphysica*, § 975).

243. "Governo é a ação pela qual muitos meios são atualizados sucessivamente em direção a alguns fins ulteriores. [...] Quais fins Deus possui ao criar, Ele tem e atualiza por conservação" (*Metaphysica*, § 963).

244. "[...] Quando Deus, ao governar, [...] (2) subordina para seus próprios fins a ação de uma criatura que não realizou em direção a estes fins, chama-se direção em sentido estrito [*dirigere strictius*]" (*Metaphysica*, § 963).

ou condução é a determinação dos acontecimentos particulares no mundo de acordo com seu decreto. Na medida em que a providência [Vorsehung] de Deus é bondosa, chama-se *provisão*[245] [Vorsorge]. Essas expressões estão enganosamente infectadas com o conceito de tempo. Na falta de expressões mais convenientes, deve-se, no entanto, usá-las também para Deus, depois de separá-las de todas as limitações sensíveis.

A providência de Deus é dividida habitualmente em *providentia generalis* e *specialis*. Pela primeira se entende aquela na qual Deus conserva todos os gêneros e tipos [Arten] (*genera*). Pela última, todavia, entende-se uma na qual Ele se preocupa com as espécies, cuja palavra, tal como no sentido jurídico, deve indicar aqui os indivíduos. A expressão *generalis* é assumida aqui em distinção à *universalis* no sentido de que tal providência geral poderia admitir muitas exceções, assim como, por exemplo, se fala que um rei cuida *generaliter* de seus súditos, isto, em geral. Mas, de maneira evidente, esse conceito [209] da providência divina é completamente antropomórfico. Pois uma provisão geral desse tipo é extremamente defeituosa e toma lugar, de maneira geral, apenas naqueles [1111] que, antes, obtêm o conhecimento das necessidades por meio da experiência. Ora, mas a experiência sempre só fornece um agregado e, justamente por isso, as regras abstraídas dela nunca podem ser universais, uma vez que sempre ainda lhe falta uma parte das possíveis percepções e, com efeito, é impossível também que tais leis, cuja beneficência baseia-se tão somente nos princípios da experiência, sejam capazes de servir a todos os indivíduos do Estado e sejam igualmente de utilidade comum para o bem-estar deles. Pois como poderia o monarca conhecer todos os súditos particulares e todas as circunstâncias sob as quais suas leis seriam de grande vantagem para um e, contudo, prejudiciais para outro? Mas de modo algum Deus precisa da experiência, pois conhece tudo *a priori*, porque Ele mesmo criou tudo do que cuida e porque tudo é possível apenas por meio dele. Por conseguinte, Ele formulou as leis, segundo as quais o curso do mundo deveria seguir, com um conhecimento permanente de todos os acontecimen-

---

245. "Provisão [*Praevisio*] é o ato por meio do qual Deus concebe que "este melhor mundo é um agregado [*complexus*] de coisas melhores compossíveis fora de Deus." Decreto, por sua vez, é o ato pelo qual "esse melhor mundo existe" (*Metaphysica*, § 935).

tos particulares e certamente tendo em vista, no estabelecimento do mundo, a maior perfeição possível, uma vez que Ele mesmo é o mais sábio e tudo em todas as coisas. Por meio de sua onisciência, ele previu, com certeza, antes que existisse alguma coisa, tanto cada indivíduo possível quanto cada *genus* e, quando Ele os tornou reais, preocupou-se, por meio do estabelecimento de leis [210] adequadas, tanto com sua existência quanto com seu bem-estar. Porque Ele conhece tudo *a priori*, justamente por isso sua providência é *universalis*, isto é, tão universal que compreende tudo em si, *genera, species* e indivíduos. Ele supervisiona com um piscar de olhos tudo o que existe e conserva isso com sua força. A onisciência da providência divina não é lógica – como quando nós, seres humanos, formulamos para nós mesmos regras universais por meio das quais classificamos as notas das coisas – mas *real*, uma vez que seu entendimento é intuitivo, enquanto o nosso, por sua vez, é apenas discursivo. Por isso é uma insensatez pensar, no Ser supremo, simplesmente uma providência em relação ao todo (*generalis*), porque por certo não pode lhe faltar o conhecimento de todas as partes individuais. Sua provisão é, pelo contrário, completamente universal (*universalis*) e, dessa forma, cai por terra por si mesma a distinção em relação à *providentia specialis*.

A *direção* divina, segundo a qual todos os acontecimentos são conduzidos no mundo de acordo com a vontade suprema de Deus, é parte *ordinária*, parte *extraordinária*. A *primeira* consiste no fato de Deus ter estabelecido a ordem da natureza de modo que suas leis estivessem de acordo com seu decreto para o curso do mundo. A *segunda* consiste no fato de Ele mesmo determinar, segundo seus propósitos, que os acontecimentos particulares não devam corresponder aos fins da ordem da natureza. Não é de tudo impossível que em certas ocasiões, no melhor dos mundos, as forças naturais tenham de exigir [1112] um concurso imediato de Deus com o propósito [211] de trazer à realidade alguns de seus fins grandiosos. Não é absolutamente impossível que o Senhor da natureza tenha comunicado a tais forças um *complementum ad sufficientiam* de modo a realizar seu plano. Ou quem ousaria aqui ser tão presunçoso ao ponto de querer conhecer a possibilidade de como, de acordo com leis universais e sem a direção extraordinária de Deus, pode ser alcançado tudo que Ele planejou para o mundo?

Por isso Deus pode, sem dúvida, em vista de certos acontecimentos que Ele propôs para si mesmo como fim e por causa de uma perfeição tanto maior do todo, usar as causas naturais simplesmente como meios empregados por si mesmo para a produção desse ou daquele acontecimento. Essas exceções das regras da natureza podem ser necessárias porque, sem elas, Deus poderia não ser capaz de colocar em obra inúmeros e grandiosos propósitos no curso habitual da natureza. Devemos apenas nos resguardar de tentar determinar, sem mais instrução, se tal condução extraordinária de Deus aconteceu *nesse ou naquele caso*. É o bastante que se diga que *tudo* está sob a direção divina. Isto é suficiente para estabelecer uma confiança imensurável em Deus.

Não obstante, nem tudo acontece através da direção divina, muito embora tudo esteja *sob* ela. Pois tão logo um acontecimento é imediatamente produzido pela vontade divina, [212] então trata-se de um milagre ou de uma atuação de sua direção extraordinária. Os milagres ou são engendrados por Deus junto às leis naturais na criação do mundo ou são atuados no curso do mundo em um dado acontecimento por Deus mesmo em vista de um propósito necessário. Em ambos os casos, trata-se sempre de milagres que nós não esperamos, mas também não podemos negar. Basicamente, para nos tranquilizar diante dos incidentes da vida, podemos pensar cada acontecimento como uma consequência do governo e da condução divina. O que nos importa se esses eventos acontecem de acordo com a ordem da natureza ou de modo extraordinário? Tudo afinal está sob sua provisão. Temos apenas de nunca considerar nossa *prece* como um meio de conseguir algo no que diz respeito aos benefícios carnais, mas, ao contrário, devemos oferecê-la com confiança ao Deus sábio, mas também com submissão. A maior utilidade da oração[246] permanece indiscutivelmente sendo a *moral*, uma vez que, dessa forma, nos é despertada gratidão e resignação diante de Deus. Contudo, se nos é exigido um exame sobre se este ou aquele acontecimento é um fim imediato de Deus,

---

246. Em uma das seções das *Lições de ética* dedicada a esse tópico, Kant explica que "orações são necessárias para propósitos morais se são capazes de erigir uma disposição moral em nós, mas nunca por propósitos pragmáticos como meio de suprir nossas necessidades. Elas servem para estimular a moralidade no âmago do coração" (2008, p. 253-261; 1924, p. 122-129).

que Ele [1113] organizou ou efetuou de maneira extraordinária, é necessário então *grande cuidado e precaução* para, a convite de uma razão preguiçosa, não derivarmos de Deus, como uma causa imediata, algo que, em uma reflexão aguçada, seríamos levados a reconhecer por nós mesmos como um efeito natural. [213] E mesmo que toda pesquisa sobre isso fosse vã, teríamos preenchido, contudo, através de uma tal pesquisa infrutuosa, nossa grande vocação e promovido a cultura de nossa razão.

Se, em nossa discussão sobre a verdade de que o mundo como um todo foi constituído por Deus como o melhor, foi necessário responder à objeção de como então pode ter lugar no melhor dos mundos o mal moral, então será também nosso dever, desde agora, mostrar o porquê de Deus *não ter impedido o mal*, uma vez que tudo está sob seu governo. A possibilidade de se desviar das leis morais tem de ser inerente a qualquer criatura. Pois não é possível pensar nenhuma criatura que não tivesse quaisquer carências e limitações em absoluto. Apenas Deus é ilimitado. Mas se toda criatura possui carências e defeitos, tem de ser igualmente possível que, seduzida por impulsos sensíveis (pois estes são derivados das carências), ela possa abandonar a moralidade. Entende-se que aqui estamos tratando tão somente de criaturas livres, pois as irracionais não possuem qualquer moralidade. Ora, se é para o ser humano ser uma criatura livre e para dever a si mesmo o desenvolvimento e a formação de suas capacidades e predisposições, então teria de estar igualmente em seu poder seguir ou abandonar as leis morais. O uso de sua liberdade deveria depender dele [214], mesmo que tal uso estivesse completamente em conflito com o plano que Deus projetou para o mundo moral. De acordo com o decreto divino, Deus só poderia ter lhe dado forças e motivos predominantes para torná-lo, enquanto um membro de um grande reino dos fins, digno de felicidade. Se, portanto, Deus não impediu o mal no mundo, este de modo algum é autorizado, mas apenas permitido[247].

---

247. Essa resposta nos remete à resposta que o jovem Kant dá ao problema da teodiceia em sua dissertação de 1755, *Nova dilucidatio*: "[n]ão devemos supor que a força divina repudia menos o pecado pelo fato de, admitindo-o, ter dado, de certo modo, seu consentimento" (1: 405). Na verdade, o que Deus tem em mente, segundo o jovem filósofo, "é o bem" e Ele reconheceu que este não poderia subsistir sem o *equilíbrio dos fundamentos* e que seria *indigno* da sua sabedoria suprema erradicar, do plano da criação, "o joio ruim" (AA, I: 404). Ora, "Ele [Deus] tolerou também

3 De Deus como o soberano do mundo [1114]

Deus é o único *governante do mundo*. Ele governa como monarca, mas não como déspota[248], pois quer ver seus mandamentos cumpridos por amor e não por temor servil[249]. Ele ordena, como um pai, aquilo que é bom para nós e não como um tirano meramente de acordo com o seu arbítrio. Ele nos exige até mesmo reflexões sobre a *razão* [Grund] de seus mandamentos e insiste em sua observância, uma vez que quer nos tornar dignos de felicidade e também participantes dela. Sua vontade é boa e seu fim o melhor. Se Ele ordena algo do qual não podemos discernir a razão, isso é proveniente de *nossas* limitações no conhecimento e não da natureza do mandamento. Ele dirige seu governo no mundo *sozinho*, pois inspeciona em um piscar de olhos tudo no todo. Certamente ele pode se servir, muitas vezes, de meios totalmente incompreensíveis para realizar seus propósitos benevolentes.

Se Deus governa tudo, somos igualmente autorizados [215] a admitir na natureza uma conexão teleológica. Pois um governo pressupõe propósitos e, no caso de Deus, os mais sábios e melhores. É certo que nosso esforço será vão em alguns casos, uma vez que

---

que se incluíssem em seu projeto aquelas coisas capazes de fornecer à sua sabedoria algum bem, mesmo retirado dos maiores males, a fim de diversificar, através de sua infinita variedade, a revelação da glória divina. Neste âmbito não deve ser esquecida a história do gênero humano que, por mais lamentável que seja, está perfeitamente de acordo com a sabedoria, poder e bondade de Deus, contendo, no interior do dilúvio de males, infinitos testemunhos da bondade divina" (1: 404). Para comentários, cf. CUNHA. *A gênese da ética de Kant* (2017).

248. Posição contrária à de Baumgarten, que compreende que "[a]quele que tem sozinho poder e autoridade [*potestatem*] suprema em relação a muitos espíritos é seu MONARCA, enquanto aquele que tem poder total e autoridade em relação a eles é seu DÉSPOTA. Ora, só Deus possui poder total e supremo (§ 832) e autoridade sobre todos os espíritos criados (§ 971). Logo, sua monarquia, à qual todos os espíritos estão subordinados, é supremamente e maximamente despótica (§ 844).

249. Kant assume muito do ponto de vista intelectualista de Leibniz contra o voluntarismo teológico nesse ponto, identificando-o, ao mesmo tempo, com as premissas básicas do cristianismo. Como Kant escreve em um dos seus *apontamentos* às suas *Observações sobre o sentimento do belo e do sublime*: "[q]uem como um senhor (déspota) obrigou os escravos, impôs, como estímulos, apenas punições; o príncipe que obrigou seus súditos (legítimos) impôs recompensa e punição; o pai que obrigou seu filho impôs apenas amor e recompensas. No primeiro caso, o fundamento da obrigação é servidão natural e dívida; o segundo contêm os fundamentos morais de um contrato; o terceiro compreende tudo anterior e, ao mesmo tempo, uma moralidade interna" (AA, XX: 158).

os verdadeiros fins do entendimento supremo são ocultos à nossa compreensão para que pudéssemos espreitá-los. Aqui é necessária muita cautela de nossa parte para não tomarmos por um fim divino mesmo um acontecimento natural, que é, contudo, tão somente um meio ou uma consequência derivada de um fim supremo. Mas supondo que, algumas vezes, investigamos sem sucesso essas consequências, teremos contudo exercitado nossa razão e, menos, descobrimos alguma coisa. Ou supondo que ao nos equivocarmos até mesmo por completo, não sofremos nenhum grande prejuízo além do fato de termos tomado, por uma obra do propósito, algo que contudo era apenas mecanismo natural. A necessidade de nossa própria razão exige que procuremos, em todos os lugares, as leis universais segundo as quais certos acontecimentos são ordenados. Pois, dessa forma, trazemos unidade e harmonia ao nosso conhecimento natural[250], em vez de destruir toda ordem da natureza ao considerar cada coisa particular no mundo como um efeito particular da providência divina. Da mesma maneira, também na história do mundo, podemos pensar os acontecimentos que são consequências da liberdade humana como realizados [216] em conexão e de acordo com um plano segundo o governo divino. Devemos também aqui apenas nos ater, conforme a natureza de nossa razão, ao universal e não determinar como a providência divina se demonstrou efetiva em casos particulares. Pois, ainda que para o entendimento divino que conhece tudo intuitivamente o todo seja basicamente um todo [1115], só na medida em que existe a partir de todas as partes singulares a providência divina é, por consequência disso, também completamente universal, incluindo então cada indivíduo em seu plano. Então estaríamos totalmente equivocados e agiríamos completamente contra nossa razão discursiva se não quiséssemos nos elevar ao universal partindo do particular, vislumbrando de tal modo o todo. Pelo contrário, a natureza de nossa razão nos impõe o dever de, primeiramente, refletir [nachzusinnen] sobre as leis *universais* e, então, reunir sob elas, onde for possível, todos os indivíduos e, assim, todas as espécies, constituindo dessa maneira um esboço do todo, mesmo que certamente bem deficiente, embora ainda sim suficiente para nossa necessidade.

---

250. Cf. nota 176.

O que o autor[251] diz dos *decretos divinos* é certamente só uma representação humana. Pois, em Deus, o decreto e a execução são a mesma coisa. Mas, se é pensado de maneira digna, isso é necessário para nosso conceito. Um *absolutum decretum* é absolutamente inadequado em relação a Deus, pois, dessa forma, Deus não se tornaria apenas [217] um déspota, mas um completo tirano[252], como se, desconsiderando toda a dignidade do sujeito, Ele escolhesse alguém para a felicidade e, com o propósito de fazer isso com decência, lhe proporcionasse todos os meios possíveis para isso; mas, em contrapartida, reprovasse o outro e, para poder fazer isso com uma aparência de justiça, lhe retirasse todas as forças e oportunidade de se tornar digno de felicidade. Não se pode quase pensar como alguns homens de coração e discernimento puderam chegar a ter pensamentos desonrosos sobre Deus a não ser que se assuma, pela honra de tais homens, que eles não refletiram sobre as consequências terríveis de uma doutrina perniciosa ou não a rejeitaram por entorpecimento. Pois, por meio dela, o conceito de Deus se torna um escândalo e toda moralidade uma ficção. Isso está também totalmente em conflito com a ideia de liberdade do ser humano e, em tal caminho, todas as ações podem ser consideradas meramente de acordo com a necessidade natural. Assim, em todo caso, os filósofos especulativos, para os quais a liberdade humana e sua possibilidade permanecem sempre algo insolúvel, teriam de ser perdoados por terem caído em tais representações. Mas, estabelecer tais conceitos de Deus como fundamento na teologia, que deve ser contudo um princípio da religião, é tão enigmático quanto absurdo [1116]. *Se a alma humana, enquanto inteligência, é livre* (pois, enquanto fenômeno, ela está incluída certamente na série das coisas naturais), *tem* [218] *também de depender dela querer ser digna ou indigna de felicidade.*

---

251. Em paralelo ao manual escolástico: "[s]e chamamos de DECRETO ABSOLUTO DE DEUS aquele cujo motivo não é a perfeição e a imperfeição prevista em um objeto e, ao contrário, de HIPOTÉTICO aquele que segue uma perfeição e imperfeição prevista no objeto, então nenhum dos decretos de Deus em relação a seres contingentes são absolutos, mas são hipotéticos (§ 979). O ABSOLUTISMO TEOLÓGICO é a doutrina [*sententia*] que coloca que os decretos de Deus em relação às coisas contingentes são absolutos e é um erro (§ 515)" (*Metaphysica*, § 980).
252. Cf. as *Lições de ética* de meados de 1760 conhecidas como *Filosofia prática de Herder* (AA, XXVII: 9-10).

A doutrina da *predestinação*[253], na medida em que é objeto de reprovação por uma parte dos homens, pressupõe uma ordem *imoral* da natureza. Pois se afirma, com isso, que as circunstâncias da vida de tais homens já estariam ordenadas e conectadas de tal modo que eles não poderiam mais do que se tornar indignos da bem-aventurança. Pois assim esses desafortunados já teriam de ser, segundo a ordem da natureza, *sacrifícios à miséria*. Mas como isso pode ser compatível com o conceito de um criador e governante do mundo benévolo, sábio e santo? Por certo, uma das maiores vantagens e tranquilidade que nos proporciona a doutrina de um Deus em vista de nosso conhecimento é justamente que, por meio dela, o reino da natureza é *colocado em uma conexão próxima com o reino dos fins*! Exatamente por isso inferimos, por certo, que a ordem da natureza por inteiro é estabelecida segundo os propósitos divinos e concorda com eles! Ora, como poderia a miséria de uma parte da criação ser fim de Deus? Que Deus governa o mundo de acordo com leis morais é uma pressuposição sem a qual toda a moral é suprimida, pois se a moralidade não pode me proporcionar nenhuma perspectiva de satisfação de minhas necessidades de ser feliz, ela tampouco pode me ordenar a alguma coisa. Por isso é igualmente necessário que não se tome a vontade de Deus [219] por princípio da razão moral, pois, de tal maneira, não posso estar certamente seguro sobre o que Deus planejou para o mundo. Como posso saber segundo a razão, a partir da mera especulação, *o que* é a vontade de Deus e no que ela consiste? Sem recorrer à ajuda da moral, estou aqui em um caminho escorregadio e cercado por montanhas que me obstruem toda visão. Como é perigoso para mim que meu pé escorregue ou que eu me perca em um labirinto, porque falta aos meus olhos um horizonte aberto!

Assim, o conhecimento de Deus tem de completar a moral e não determinar, primeiramente, se algo é um dever para mim ou se algo é moralmente bom! Já tenho de julgar isso a partir da natureza das coisas de acordo com um sistema de todos os fins e poder estar certo

---

253. Ao negar a ideia de um decreto absoluto para os seres contingentes, Baumgarten reprova, tal como Kant, a doutrina da predestinação: "[u]m decreto concernente à felicidade eterna de algum espírito é PREDESTINAÇÃO entendida estritamente, enquanto, em SENTIDO LATO, trata-se de um decreto sobre o futuro. Um decreto concernente à infelicidade eterna é REPROVAÇÃO. Os dois são hipotéticos (§ 980). PREDESTINACIONISMO [*PRAEDESTINATIANISMUS*], ou absolutismo em conceber a predestinação em sentido estrito, é um erro (§ 515)" (*Metaphysica*, § 981).

disso tanto quanto que um triângulo tem de [1117] ter três lados. Mas para essa convicção proporcionar peso e expressão ao meu coração, preciso de um Deus que me torne, segundo essas leis imutáveis e eternas, participante da felicidade se, dessa maneira, sou digno dela. De igual modo, o conhecimento de Deus e sua providência é também a meta, em relação à nossa ciência natural, que deve coroar todos os nossos esforços nela, mas não o princípio, a partir do qual devemos derivar todo acontecimento particular sem investigar as suas leis universais.

QUARTA SEÇÃO
DA REVELAÇÃO

O autor define a *revelatio latius dicta* como *significatio mentis divinae creaturis a Deo facta*[254]. Mas essa definição de uma revelação é, em geral, *angustior suo definito*[255]. Uma revelação divina tem de nos proporcionar tanto um conhecimento convincente da existência de Deus e de suas propriedades quanto de sua vontade. Os primeiros devem ser os motivos e móbeis que me impelem a cumprir a última. Pode-se classificar toda revelação em *externa e interna*. A revelação *externa* de Deus[256] pode ser de dois tipos: por meio das obras ou das palavras. A revelação divina *interna* é a revelação de Deus através de nossa própria razão. Essa última deve *preceder todas as outras* e servir para julgar a externa. Ela deve ser a pedra angular pela qual reconheço *se há uma revelação externa de Deus*, concedendo-me em mãos conceitos adequados de Deus. Pois a natureza mesma nunca pode me dar, como já vimos anteriormente, sem que eu recorra à ajuda da razão, um conceito determinado e completo de Deus. Ela me ensina, decerto, a temer um ou mais seres que podem ter produzido o mundo, [221] mas não a honrar e amar, sem adulação, a um Deus que possui todas as perfeições. Ora, mas se eu formasse um conceito de Deus tal, como o que a natureza me dá, a saber, de um ser muito poderoso (pois como um Ser bondoso dificilmente eu o aprenderia nesse caminho devido ao conflito aparente de fins [1118] no mundo) – em suma, se eu tivesse de formar, como

---

254. Revelação em sentido amplo (cf. § 986, 989) é a significação da mente divina para as criaturas feitas por Deus. Logo, pela revelação divina, as criaturas são ensinadas sobre o conhecimento e a vontade divina, nunca completamente (§ 862), mas sempre apenas na medida em que é agradável à providência (*Metaphysica*, § 982).

255. Mais estreita do que a sua definição.

256. Ao dividir a revelação externa em duas partes, Kant apresenta uma distinção que não está presente em Baumgarten. Para Baumgarten, "revelação em sentido estrito (cf. § 982, 989) é a revelação sobrenatural divina dada aos seres humanos [*hominibus*] através do discurso" (*Metaphysica*, § 986).

princípio da religião, não um conceito de Deus como um ser sumamente perfeito, mas simplesmente o mero conceito de um ser muito perfeito –, então pouco ou até mesmo nada poderia resultar disso para a confirmação e o despertar de uma verdadeira moralidade. E, então, para que me serve o completo conceito natural de Deus? Com certeza para nada mais do que para aquilo que realmente a maioria dos povos o tem usado: *como imagem assustadora de fantasia* ou como objeto de uma veneração supersticiosa e cerimonial e de um louvor hipócrita! Mas, se antes de constituir uma fisicoteologia, eu já fui instruído por minha razão que Deus é tudo em todas as coisas e se, de acordo com o conhecimento das leis morais, aprendi a compreender tal conceito de Deus como o de um Ser que governa o mundo segundo a moralidade suprema, então o conhecimento da natureza me serve excelentemente para dar aos meus conceitos puros do entendimento mais intuitividade[257] [Anschaulichkeit] e causa uma maior impressão aos seres humanos sensíveis. Ora, também não estarei em perigo de constituir meramente pela natureza um conceito incompleto [222] de Deus, pois agora já obtive, pela razão, um conceito consistentemente determinado segundo o qual eu posso julgar todas as obras desse Deus na medida em que Ele se revelou a mim por meio delas. De igual modo, mesmo a revelação de Deus mediante palavras já pressupõe uma revelação divina *interna* através de minha própria razão. Pois palavras só são, contudo, sempre sinais sensíveis dos meus pensamentos. Como então posso alcançar, dessa forma, um conceito totalmente puro de Deus? Mas se minha própria razão já abstraiu essa noção a partir das coisas e se ela já chegou a um conceito de Deus completamente determinado com a ajuda da moral, tenho agora uma norma de acordo com a qual posso medir e esclarecer as expressões verbais de uma revelação divina. Mesmo em aparições imediatas de Deus, eu já teria sempre de pressupor, contudo, uma teologia racional. Pois, como posso ter certeza aqui se quem apareceu para mim foi o Deus mesmo ou outro ser poderoso? Eu já preciso então, sem dúvida, de uma ideia pura do entendimento de um Ser completamente perfeito com o propósito de não me deixar deslumbrar e ser conduzido ao erro. Então, toda revelação externa

---

[257]. Na versão espanhola de A. del Rio e Romerales, lemos "*concreción*". Na tradução francesa de W. Fink, "*expression* [...] *plus claire*".

de Deus não pode ser, por conseguinte, corretamente compreendida e aproveitada se já não está em nosso poder, de antemão, uma teologia racional totalmente completa. Mas [1119], por outro lado, essa revelação divina externa também pode dar ocasião ao ser humano a chegar primeiramente a [223] conceitos puros do entendimento acerca de Deus, dando-lhe oportunidade de investigá-los. Quanto mais o tempo passa, uma revelação verbal torna-se sempre mais erudita, muito embora fosse algo muito simples no início. Pois, com o tempo, ela torna-se matéria de tradição transmitida seja oralmente ou por escrito. E, então, tem de haver sempre algumas poucas pessoas ao menos que, com ampla erudição, sejam capazes de retornar à sua origem primeira, demonstrando diligentemente sua autenticidade. Portanto, aqui a religião da razão permanece sempre sendo o *substrato* e o fundamento de toda investigação e, *de acordo com ela*, o valor de toda revelação verbal tem de ser determinado. Por essa razão, ela deverá preceder e ser a guia de qualquer outra revelação.

Há na teologia racional muitas *credenda*[258] que a razão mesma nos impele a aceitar e nas quais é um dever importante acreditarmos com convicção firme. O objeto desse conhecimento – Deus – é do tipo que, ao ultrapassar todos os limites de uma experiência possível e pertencer ao mundo inteligível, não pode haver nenhum saber dele. Pois só posso saber sobre o que experimento por mim mesmo. Em vista da moralidade, é também muito bom que nosso conhecimento de Deus não seja um saber, mas uma crença, pois, *de tal modo, o cumprimento de meu dever pode ser mais puro e desinteressado* [224]. Essas questões de fé [Glaubensachen] da religião da razão, no entanto, estendem sua obrigação para todo o gênero humano. Pois cada ser dotado de razão tem de aceitá-las indispensavelmente do ponto de vista moral mesmo que não possam ser provadas apoditicamente.

Agora devemos nos perguntar: Em uma revelação suprema pode haver também *credenda* que tenham de ser, por conseguinte, assumidas por mim sem que minha razão reconheça como necessário acreditar nelas? A possibilidade disso não pode *ser negada e nem provada* pela razão. Em primeiro lugar, nenhum homem pode considerar impossível que Deus, com o propósito de levar o gênero humano à

---

258. Coisas a serem acreditadas, questões de fé.

sua destinação e ao grau máximo de perfeição possível, possa ter lhe concedido, em uma revelação suprema, certas verdades necessárias para a sua felicidade que, talvez, nem mesmo a razão, segundo a sua própria necessidade de se instruir, seja capaz de discernir. Pois quem ousaria a querer decidir segundo qual plano e através de quais meios Deus deseja ajudar os seres humanos a chegar ao que eles devem [1120] ser segundo sua destinação? Mas, por outro lado, minha razão não pode *tampouco discernir* como algo que deve ser necessário para o bem-estar de toda a humanidade já não residir nela, mas a ultrapassar. Um filósofo pagão disse a esse propósito: *Quod supra nos, nihil ad nos*[259]. O caminho que [225] nossa razão nos prescreve é nos tornarmos primeiramente dignos, através do conhecimento exato e do cumprimento de tudo o que ela mesma nos ensina de Deus, de um discernimento mais amplo que Ele poderia nos proporcionar como suplemento às deficiências de nossa razão. Pois se não posso antes usar e aplicar o que já me fora conferido, como posso contar com outros muitos dons e presentes?

São chamados *mistérios*[260], propriamente, aquelas doutrinas tais que não devem ser públicas. Mas, em geral, também aquelas verdades às quais minha razão não pode compreender como é possível, mas deve aceitar contudo por outras causas. Há muitos mistérios naturais. Há igualmente muitos mistérios na religião da razão como, por exemplo, o da necessidade absoluta de Deus, a qual a razão é impelida a acreditar por causa de si mesma, embora, ao tratar de compreender a possibilidade de tal coisa, ela se veja consequentemente estagnada. E, além disso, é um mistério o fato de que um Deus justo que nunca pode repartir, em sua bondade, toda felicidade a não ser segundo a dignidade do objeto de ser feliz, possa tornar feliz um homem que, mesmo em seu melhor esforço, ainda não se encontra adequado diante do tribunal da consciência à lei moral integral e é, com efeito, indigno de felicidade. Aqui está o silêncio profundo de nossa razão. Pois quando ela diz: "Faças o maior bem

---

259. O que está acima de nós não é nada para nós.
260. Conforme a definição do compêndio, "MISTÉRIOS SAGRADOS são aquelas coisas colocadas [*posita*] acima da razão das criaturas e tomadas objetivamente em santa fé. Em toda revelação existem mistérios no sentido mais estrito (§ 989, 644). Logo, eles não são repugnantes à revelação em sentido estrito (§ 989), nem são contrários à razão (§ 643)" (*Metaphysica*, § 996).

que puderes", isso ainda [226] está longe de ser suficiente para me tranquilizar. Pois onde está o ser humano que poderia determinar nesse caso quanto de bem poderia fazer ou que pudesse ser tão presunçoso para dizer: "Fiz todo o bem que eu podia?" Eu não posso aqui confiar na bondade de Deus, pois, enquanto juiz, minha razão deve pensar Deus sempre como supremamente justo, limitando a bondade segundo a estrita santidade, de modo que nenhum indigno possa tomar parte dela. Por conseguinte, o que Deus tem aqui como meio para restituir o que falta à minha dignidade de ser feliz, é um mistério impenetrável para minha razão. É suficiente meu dever de agir, através do maior esforço possível, de acordo com a lei moral [1121] e de me tornar, antes de mais nada, capaz e merecedor desse meio. Se, por conseguinte, mistérios são possíveis também em uma revelação de Deus por palavras, não há, segundo o que já dissemos, o que negar. *Se isso realmente existe, já não é mais um assunto da teologia racional.*

APÊNDICE
História da teologia natural segundo a *historia doctrinae de uno vero Deo*[261]

Na consideração daquilo que a razão humana desde o começo conheceu de Deus, é possível cair em dois extremos, que têm sido empregados, de acordo com a diversidade de cada sistema, como fundamento na teologia racional:

1) Alguns quiseram negar verdadeiramente à razão toda capacidade de poder conhecer algo verdadeiro e confiável acerca de Deus.

2) Outros louvaram tanto sua razão ao ponto de querer derivar todo conhecimento de Deus necessário ao homem a partir dela.

Os primeiros tiveram, a todo momento, a necessidade de uma revelação verbal de Deus, enquanto os últimos a desprezaram. Ambos apelaram à história e erraram. Se trabalhamos com sinceridade e com um espírito imparcial de investigação [228], chegaremos à conclusão de que a razão tem, de fato, a capacidade de formar um conceito de Deus moralmente determinado e o mais completo possível para ela. Mas, por outro lado, devemos confessar também que esse conceito puro da divindade, por vários fatores, não tomou lugar facilmente em nenhum povo da Antiguidade. Aqui a razão mesma não foi a culpada, mas os obstáculos que se levantaram em seu caminho para fazer uso de sua capacidade em relação a esse conhecimento. Mas, mesmo hoje, ela ainda está longe de ter qualquer direito de se orgulhar dessa capacidade e talvez até de acreditar que pode *conhecer tudo o que diz respeito ao infinito e à sua relação com ele*. Se é honesta e livre de preconceitos, quantas deficiências e fra-

---

261. Christoph Meiners (1747-1810) foi professor de filosofia na Universidade de Gottingen e coeditor do jornal de orientação antikantiana *Philosophische Bibliothek*. Sobre o tema da religião publicou, dentre outros escritos, a *História das doutrinas de um Deus Verdadeiro* em 1780, e, em 1806, sua história da religião intitulada *A história crítica universal das religiões* em dois volumes.

quezas ela não descobrirá mesmo hoje no sistema completo de uma teologia possível a ela? Certamente, ela não pode se gabar de seu conhecimento de Deus e, se em uma revelação suprema lhe é dado conhecer evidências claras sobre sua relação com Deus, ela deve, em vez de rejeitá-las, ao contrário, utilizá-las e aceitá-las com gratidão. É verdade que o conceito moral que [1023] a razão nos dá acerca de Deus é tão simples e evidente para o entendimento humano comum que não é nem mesmo necessário muita cultura para acreditar em um governante supremo do mundo. É necessário também que um [229] conhecimento que interessa a todo o gênero humano seja compreensível para todos os seres humanos. Mas teríamos igualmente de conhecer pouco as extravagâncias do entendimento humano, se quiséssemos afirmar seriamente que esse conceito de Deus está seguro diante de todas as más interpretações e deformações de uma especulação sutil e que, por isso, seria desnecessário mantê-lo seguro de toda corrupção através de uma crítica a toda razão especulativa, uma crítica que é exigida por uma penetrante e profunda reflexão. A principal razão pela qual, mesmo entre gregos e romanos, o conceito de Deus era tão corrompido estava no fato de que eles tiveram um conceito impuro e pouco seguro da moralidade. De maneira comum, eles tomaram seu dever apenas em vantagem própria, suprimindo assim o verdadeiro valor moral das ações ou fundando a beleza e a grandeza da virtude no mero sentimento, enquanto que o princípio em si, que uma razão livre faz para si uma norma imutável e a condição de todas as obrigações, não estava determinado e estabelecido. Por isso, eles também não tiveram conhecimento de nenhuma necessidade moral que postula, com o mais estrito rigor, um governante do mundo sumamente perfeito! Elas admitiam uma causa suprema, meramente em sentido especulativo, para inferir a série de causas e efeitos. Porém, uma vez que a natureza pode apenas nos conduzir sempre a autores poderosos e inteligentes, mas nunca a um único autor que possua toda a realidade, eles chegaram ao politeísmo [230], que poderia ser infinitamente multiplicado a partir de meros conceitos naturais desse tipo. E se alguns assumiram, por causa de uma maior harmonia, apenas uma única causa do mundo, isso foi fundamentalmente apenas um conceito deísta, uma vez que pensaram, dessa forma, tão somente uma origem primeira de tudo, mas não um autor moral supremo e governante do mundo.

Pois, basicamente, todos aqueles povos da Antiguidade não tinham, em absoluto, um conceito de Deus que pudesse ter sido empregado como fundamento da moralidade. Nisso Meiner tem certamente razão. Mas quando ele acredita que os antigos não puderam chegar a tal conceito *porque* ele já exige grande cultura e conhecimento científico, [1124] certamente é impossível dizer isso do simples conceito moral de Deus. Pois quase nada pode ser, por certo, mais simples do que pensar um Ser supremo acima de tudo e que Ele mesmo é tudo em todas as coisas. Mais difícil é dividir a perfeição e atribuir esta a um ser e aquela a outro, uma vez que nunca se sabe o quanto deve ser dado a cada um deles. Mas devemos admitir tal coisa se compreendemos que isso concerne ao conhecimento e uma reflexão praticada pela ciência, com o propósito de garantir esse conceito também do lado da especulação. Entretanto, essa reflexão não foi necessária até que a sutileza humana e a perspicácia tenham começado [231] a aventurar-se na especulação do divino, algo para o qual foi necessária, contudo, alguma cultura. Os egípcios tinham de Deus apenas um conceito deísta, ou melhor, o mais repugnante politeísmo. Em geral, é um preconceito, instaurado pelos dizeres de Heródoto[262], acreditar em nada mais do que o fato de que toda ciência e cultura dos gregos foram tomadas dos egípcios, considerando que a situação e característica desse país, a tirania de seus faraós e a usurpação de seus sacerdotes, na verdade, formaram esse povo como uma massa sombria, melancólica e ignorante. É também bastante improvável que os egípcios tenham ultrapassado a outros povos daquele tempo em qualquer tipo de conhecimento útil, a não ser que fôssemos levar em conta então adivinhação e interpretação de sonhos. Ao contrário, como seu país foi povoado e se tornou habitável, alguma ciência já deveria estar disponível entre os homens, tal como a geometria, porque sem ela toda propriedade teria desaparecido nas inundações anuais do Nilo. Por outro lado, seus sacerdotes monopolizaram verdadeiramente todas as eventuais artes que poderiam ter e nunca deixaram que elas se tornassem de utilidade comum, uma vez que, de outro modo, seu prestígio e sua ganância teriam naufragado.

---

262. Heródoto, geógrafo e historiador grego (485 a.C.-425 a.C.). Em seu clássico relato sobre a guerra entre gregos e persas, forneceu importantes observações acerca do mundo egípcio, inclusive em relação à influência da religião egípcia sobre a grega.

Os mais confiáveis historiadores do mundo antigo também nos informaram quando e quais ciências foram inventadas pelos gregos, e entre elas encontram-se precisamente aquelas das quais [232] se tem a ilusão de que foram transmitidas a eles pelos egípcios.

A adoração de animais pode muito bem ser explicada, no que diz respeito à sua origem, de uma maneira tolerável. Talvez, no início, esses animais fossem meros brasões escolhidos por uma cidade para se distinguir das outras e que com o passar do tempo foram conservados pelos povos, que finalmente, no entanto, cegados pela superstição, prestaram-lhes adoração e os assumiram por deuses protetores. A esses casos, [1125] de modo algum se aplica o que Hume diz do politeísmo em sua religião natural com muita precisão, a saber, que os politeístas eram tolerantes[263]. Pois, uma vez que, entre essas cidades, uma sempre tinha um Deus protetor que era totalmente contrário ao da outra, como, por exemplo, um cachorro em uma e um gato em outra, justamente por isso os seus moradores também se mostravam hostis. Pois eles acreditavam que uma divindade sempre se metia no caminho da outra, impedindo os muitos benefícios que seriam, de outra maneira, concedidos a seus clientes. Os gregos e outros foram bastante tolerantes com outros povos pagãos e certamente também entre eles mesmos, pois encontravam nas divindades dos outros as suas próprias, embora com nomes alterados, uma vez que estas possuíam, em sua maior parte, as mesmas características. Mas justamente daí veio o terrível ódio de todos os pagãos contra os judeus, uma vez que a divindade desse povo elevava-se acima de todas as outras e, de acordo com sua essência e vontade, não poderia ter nada em comum com elas. Portanto, também era [233] natural que o monoteísmo, ou melhor, os judeus que o possuíam, fossem tão intolerantes com todos os pagãos.

Os persas, hindus e outros povos pagãos da Antiguidade tinham uma teologia mais tolerável do que foi a egípcia. Eles adoravam decerto muitos deuses, mas o conceito que eles formavam desses deu-

---

263. Segundo Hume em sua *História natural das religiões*, "a idolatria tem a evidente vantagem de limitar os poderes e funções de sua divindade, admitir naturalmente os deuses de outras seitas e nações como partícipes das divindades e permitir a associação das diversas divindades entre si, bem como dos ritos, das cerimônias e tradições". Cf. HUME. *História natural das religiões*. São Paulo: Unesp, seção 9, p. 75.

ses era, contudo, em alguma medida, digno de seu objeto, muito embora bastante corrompido. Mas, em geral, é preciso confessar que provavelmente quase todos aqueles povos pensaram, ao menos obscuramente, acima de todos os seus ídolos, em uma divindade superior, embora meramente como a origem a partir da qual tudo surgiu, mesmo as divindades inferiores, ainda que essa fosse por si mesma completamente despreocupada com o mundo. Essa é a representação que os pagãos fazem de Deus mesmo hoje. Também era bastante natural que, uma vez que eles abstraíram seus conceitos de Deus do mundo, considerassem Deus, segundo a analogia da natureza, como uma causa fértil a partir da qual tudo emanaria.

Não encontramos, entre os gregos, uma teologia racional antes da época dos chamados Sete Sábios. Por muito tempo, no entanto, seus conceitos ainda foram deístas até que finalmente Anaxágoras e Sócrates fizeram de Deus o fundamento da moral. Ora, desde então a moral em si já estava, contudo, fundada em princípios seguros. Daí foi fácil estabelecer um conceito moral de Deus [1126], o único [234] que é viável e verdadeiramente útil para a humanidade. Mas tão logo se desejou conhecer Deus como princípio da natureza e tentou-se especular sobre ele, o homem se extraviou novamente do caminho. Platão e Aristóteles sustentaram certamente um conceito de Deus puro e moralmente determinado, porque o aplicaram tão somente a favor da moralidade, mas Epicuro e outros, que também queriam fundar a ciência natural nele, entraram em apuros com isso de modo que, dessa forma, quase abandonaram toda moralidade ou se perderam contudo no ceticismo. Quanto conhecimento e cautela foram, pois, necessários a eles aqui para unir ciência e moralidade e para não se permitir cair no erro engendrado pelo conflito aparente de fins no mundo! É preciso confessar, contudo, que Epicuro conservou bastante a pureza de seus conceitos de divindade, uma vez que os tomou meramente em sentido especulativo e a partir *desse* ponto de vista. Mas, uma vez que não poderiam usar Deus como móbil da moral, Epicuro e seus discípulos acabaram por perder o maior proveito desse conceito. Os estoicos tinham provavelmente o mais puro conceito de Deus e o aplicaram também em sentido prático. Mas eles não poderiam elevar tais conceitos ao ponto de considerar Deus como um criador do mundo. Pois, embora utilizassem a palavra *creator* para se referirem a Ele, considerando-o mais exatamente, eles apenas ligaram ao termo o conceito de um arquiteto. Ao mesmo tempo, admitiram ainda uma mesma matéria eterna [235] a partir da qual Júpiter – cujo nome era usado por eles não para designar o poético Deus do trovão, mas a divindade suprema acima de tudo – estabeleceu e formou as coisas no mundo. Mas se os acusamos de que teriam afirmado uma necessidade das coisas no mundo e suas alterações, cometemo-lhes uma injustiça, pois eles distinguiram cuidadosamente destino de necessidade e compreenderam o primeiro como nada mais do que o governo divino e a sua provisão. No entanto, para justificar o Deus sumamente perfeito por causa de todos os males físicos [Übel] e morais [Böse] que se encontram no mundo, eles empurraram a culpa disso à inaptidão da matéria, que não poderia ter sido usada sempre para os propósitos supremos do arquiteto.

Quão felizes somos porque nenhum dos dois, o mal moral e o mal físico, pode abalar nossa fé em um Deus que governa o mundo segundo leis morais!

COLEÇÃO PENSAMENTO HUMANO

- *A caminho da linguagem*, Martin Heidegger
- *A Cidade de Deus (Parte I; Livros I a X)*, Santo Agostinho
- *A Cidade de Deus (Parte II; Livros XI a XXIII)*, Santo Agostinho
- *As obras do amor*, Søren Aabye Kierkegaard
- *Confissões*, Santo Agostinho
- *Crítica da razão pura*, Immanuel Kant
- *Da reviravolta dos valores*, Max Scheler
- *Enéada II – A organização do cosmo*, Plotino
- *Ensaios e conferências*, Martin Heidegger
- *Fenomenologia da vida religiosa*, Martin Heidegger
- *Fenomenologia do espírito*, Georg Wilhelm Friedrich Hegel
- *Hermenêutica: arte e técnica da interpretação*, Friedrich D.E. Schleiermacher
- *Investigações filosóficas*, Ludwig Wittgenstein
- *Manifesto do partido comunista*, Karl Marx e Friedrich Engels
- *Parmênides*, Martin Heidegger
- *Ser e tempo*, Martin Heidegger
- *Ser e verdade*, Martin Heidegger
- *Verdade e método: traços fundamentais de uma hermenêutica filosófica* (Volume I), Hans-Georg Gadamer
- *Verdade e método: complementos e índice* (Volume II), Hans-Georg Gadamer
- *O conceito de angústia*, Søren Aabye Kierkegaard
- *Pós-escrito às migalhas filosóficas – Vol. I*, Søren Aabye Kierkegaard
- *Metafísica dos costumes* – Immanuel Kant
- *Do eterno no homem* – Max Scheler
- *Pós-escrito às migalhas filosóficas – Vol. II*, Søren Aabye Kierkegaard
- *Crítica da faculdade de julgar*, Immanuel Kant
- *Ciência da Lógica – 1. A Doutrina do Ser*, Georg Wilhelm Friedrich Hegel
- *Ciência da Lógica – 2. A Doutrina da Essência*, Georg Wilhelm Friedrich Hegel
- *Crítica da razão prática*, Immanuel Kant
- *Ciência da Lógica – 3. A Doutrina do Conceito*, Georg Wilhelm Friedrich Hegel
- *Lições sobre a Doutrina Filosófica da Religião*, Immanuel Kant

LEIA TAMBÉM:

Filosofia: e nós com isso?

Mario Sergio Cortella

A principal contribuição da Filosofia é criar obstáculos, de modo a impedir que as pessoas fiquem prisioneiras do óbvio, isto é, que circunscrevam a sua existência dentro de limites estreitos, de horizontes indigentes e de esperanças delirantes.

A Filosofia não é a única que pode dificultar a nossa mediocrização, mas é aquela que tem impacto mais significativo nessa empreitada, pois requer um pensamento e uma reflexão que ultrapassem as bordas do evidente e introduzam alguma suspeita naquilo que vivemos e acreditamos. Em outras palavras, a Filosofia estende a nossa consciência e fortalece nossa autonomia.

Toda dimensão reflexiva precisa ser radical, ou seja, lançar raízes profundas e escapar da superficialidade.

A Filosofia, quando sistemática e não dogmática, nos oferece algumas ferramentas mentais para procurar mais precisão no foco de uma existência que, mesmo que finita, não precisa ser vulgar e parasitária; ela implica aprofundar as "razões" e os "senões" daquilo que, ao mesmo tempo, se deseja e se percebe viável.

Mais do que uma Filosofia do cotidiano seria uma Filosofia no cotidiano! Isto é, a presença da indagação filosófica sobre temas da nossa vivência de agora, iluminados pela história do pensamento, mas sem mergulhar em meras abstrações eruditas, com simplicidade (sem ser simplória) e com compreensibilidade (sem ser superficial).

Mario Sergio Cortella, nascido em Londrina/PR em 05/03/1954, filósofo e escritor, com mestrado e doutorado em Educação, professor-titular da PUC-SP (na qual atuou por 35 anos, 1977/2012), com docência e pesquisa na Pós-Graduação em Educação: Currículo (1997/2012) e no Departamento de Teologia e Ciências da Religião (1977/2007); é professor-convidado da Fundação Dom Cabral (desde 1997) e ensinou no GVpec da FGV-SP (1998/2010). Foi secretário municipal de Educação de São Paulo (1991-1992). É autor de mais de 35 livros com edições no Brasil e no exterior, entre eles, pela Vozes, *Não espere pelo epitáfio!*; *Não nascemos prontos!*; *Não se desespere!*; *Filosofia e Ensino Médio: certas razões, alguns senões, uma proposta*; *Pensar bem nos faz bem!* (4 volumes); *Felicidade foi-se embora?* (com Frei Betto e Leonardo Boff) e *Qual é a tua obra?: inquietações propositivas sobre gestão, liderança e ética*.

Ser livre com Sartre

Frédéric Allouche

O existencialismo de Sartre é parte de um projeto de vida: descobrir-se livre e transformar a própria vida; superar as condições sociais, religiosas ou pessoais que nos entravam; identificar o funcionamento conflitante de nossos relacionamentos com os outros para nos superar; lembrar-se que pensar é ter a liberdade de *escolher*. Em todos os momentos a filosofia de Sartre atua como um estímulo que nos obriga a agir, sem desculpas válidas. Não é complacente porque proíbe pequenos arranjos consigo mesmo, proscreve álibis de todos os tipos e estratégias de escape que às vezes dão boa consciência.

Mas, confrontar-se com a realidade é oferecer a si mesmo a oportunidade de finalmente viver em harmonia consigo mesmo, provar a alegria de ser autêntico.

Esse livro não é um livro apenas para ser lido, mas também para ser posto em prática. Questões concretas a respeito de nossa vida acompanham as teses apresentadas em cada capítulo. Não o leia passivamente, mas arregace as mangas para questionar sua vida e obter assim respostas honestas e pertinentes. Com provocações e exercícios concretos, você será incitado a trazer para dentro de sua vida concreta os ensinamentos da filosofia. Da mesma maneira, esforce-se para se apropriar deles e encontrar situações oportunas para praticá-los seriamente.

Você está pronto para começar a viagem? Pode ser que ela o surpreenda, ou pareça, às vezes, árida, ou quem sabe chocante... Você está preparado para se sentir desestabilizado, arremessado em uma nova maneira de pensar e, portanto, de viver? Essa viagem através das ideias de um filósofo do século XX o transportará também para o fundo de você mesmo. Então, deixe-se guiar ao longo destas páginas, acompanhando as questões e as ideias apresentadas, para descobrir como o pensamento de Sartre pode mudar sua vida.

Frédéric Allouche é formado em etnologia e em psicologia. É professor de Filosofia no Lycée Charles de Foucauld, em Paris.

Afirmar-se com Nietzsche

Balthasar Thomass

A filosofia sempre teve por ambição melhorar nossa vida, fazendo-nos compreender quem somos. Mas a maior parte dos livros de filosofia se interessa, sobretudo, pela questão da verdade e se limita a estabelecer fundamentos teóricos, sem se interessar pelas aplicações práticas. Nessa obra, ao contrário, os autores vão se interessar pelo que podemos tirar de uma grande filosofia para mudar nossa vida: a minúcia do quotidiano, como o olhar que lançamos sobre a nossa existência e o sentido que lhe damos.

Esse livro não é somente um livro para ser lido, mas também um livro para ser praticado. Questões concretas sobre a sua vida se seguem às teses apresentadas em cada capítulo. Não seja passivo, arregace as mangas para interrogar sua experiência e dela extrair respostas honestas e pertinentes. Exercícios concretos o incitarão a pôr em prática os ensinamentos do filósofo na sua vida. Da mesma forma, esforce-se em apropriar-se deles e encontrar situações oportunas para praticá-los com seriedade.

Será que você está pronto para a viagem? Ela pode revelar-se surpreendente, por vezes árida, por vezes chocante. Será que você está pronto para se sentir desestabilizado, projetado em uma nova maneira de pensar, e, portanto, de viver? Essa viagem através das ideias de um filósofo do século XIX também o transportará ao mais profundo de si mesmo. Então, deixe-se guiar ao longo das páginas, ao longo das questões e das ideias, para descobrir como o pensamento de Nietzsche pode mudar sua vida.

Balthasar Thomass é professor-associado de Filosofia.

CULTURAL

Administração
Antropologia
Biografias
Comunicação
Dinâmicas e Jogos
Ecologia e Meio Ambiente
Educação e Pedagogia
Filosofia
História
Letras e Literatura
Obras de referência
Política
Psicologia
Saúde e Nutrição
Serviço Social e Trabalho
Sociologia

CATEQUÉTICO PASTORAL

Catequese
Geral
Crisma
Primeira Eucaristia

Pastoral
Geral
Sacramental
Familiar
Social
Ensino Religioso Escolar

TEOLÓGICO ESPIRITUAL

Biografias
Devocionários
Espiritualidade e Mística
Espiritualidade Mariana
Franciscanismo
Autoconhecimento
Liturgia
Obras de referência
Sagrada Escritura e Livros Apócrifos

Teologia
Bíblica
Histórica
Prática
Sistemática

REVISTAS

Concilium
Estudos Bíblicos
Grande Sinal
REB (Revista Eclesiástica Brasileira)

VOZES NOBILIS

Uma linha editorial especial, com importantes autores, alto valor agregado e qualidade superior.

VOZES DE BOLSO

Obras clássicas de Ciências Humanas em formato de bolso.

PRODUTOS SAZONAIS

Folhinha do Sagrado Coração de Jesus
Calendário de mesa do Sagrado Coração de Jesus
Agenda do Sagrado Coração de Jesus
Almanaque Santo Antônio
Agendinha
Diário Vozes
Meditações para o dia a dia
Encontro diário com Deus
Guia Litúrgico

CADASTRE-SE
www.vozes.com.br

EDITORA VOZES LTDA.
Rua Frei Luís, 100 – Centro – Cep 25689-900 – Petrópolis, RJ
Tel.: (24) 2233-9000 – Fax: (24) 2231-4676 – E-mail: vendas@vozes.com.br

UNIDADES NO BRASIL: Belo Horizonte, MG – Brasília, DF – Campinas, SP – Cuiabá, MT
Curitiba, PR – Fortaleza, CE – Goiânia, GO – Juiz de Fora, MG
Manaus, AM – Petrópolis, RJ – Porto Alegre, RS – Recife, PE – Rio de Janeiro, RJ
Salvador, BA – São Paulo, SP